"十四五"职业教育国家规划教材

微课版

金融学基础

（第四版）

新世纪高职高专教材编审委员会 组编

主　编　张会丽　王　妍
副主编　任青丝　孙楠楠
主　审　吴国祥

大连理工大学出版社

图书在版编目(CIP)数据

金融学基础 / 张会丽，王妍主编． -- 4 版． -- 大连：大连理工大学出版社，2022.1(2023.11 重印)
新世纪高职高专金融保险专业系列规划教材
ISBN 978-7-5685-3695-0

Ⅰ．①金… Ⅱ．①张… ②王… Ⅲ．①金融学－高等职业教育－教材 Ⅳ．①F830

中国版本图书馆 CIP 数据核字(2022)第 021596 号

大连理工大学出版社出版

地址：大连市软件园路 80 号　邮政编码：116023
发行：0411-84708842　邮购：0411-84708943　传真：0411-84701466
E-mail:dutp@dutp.cn　URL:https://www.dutp.cn
大连市东晟印刷有限公司印刷　　大连理工大学出版社发行

幅面尺寸:185mm×260mm	印张:16.25	字数:395 千字
2011 年 1 月第 1 版		2022 年 1 月第 4 版
2023 年 11 月第 5 次印刷		

责任编辑：王　健　　　　　　　　　　　责任校对：刘俊如
　　　　　　　　封面设计：对岸书影

ISBN 978-7-5685-3695-0　　　　　　　　　　定　价：51.80 元

本书如有印装质量问题，请与我社发行部联系更换。

前　言

《金融学基础》(第四版)是"十四五"职业教育国家规划教材、"十三五"职业教育国家规划教材和"十二五"职业教育国家规划教材,也是新世纪高职高专教材编审委员会组编的金融保险专业系列规划教材之一。

2019年9月,根据《国家中长期教育改革和发展规划纲要(2010—2020年)》的要求,本着"职业教育要面向人人、面向社会,着力培养学生的职业道德、职业技能和就业创业能力",以及"着力培养信念执着、品德优良、知识丰富、本领过硬的高素质专门人才和拔尖创新人才"的教学理念,我们出版发行了《金融学基础》(第三版)。承蒙广大读者厚爱,第三版教材得到了广泛关注并受到使用学校的一致好评。此次,我们依据"十四五"职业教育国家规划教材的要求,综合各种意见和建议,结合在教学过程中发现的问题,对教材内容进行了修订完善。

修订后,本版教材主要突出了以下特色:

1.新增了课程思政的内容。为了响应教育部《高等学校课程思政建设指导纲要》和2022年工作要点的要求,推进习近平新时代中国特色社会主义思想进教材、进课堂、进头脑,本版教材充分发挥思政课铸魂育人主渠道作用。编者通过在双高校建设过程中摸索出的经验,深入挖掘课程思政元素,以典型案例和金融实训的形式,润物无声地融入金融理论、金融政策和金融实践,为培养德、智、体、美、劳全面发展的"全人"赋能,使学生在学习金融、熟悉金融的同时"懂做人、会做事",也使教材更好地发挥多元育人作用。

2.本版教材更新了典型的金融案例。金融业不同于其他行业,其机构和工具的丰富多样,其市场的广度和深度,以及金融工具的迅速发展,导致金融现象层出不穷,这也驱使高职院校金融专业的教学要密切关注金融领域的发展、聚焦金融现象、剖析金融本质。因此,教材就更加需要加入最新的典型案例,本版教材几乎全部更新了金融案例,并加入了新的"金融视野"。

3.修订后的教材内容更丰富、逻辑性更强。本次修订,编者把原有笼统的"项目综述"更新为具体的"知识链接""能力塑造"

"素质培养",保留原有的"案例导入""项目延伸""项目结论""项目训练"。本版教材层次更加清晰,符合金融行业的发展及高职院校金融专业的教学要求,契合目前高职院校的教育理念。

本版教材由黄河水利职业技术学院张会丽和王妍任主编,由黄河水利职业技术学院任青丝及郑州元角分财务服务有限公司孙楠楠任副主编。具体编写分工如下:项目一和项目七由张会丽编写,项目四、项目五和项目六由王妍编写,项目二和项目三由任青丝编写,项目八由孙楠楠编写。张会丽负责全书总纂及修改定稿,国家开放大学吴国祥教授通审了全部书稿并提出宝贵建议。

在编写本教材的过程中,编者参考、引用和改编了国内外出版物中的相关资料以及网络资源,在此表示深深的谢意!相关著作权人看到本教材后,请与出版社联系,出版社将按照相关法律的规定支付稿酬。

为方便教师教学及学生自学,本教材同时配有电子课件及习题答案等配套资源供读者下载使用。由于编者水平有限,教材中仍可能存在不足之处,敬请广大读者批评指正。

编　者

2022 年 1 月

所有意见和建议请发往:dutpgz@163.com
欢迎访问职教数字化服务平台:https://www.dutp.cn/sve/
联系电话:0411-84707492　84706671

目 录

项目一 认知货币与信用 ··· 1
任务一 认识货币 ··· 2
任务二 分析信用相关现象 ··· 20
项目结论 ··· 35
项目训练 ··· 35

项目二 认知金融市场 ·· 39
任务一 了解金融市场的基本知识 ··· 40
任务二 利用金融市场处理金融业务 ·· 60
项目结论 ··· 82
项目训练 ··· 82

项目三 认知金融机构和金融体系 ··· 84
任务一 了解金融机构和金融体系的基本知识 ··· 85
任务二 处理金融机构业务 ··· 94
项目结论 ··· 118
项目训练 ··· 118

项目四 认知金融现象 ·· 121
任务一 了解和金融现象相关的基本知识 ·· 122
任务二 分析金融现象 ··· 133
项目结论 ··· 142
项目训练 ··· 143

项目五 认知金融政策 ·· 145
任务一 熟悉金融政策 ··· 146
任务二 金融政策目标分析 ··· 151
任务三 金融政策工具运用 ··· 156
项目结论 ··· 166
项目训练 ··· 166

项目六　认知国际金融 ····· 170
任务一　熟悉国际金融的基本知识 ····· 171
任务二　分析开放经济下的国际金融业务 ····· 184
项目结论 ····· 198
项目训练 ····· 199

项目七　认知金融风险和金融监管 ····· 202
任务一　认识金融风险和金融监管 ····· 203
任务二　理解金融风险　加强金融监管 ····· 214
任务三　规避金融风险　进行金融监管 ····· 221
项目结论 ····· 229
项目训练 ····· 230

项目八　模拟金融实践 ····· 232
任务一　模拟商业银行的业务操作 ····· 232
任务二　模拟证券业务操作 ····· 237
任务三　模拟保险业务操作 ····· 248
项目结论 ····· 251
项目训练 ····· 251

参考文献 ····· 252

项目一 认知货币与信用

知识链接

货币和信用是本课程重要的基础性内容,通过该项目的学习及实施,学生能够认知货币的实质、货币的来源、货币的职能、货币的演变过程,掌握信用的内涵、信用的形式以及各类信用工具,掌握单利及复利相关内容。

能力塑造

能运用货币基础知识解释货币相关现象;
能分析和解决有关货币制度的实际问题;
能运用信用的基本理论和基础知识分析、解释现代信用相关现象;
能完成对货币及信用的认知。

素质培养

培养学生感受经济的发展历程,增强学生的国家自豪感;
培养学生的爱国情怀和对人民币的敬畏之心;
培养学生诚实守信的职业操守;
培养学生理性消费的消费理念。

案例导入

货币是什么?

她是美索布达米亚平原上的泥板,她是黄河远古文明用于交易的贝壳,她是小亚细亚吕底亚王国的黄金,她是意大利佛罗伦萨古老银行家族的徽章。她是欲望的载体,她是交换的工具,她是我们最熟悉的,却也是最陌生的——她,就是货币。

从46亿年前地球的诞生,到250万年前人类的起源;从5 500年前隐藏的最早的货币历史,到250年前工业文明的到来;从67年前布雷顿森林会议的召开,到今日国际货币体系的再重建……货币从最初的起源到局部的通行,从站在国际贸易的制高点,到今天成为世界经济浪潮中最棘手和根源性的课题。人们对货币从哪里来,和她又将如何影响世界产生了越来越多的困惑和期待。

> **请思考** 货币到底是什么？是金钱，是债券？是黄金，是钻石？是财富，是国家意志？是梦想，还是其他？

任务一 认识货币

在生活中，人们几乎天天接触货币。个人和家庭从不同来源获得货币收入，又用它购买商品和劳务以满足生活的需要；企业的一个生产经营周期是从货币开始，又以货币形态结束；现代国家的财政收支已完全采用货币。因此，有人把货币称为经济社会的血液，把货币运动称为社会经济运动的重要组成部分。然而，尽管人人持有货币，人人使用货币，但并不是每个人都能真正认识货币。

一、货币的本质

现代社会，货币一般是以纸币的形式出现。但实际上，货币最早并不是纸币。中国最早的货币产生于4 000多年前的夏代，那时货币主要是海贝、布帛和农具；世界上其他地区曾使用牲畜、象牙、可可豆等作为货币。那么，货币是如何产生的？为什么形形色色的货币会殊途同归，都演变为金属货币、纸币甚至电子货币了呢？为此，我们首先来考察有关货币起源的学说和货币形式的演变过程。

1. 货币的起源

货币的出现是与交换联系在一起的。根据史书资料的记载和考古的发掘，在世界各个地方，交换都经过两个发展阶段：先是物物直接交换，然后是通过媒介进行交换。在古埃及的壁画中可以看到物物交换的情景：有用瓦罐换鱼的，有用葱换扇子的。我国古书中有这样的记载，距今已有2 600多年的神农氏，就有"日中为市，致天下之民，聚天下之货，交易而退，各得其所"，这也是指物物交换。在交换不断发展的进程中，逐渐出现了通过媒介的交换，即先将自己的物品交换成作为媒介的物品，然后再用所获得的媒介物品去交换自己所需要的物品。

货币是为了克服物物交换的困难而产生的，是便利交换的产物。物物交换有以下缺点：一是缺少共同的单位来衡量和表示各种商品和劳务的价值；二是交换双方"需求的双重巧合"和"时间的双重巧合"难以完全一致；三是无法贮存一般购买力。正是由于这些缺点，物物交换必然会增加交易成本。首先，为了寻找可能的交易对象会增加寻求成本，即所花费的时间与费用；其次，会增加机会成本，即将资源（如人力等）用于迂回交易过程时所失去的其他方面投资的收益。显然，纯粹的物物交换是一种效率低下而成本较高的交易方法。货币出现以后，不仅克服了物物交换的缺点，降低了交易成本，而且拓宽了人类的生产、消费、贸易等活动范围，极大地提高了社会福利。

2.货币的本质

货币是商品,货币的根源在于商品本身,这是为价值形式发展的历史所证实了的结论。但货币不是普通的商品,而是固定地充当一般等价物的特殊商品,并体现一定的社会生产关系。这就是货币的本质。

首先,货币是一般等价物。从货币起源的分析中可以看出,货币首先是商品,具有商品的共性,即都是用于交换的劳动产品,都具有使用价值和价值。如果货币没有商品的共性,那么它就失去了与其他商品相交换的基础,也就不可能在交换过程中被分离出来充当一般等价物。

然而,货币又是和普通商品不同的特殊商品,作为一般等价物,它具有两个基本特征:第一,货币是表现一切商品价值的材料。普通商品直接表现出其使用价值,但其价值必须在交换中由另一商品来体现。货币是以价值的体现物出现的,在商品交换中直接体现商品的价值。一种商品只要能交换到货币,就会使生产它的私人劳动转化为社会劳动,商品的价值就得到了体现。因而,货币就成为商品世界唯一的核算社会劳动的工具。第二,货币具有直接同所有商品相交换的能力。普通商品只能以其特定的使用价值去满足人们的某种需要,因而不可能同其他一切商品直接交换。货币是人们普遍接受的一种商品,是财富的代表,拥有它就意味着能够去换取各种使用价值。因此,货币成为每个商品生产者所追求的对象,也就具有了直接同一切商品相交换的能力。

其次,货币体现一定的社会生产关系。货币作为一般等价物,无论是表现在金银上,还是表现在某种价值符号上,都只是一种表面现象。货币是商品交换的媒介和手段,这就是货币的本质。同时,货币还反映商品生产者之间的关系。马克思指出:"货币代表着一种社会生产关系,却又采取了具有一定属性的自然物的形式。"商品交换是在特定的历史条件下,人们互相交换劳动的形式。社会分工要求生产者在社会生产过程中建立必要的联系,而这种联系在私有制社会中只有通过商品交换,以货币这个一般等价物作为媒介来进行。因此,货币作为一般等价物反映了商品生产者之间的交换关系,体现了产品归不同所有者占有,并通过等价交换来实现他们之间的社会联系,即社会生产关系。

在历史发展的不同阶段,货币反映着不同的社会生产关系。在私有制社会中,大量货币掌握在剥削阶级手中,体现着阶级剥削关系。在奴隶社会中,奴隶主掌握大量货币,用来购买奴隶,货币反映了奴隶主对奴隶的剥削关系。在封建社会中,地主以货币地租的形式剥削农民,货币体现着封建地主对农民的剥削关系。进入资本主义社会,劳动力成为特殊商品,货币转化为资本。资本家凭借其对生产资料和产品的占有,掌握大量货币,购买工人的劳动力,无偿占有工人创造的剩余价值。在这里,货币在不同的社会制度中作为统治阶级的工具,是由社会制度决定的,而不是货币本身固有的属性。从货币的社会属性来看,货币反映着商品生产者之间的关系,货币是没有阶级性的,也不是阶级和剥削产生的根源。

3.货币形式的演变

货币形式,是指以什么货币材料(币材)来充当货币。不同的货币形态适应了不同的社会生产阶段和历史阶段的需要。纵观货币的发展历史,货币形态的发展演变大体上经历了实物货币(含金属货币)、代用货币、信用货币三个阶段,这个过程也是货币价值不断符号化的过程。

(1)实物货币和金属货币

实物货币是人类历史上最古老的货币,是指以各种自然物品充当一般等价物的材料,又称为自然物货币或商品货币。在人类经济史上,许多商品曾在不同时期、不同国家扮演过货币的角色,如牲畜、贝壳、布帛、粮食、金属等都充当过货币。我国最早的货币是贝,因此,至今很多与财富有关的汉字,其偏旁也多为"贝",如货、财、贸、贷、贫、贱等;在日本、东印度群岛以及美洲、非洲的一些地方,也有用贝作为货币的历史。在古代欧洲的雅利安民族,在古波斯、印度、意大利等地,都有用牛、羊作为货币的记载;古代埃塞俄比亚曾用盐作为货币;非洲和印度等地曾以象牙作为货币;而在美洲,曾经充当古老货币的有烟草、可可豆等。

最早时期,许多实物货币均有不适合作为货币的缺点,如笨重、携带运送不便、不能分割、质地不一、易遭损失等。因此,随着商品交换的发展和扩大,实物形态的商品货币就逐渐由内在价值稳定、质地均匀、易于分割、便于携带的金属货币替代。

世界各国货币发展的历史证明,金属作为币材,一般是从贱金属(如铁、铜等)开始的,最普遍、使用时间最久的是铜钱,我国最古老的金属铸币也是铜铸币。后来,这些贱金属逐步让位于金、银等贵金属,这是一个普遍的规律,因为金银所具有的天然属性最适宜充当货币商品。金属货币最初没有固定形状和重量,而是采用条块或块状形式,每次交易时都要重新鉴定其成色和重量,相当繁琐。因此,这类金属货币又称为"称量货币"。随着商品交换的发展,人们把货币金属铸成具有一定形状、一定重量,并具有一定成色的金属铸币,大大便利了流通。

金属铸币的出现和使用,由于克服了称量货币的某些弊端,因而促进了商品交换的发展,但金属铸币也有其自身的缺陷或不足:

①交易额小于铸币面值时,难以行使交换媒介职能。

②大额交易时,携带大量铸币又过于沉重且有相当风险。

③由于流通中磨损等原因而减轻分量,使铸币面值与实际价值不符。

为了克服上述缺陷,出现了用耐磨损的贱金属铸造的辅币(如铜钱等),以满足小额交易需要;出现了某种可随时兑换为金属货币的信用凭证(如银票等),以满足大额交易需要;有关国家政府及时收回已磨损的铸币,重新铸造。但诸多行为使得花费在货币上的费用提高了,更何况金属,特别是贵金属也存在自然资源和劳动生产率的限制问题,难以克服。于是,渐渐地出现了代用货币。

(2)代用货币

代用货币是指由政府或银行发行的、代替金属货币执行货币流通手段和支付手段职能的纸制货币,它是作为实物货币特别是金属货币的替代物而出现的。代用货币的一般形态是纸制的凭证,故称纸币。这种纸制的代用货币,尽管其自身价值低于货币价值,是一种不足值货币,但它们都有十足的金银等贵金属作为保证,持币者有权随时要求政府或银行将纸币兑换为金银货币或金银条块,因此,代用货币能在市场上广泛流通,被人们所普遍接受。

典型的代用货币是可兑换的银行券,发行银行券的银行保证随时按面值兑付金属货币。代用货币较实物货币或金属货币有明显的优点,具体表现在以下几方面:

①印刷纸币比铸造金属货币的成本大大降低。

②纸币比金属货币更易于携带和运输。

③避免金属货币流通所产生的一些问题。如在金属货币流通条件下,若金属货币的法定价值和实际价值发生偏差,人们往往收藏实际价值较高的金属货币;若金属货币熔化或输出国外,而实际价值较低的金属货币则继续在本国流通,出现"劣币驱逐良币"现象。

然而,由于代用货币的发行数量取决于金属准备量,不能满足增加货币量的需求。况且,大量闲置的金属只存放在仓库里,造成巨大的浪费。因此,第一次世界大战期间,世界各国普遍出现了银行券停止兑现的现象。第一次世界大战后,虽然有些国家曾一度实行有条件兑换金块或外汇的制度,但随着20世纪20年代末和30年代初金本位制的崩溃,世界主要国家的银行券完全不可兑现,现代信用货币终于取代代用货币而成为世界货币舞台上的主角。

(3)信用货币

信用货币是以信用作为保证,通过一定信用程序发行,充当流通手段和支付手段的货币形态,是货币发展中的现代形态。可见,信用货币产生的客观基础是信用关系的存在和发展。信用货币本身价值低于其货币价值,而且不再代表任何贵金属,不能与金属货币兑换,实际上信用货币已经成为一种货币价值符号。

信用货币是代用货币进一步发展的产物,而且也是世界上几乎所有国家采用的货币形态。从历史观点而言,信用货币是金属货币制崩溃的直接后果。1929—1933年的世界性经济危机和金融危机,迫使各国相继放弃金本位制,实行不兑现的纸币流通制度,所发行的纸币不能再兑换金属货币,于是信用货币应运而生。

除了上述直接的历史因素外,信用货币的演进也有其经济发展内在的根源。根据经验,政府和货币当局发现,只要纸币发行量控制适宜,即使法定纸币没有十足的金银准备,社会大众对纸币仍会保持信心。事实上,当今世界大多数采用信用货币制的国家,均具有相当数量的黄金、外汇、有价证券等资产作为发行信用货币的准备,但是各国政府或货币当局不再受十足准备的约束。根据政策需要决定纸币的发行量,这已是公众接受的事实。

信用货币的主要形态有:

①辅币。辅币多以贱金属(如铜、镍等)铸造,自身所含的金属价值低于其货币价值。辅币一般由政府发行,由专门的铸币厂铸造,其功能主要是承担小额或零星交易的媒介手段。

②纸币。纸币是指由政府发行并由国家法令强制流通使用的、以纸张为基本材料的货币。可见,纸币发行权一般被政府或政府的金融机关垄断,发行机关多数是中央银行,也有的是财政部或货币管理局等政府机构。纸币的主要功能是作为人们日常生活用品的购买手段。

③银行存款。银行存款种类很多,主要有活期存款、定期存款和储蓄存款。活期存款因通过支票能在商品交换中担负起交易媒介的作用,发挥货币的支付手段职能,所以称为"存款货币"。

④电子货币。电子货币是指电子计算机系统存储和处理的存款。电子货币是现代商品经济高度发达和银行转账结算技术不断进步的产物,同时,也反映了支付手段的进化。电子货币通常利用电脑或储值卡来进行金融交易和支付活动,如各种各样的信用卡、储值

卡、电子钱包等。当今社会，一些技术发达的国家已普遍采用电子资金转移系统，利用电子计算机记录和转移存款。顾客在购物、享受服务或通过网络进行交易时，计算机自动将交易金额分别记入双方的银行账户。电子货币具有转移迅速、安全和节约费用等优点，虽与存款货币并无本质区别，但却代表着现代信用货币形式的发展方向。

此外，国家发行的短期债券（即国库券）、银行签发的承兑汇票，以及其他特殊种类的短期证券等，可在货币市场上随时通过转让、贴现、抵押等多种形式变现，转化成现实的购买手段和支付手段。我们一般称其为"准货币"或"近似货币"，也是目前发展中的信用货币形式之一。

金融视野

信用卡的由来

信用卡最早产生于美国。1915年，美国的一些商店为了扩大销售，招揽生意，方便顾客，采用一种"信用筹码"，其形状类似于金属徽章，后来演变成为塑料制成的卡片，作为客户购物消费的凭证。

1952年，美国加州富兰克林国民银行首先发行了银行信用卡。到1959年，美国共有60多家银行发行信用卡。到了20世纪60年代，信用卡在日本、加拿大以及英国等欧洲各国也盛行起来。从20世纪70年代开始，一些发展中国家和地区也开始发展信用卡业务。

为了适应改革开放的需要，20世纪70年代末，我国一些银行开始涉足信用卡业务。1985年，中国银行珠江分行发行了珠江卡。1986年，中国银行发行了长城信用卡，填补了中国金融史册上的空白。

目前，我国的商业银行符合中国银行保险监督管理委员会规定的条件，可以向中国银行保险监督管理委员会申请审批开办信用卡业务。

二、货币的职能

货币的职能由货币的本质决定，也是货币本质在经济功能上的具体表现。货币在现代经济中执行着五种职能。

1.价值尺度

货币在表现和衡量商品价值时，执行着价值尺度职能。货币之所以能够充当价值尺度职能，是因为货币本身也是商品，具有价值。本身没有价值的东西，是不能去衡量其他商品的价值的。货币是商品内在价值的表现形式。商品的价值通过一定数量的货币表现出来就是商品的价格。计量商品的价格必须借助于价格标准。所谓价格标准，是指包含一定重量的贵金属的货币单位。

（1）货币单位名称和货币本身重量单位名称的分离

在历史上，价格标准和货币单位曾经是一致的，如我国过去长期使用"两"作为价格标准，"两"也是货币单位；英国以"磅"作为价格标准，"磅"也是货币单位。但随着商品经济的发展，货币单位名称和货币本身重量单位名称分离了。

(2)价格标准与价值尺度的区别

价格标准与价值尺度是两个联系紧密又有所区别的概念,其区别主要体现在以下几方面:

第一,价格的变化,依存于商品价值和货币价值的变化。货币发挥价值尺度职能,表现和衡量尺度是在商品交换中自发形成的;而价格标准则是由国家法律规定的。

第二,金银充当价值尺度职能,是为了衡量商品价值;规定一定量的金银作为价格标准,是为了比较各个商品价值的不同金银量,并以此去衡量不同商品的不同价值量。

第三,作为价值尺度,货币商品的价值量随着劳动生产率的变化而变化;而作为价格标准,是货币单位本身的重量,与劳动生产率无关。

二者的联系表现在:价格标准是为货币发挥价值尺度职能而做出的技术规定。有了价格标准,货币的价值尺度职能才得以发挥,因而价格标准是为价值尺度职能服务的。

此外,货币作为价值尺度,可以是观念上的货币,但必须以十足价值的真实货币为基础。因为货币执行价值尺度职能,即商品生产者在给商品规定价格时,只要有想象中的或者是观念上的货币就行了,并不需要有现实的货币。货币作为价值尺度之所以是抽象的或观念的,是因为价值本身就是抽象的或观念的。但是在抽象的或观念的价值尺度背后,执行价值尺度职能的货币本身必须具有十足的价值。如果货币没有价值,就不可能用来衡量价值,这就像天平没有砝码就不能称重一样。

综上所述,马克思经济学中的货币价值尺度职能理论是建立在劳动价值论的基础之上的。货币之所以作为衡量其他商品价值的尺度,是因为货币与其他一切商品一样,是劳动的产物,本身凝结着价值。货币发挥价值尺度职能不过是在货币与商品价值对等的基础上,把商品的价值表现为货币的若干量。西方经济学中的价值标准,不是建立在劳动价值论的基础之上。他们认为,货币发挥价值尺度职能,是因为衡量价值需要共同的单位,如把长度单位确定为米、千米等,把重量单位确定为克、千克等。

2.流通手段

货币在商品交换过程中发挥媒介作用时,执行流通手段职能。物物交换是商品所有者拿自己的商品与持有自己所需商品的所有者去交换。有了货币,则一个商品所有者先要把它换成货币,即"卖"出;然后再用货币换取所需要的商品,即"买"进。这样,商品的交换过程就变成买卖两个过程的统一:一个商品所有者的买就是另一个商品所有者的卖,买卖持续不断的过程就是商品流通。在买与卖之间,货币是媒介,所以这个职能人们也用交易的媒介来表述。作为价值尺度,货币证明商品有没有价值,有多大价值;而作为流通手段,货币实现这种商品的价值。商品流通与物物交换不同,商品流通需要商品生产者先以自己的商品换成货币,然后再以货币换得自己所需要的商品。每一次交换都通过这种"商品—货币—商品"的形式。商品流通是一个系列过程,货币不断地在这一系列的交换中起媒介作用,这种作用就是流通手段。

(1)货币执行流通手段职能的特点

第一,必须是现实的货币。因为只有商品生产者出卖商品所得到的货币是现实的货币,才能证明他的私人劳动获得了社会认可,成为社会劳动的一部分。

第二,不需要有足值的货币本体,可以用货币符号来代替。因为货币流通是指货币作为购买手段,不断地离开起点,从一个商品所有者手里转到另一个商品所有者手里的运动。在这里,商品生产者手中的货币只是转瞬即逝的东西,货币持有者所关心的只是它能够最终换回的与其代表的价值量是否等值的商品量,所以只要有货币的象征存在就够了。

第三,包含有危机的可能性。在货币发挥流通手段职能的条件下,交换过程分裂为两个内部相互联系而外部又相互独立的行为:买和卖。这两个过程在时间上和空间上分开了,因此,货币流通手段的职能包含着一定的危机。

(2)作为流通手段的货币的表现

作为流通手段的货币,最初是金属条块,但每次流通都需要鉴别真假,测其成色,进行分割。由此,货币从金属条块发展到铸币。铸币是国家按一定成色、重量和形状铸造的硬币,它的出现极大地方便了流通。但因铸币在流通中不断磨损,使其实际价值低于名义价值,却仍按其名义价值流通,这就意味着"在货币流通中隐藏着一种可能性:可以用其他材料做的记号或用象征来代替金属货币执行铸币的职能。"于是,没有什么价值的纯粹象征性的纸币就出现了。可见,作为流通手段的货币的币材形式的变化,主要是由货币作为流通手段只是一种媒介的特征所决定的。

我国的人民币具有流通手段职能。人民币是我国唯一合法的通货,它代表一定的价值量与各种商品相交换,使各种商品的价值得以实现。人民币的流通具有普遍的接受性、垄断性和独占性。人民币发挥流通手段职能,除要具有与一切商品直接交换的能力外,还需要具有相对稳定的购买力。人民币的购买力是价格的倒数。在我国,人民币购买力的变动是通过物价指数的变动表现出来的。因而,要稳定人民币的购买力,首先要稳定物价。稳定物价的主要因素取决于人民币适量地供给和是否具有满足人民群众需要的各种各样的商品保证。

上面的阐述说明,马克思的货币流通手段职能,着重于说明货币作为商品流通的媒介。而媒介流通必须有三个当事人出现,其中有两个商品所有者,一个货币所有者。商品流通不过是两种商品的物物交换,即从一种使用价值变为另一种使用价值。

3.贮藏手段

当货币由于各种原因退出流通领域,被持有者当作独立的价值形态和社会财富的绝对化身而保存起来时,货币就停止流通,发挥贮藏手段职能。马克思把这种现象称为货币的"暂歇",现代西方学者则将其称为"购买力的暂栖处"。

执行贮藏手段的货币必须既是现实的货币,又是足值的货币。作为价值尺度的货币,可以是观念上的货币;作为流通手段的货币,可以是价值符号;而作为贮藏手段的货币,则必须是实实在在的货币,最典型的形态是贮藏具有内在价值的货币商品,如黄金或铸币。作为贮藏手段的货币,必须退出流通领域,处于静止状态。处在流通领域中的货币发挥流通手段和支付手段的职能,退出流通领域的货币才可执行贮藏手段职能。

随着商品经济的发展,货币贮藏除了作为社会财富的绝对化身外,其作用得到进一步加强。首先,可以作为流通手段准备金贮藏,即商品生产经营者为了保持再生产的连续性,能够在不卖的时候也能买,就必须在平时只卖不买,并贮藏货币;其次,可以作为支付手段准备金贮藏,即为了履行在某一时期支付货币的义务,必须事前积累货币;另外,还可以作为世界货币准备金贮藏,即作为平衡国际收支差额而用。

贮藏货币具有自发地调节货币流通量的特殊作用。当流通中需要的货币量减少时，多余的货币便自动退出流通并进入贮藏；当商品流通需要的货币量增加时，部分贮藏货币会加入流通以满足其需要。所以，贮藏手段是货币流通中的蓄水池。

在市场经济条件下，纸币流通与通货膨胀紧密相连，谁也不愿意贮藏不断贬值的纸币。因此马克思认为纸币不能作为贮藏手段。但他在分析可以兑换黄金的银行券时指出，"危机一旦爆发，将会发生对市场上现有的支付手段即银行券的全面追逐。每一个人都想尽量多地把自己能够获得的货币贮藏起来。因此，银行券将会在人们最需要它的那一天从流通中消失。"可见，纸币能不能发挥贮藏手段职能的关键在于它能否稳定地代表一定的价值量。如果货币币值不稳定，便丧失了其价值贮藏手段的职能，而贵金属和实物则成为保值工具。

同时还应看到，货币并非唯一的价值贮藏形式，甚至不是最有利的价值贮藏形式。在现代经济中，人们可以通过持有短期期票、债券、抵押凭证、股票、家具、房屋、土地，以及其他物品来贮藏价值，其中的某些形式还能带来高于储蓄利息的收益，即在贮藏中增值。这种贮藏价值的多元形式为后续的银行业和信用制度的形成与扩张提供了客观条件。

在我国人民币稳定的前提下，也可以发挥贮藏手段的职能。当然必须指出，人民币发挥贮藏手段的职能与黄金贮藏有不同之处，它有严格的量的限制，如果货币发行过多，就会出现纸币贬值问题，不仅现有的人民币不能发挥贮藏手段的职能，而且原有贮藏的部分，也将转化为现实的流通手段和支付手段，从而冲击市场。

4. 支付手段

当货币作为价值的独立形态进行单方面转移时，它发挥支付手段的职能。如货币用于清偿债务，以及支付赋税、租金、工资等所执行的职能。

由于商品经济的不断发展，商品生产和商品交换在时空上出现了差异，这就产生了商品的使用价值的让渡与商品价值的实现在时间上分离开来的客观必然性。某些商品生产者在需要购买商品时没有货币，只有到将来某一时间才有支付能力。同时，某些商品生产者又急需出售其商品，于是就产生了赊购赊销。这种赊账买卖的商业信用就是货币支付手段的起源。

与流通手段相比较，货币执行支付手段职能具有以下特点：

第一，作为流通手段的货币，是商品交换的媒介物；作为支付手段的货币，不是流通过程的媒介，而是成为补足交换的一个环节。

第二，流通手段只服务于商品流通，支付手段除了服务于商品流通外，还服务于其他经济行为。

第三，就媒介商品流通而言，二者虽然都是一般的购买手段，但流通手段职能是即期购买，支付手段职能是跨期购买。

第四，流通手段是在不存在债权债务关系的条件下发挥作用，而支付手段是在存在债权债务关系的条件下发挥作用。

第五，商品赊销的发展，使商品生产者之间形成了一个很长的支付链环，一旦某个商品生产者不能按期还债，就会引起连锁反应，严重时会导致大批企业破产，造成货币危机。所以，货币作为支付手段，既促进了商品经济的发展，又使商品经济的矛盾复杂化。支付手段职能的出现与扩展为经济危机的可能性变为现实性创造了客观条件。

5.世界货币

随着国际贸易交往的发展,当货币超越国界并在国际市场上发挥一般等价物作用时,它便执行世界货币的职能。从理论上说,世界货币只能是以重量直接计算的贵金属。而铸币和纸币是国家依靠法律强制发行,只能在国内流通的货币,不能真实地反映货币具有的内在价值。但应该看到,当今世界货币流通领域出现了很多新现象。许多国家的货币,如美元、日元、欧元等,在国际发挥着支付手段、购买手段和财富转移的作用。我国人民币具有一定的稳定性,在一定范围内已被用作对外计价支付的工具。同时,黄金仍没有完全退出历史舞台,它仍然是国际最后的支付手段、购买手段和社会财富的贮藏与转移形式。

货币的五种职能并不是各自孤立的,而是具有一定的内在联系,每一种职能都是货币作为一般等价物的本质反映。其中,货币的价值尺度和流通手段职能是两种基本职能,其他职能是在这两种职能的基础上产生的。所有商品首先要借助于货币的价值尺度来表现其价格,然后通过流通手段实现商品价值。正因为货币具有流通手段职能,随时可购买商品,货币能作为交换价值独立存在,可用于各种支付,所以人们才贮藏货币,货币才能执行贮藏手段的职能。支付手段职能是以贮藏手段职能的存在为前提的。世界货币职能则是其他各种职能在国际市场上的延伸和发展。从历史和逻辑上讲,货币的各种职能都是按顺序随着商品流通及其内在矛盾的发展而逐渐形成的,从而反映了商品生产和商品流通的历史发展进程。

三、货币的作用

1.货币与经济活动

在市场经济条件下,人们生活水平的提高都是通过生产、交换、分配和消费等诸环节加以实现的。而使各环节得以连接的是交换,在商品和劳务的交易中,在储蓄和投资的转换中,在支付清算和信息交易中,货币始终贯穿于其中并影响其效率和秩序。

从社会资金的循环过程看,居民部门与企业部门、政府财政部门和商业银行之间的资金循环,以及企业部门与政府财政部门和商业银行之间的资金循环,商业银行与中央银行和政府财政部门之间的资金循环,中央银行与政府财政部门之间的资金循环都离不开货币的运行,如图1-1所示。货币流通就是这一系列川流不息的货币运动之和。

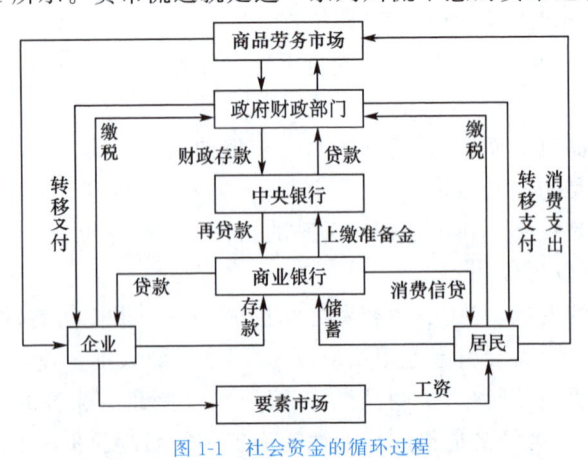

图1-1 社会资金的循环过程

社会资金的循环过程告诉我们一个事实,构成国民经济主要部门之间的联系,以及与这些联系相伴随的生产、投资、消费等经济活动都与货币运行的畅通与否密切相关。现代商品经济的实质就是货币经济。

2. 货币在宏观经济活动中的作用

(1)货币是提高社会资源配置效率的工具

货币作为一般等价物,是社会财富的代表,谁拥有货币,就意味着他可拥有所需要的和货币价值相等的其他商品、劳务等资源。人们可以利用价格、利率、信贷等和货币直接相关的经济杠杆实现货币资金的分配,调剂资金余缺。通过资金分配和调剂,引导其他社会资源的重新分配,充分发挥现有资源的作用,提高资源配置的效率。如果没有货币,人们通过物物交换配置资源,其效率将会极其低下。利用货币以及有关的经济杠杆能迅速实现社会资源的合理配置,并降低交易成本。

(2)货币是传递信息的重要工具

在市场经济中,价格是商品价值的货币表现。在价格形成过程中,汇集了各种有关商品经济的信息。利用价格机制,可以向市场传递各种信息,人们也可以从价格变化中获取各种有用的信息。例如,价格变动可以很好地反映社会供给和社会需求的变化,有利于政府管理部门根据市场供求变动的信息,制定适当的宏观经济政策。

(3)货币是实现宏观调控的工具

在一国国民经济活动中,政府经常利用财政政策和货币政策以及其他宏观经济政策手段间接地调控经济,以实现宏观经济的均衡。无论是财政政策还是货币政策,都是以货币为基本工具的。财政收支要以货币数量来表示,货币政策的任何一种工具使用都离不开货币计量。考核宏观经济政策的效果也是利用货币来进行的。例如,GDP、NI等指标最后都是以货币来表示的。

3. 货币在微观经济活动中的作用

(1)货币是商品生产的第一推动力和持续推动力

在商品经济中,任何企业和个人要从事商品生产,都离不开一定数量的货币。人们在开始从事生产活动之前,需要用货币资金购买生产资料和劳动力,没有这部分资金的垫付,生产就无法进行。货币作为商品生产的第一推动力的作用就显现出来了。在生产启动后,需要追加资金,或者商品销售后,商品资本转化为货币资本,投入再生产过程,此时货币就发挥着持续推动力作用。一旦没有货币,生产过程就难以为继。

(2)货币是实行经济核算的工具

由于货币具有价值尺度职能,人们可以利用货币作为记账单位,来计算成本、价格和利润等,以此来衡量微观经济效益的高低,这有利于经营者对经营决策方案做出正确的选择,也便于经营者对生产过程进行监督和控制。

(3)货币是实现收入分配的工具

在现行的商品货币经济条件下,企业的收入分配必须借助于货币来实现。企业要利用货币指标考核劳动者劳动的数量和质量,然后根据考核的结果,以货币方式支付报酬。用货币方式支付报酬,既方便,又准确。

四、货币制度

货币本身是商品生产和交换发展的产物,随着商品生产和交换的发展,货币的形式及货币的发行、流通和使用等内容也在不断地发生变化,从而形成了不同的货币制度。货币制度是一国经济制度的重要组成部分,同时货币制度的内容也需要与经济发展的水平相适应,并随着社会经济发展进行相应调整,因此在人类社会经济不断进步的同时,货币制度也表现出一系列的演变发展过程。

1.货币制度的基本内容

货币制度又称为"币制"或"货币本位制",是指一个国家或地区以法律形式确定的货币流通的组织形式。也就是说,是国家为了保障货币流通的正常进行而制定的货币和货币运动的准则和规范。它的基本内容如下:

(1)货币金属与货币单位

确定用什么金属作为货币材料,是建立货币制度的首要步骤,也是建立整个货币制度的基础。不同的国家法律规定用不同的金属作为币材,也就构成了不同的货币本位制度。这种规定虽然由国家确定,但仍受客观经济条件的制约。历史上,一般都先以白银为货币金属,后来随着黄金的大量开采,才过渡到金银并用,并最终使黄金在币材中独占了统治地位。选择什么样的金属作为本位币的币材,就会构成什么样的货币本位制度。这是由国家法律确定的,但仍要受客观经济发展需要的制约。现代各国货币都是信用货币,选择币材的技术上的意义已超出其经济意义,例如,如何防伪等。

货币金属的确定,需要确定货币单位。货币单位是国家法定的货币计量单位。国家法定的每一货币单位所包含的货币金属重量即为价格标准。如英国的货币单位为"镑",按照1870年的《铸币条例》,其含金量为123.274格令;美国的货币单位是"元",根据1934年1月的法令规定,1美元含金量为13.714格令;中国的北洋政府1914年颁布的《国币条例》规定货币单位为"圆",1圆含纯银6钱4分8厘(合23.977克)。

(2)通货的铸造、发行和流通程序

一个国家的通货,通常分为主币(即本位币)和辅币,它们各有不同的铸造、发行和流通程序。

①本位币

本位币亦称主币,是国家法律规定的标准货币。在金属货币制度下,本位币是用一定货币金属按照国家规定的货币单位铸造的铸币。本位币是一个国家的基本通货,是法定的计价、结算货币。例如,英国的英镑,美国的美元,都是本位币。本位币的最小规格通常是1个货币单位,如1美元、1英镑。

在金属货币流通的条件下,本位币可以自由铸造。所谓的自由铸造有两方面的含义:一方面,每个公民都有权把货币金属送到国家造币厂请求铸成本位币;另一方面,造币厂代公民铸造本位币,不收费或只收很低的造币费。本位币的自由铸造具有十分重要的经济意义。首先,自由铸造可以使铸币的名义价值和实际价值保持一致。铸币的实际价值是指铸币本身的金属价值。由于公民可以随时把货币金属送到国家铸币厂请求铸成铸币,所以铸币的名义价值就不能高于其实际价值,否则就必须用法律手段来规定其名义价值;又由于持有铸币的人可以随时将它熔化为金属块,所以铸币的名义价值就不能低于铸币的实际价值,否则人们就会将铸币熔毁,退出流通领域。其次,本位币的自由铸造可以自发地调节货币流通量,使流通中的货币量与货币需要量保持一致。当流通中的货币量不足时,公民会请求造币厂把金属块铸成铸币,投入流通;当流通中的货币量过多时,公民又会自发地将铸币熔化成金属块,退出流通。

本位币除可以自由铸造和自由熔化外,国家法律还规定它具有无限的法定支付能力,即无限法偿。本位币是法定作为价格标准的基本通货。法律规定,在货币收付中无论每次支付的金额多大,用本位币支付时,收款人不得拒绝接受,故称为无限法偿货币。

铸币在制造过程中,由于技术原因,有时会出现实际的成色和重量同国家规定的标准不符;铸币在流通过程中,由于不断转手而磨损,也会使重量减轻。为了保持货币的名义价值和实际价值一致,各国对于铸币的铸造和磨损都有关于"公差"的规定,即流通币的实际成色和重量同国家规定的标准相比较所能容许的最大差距。如果超过公差,可以请求政府兑换成新铸币。

②辅币

辅币是本位币以下的小额通货,供日常零星交易与找零之用。辅币一般用贱金属铸造,其所包含的实际价值低于其名义价值,为不足值的铸币。但国家以法令形式规定在一定限额内,辅币可与本位币自由兑换,这就是辅币的有限法偿性。辅币不能自由铸造,只准国家铸造;而铸币收入为国家所有,是国家财政收入的重要来源。为防止辅币充斥市场,国家除规定辅币为有限法偿货币外,还规定用辅币向国家纳税不受数量限制,用辅币向政府兑换本位币不受数量限制。

在商品经济发展速度大大超过贵金属产量增长速度的情况下,金属铸币不能满足商品流通对流通手段和支付手段日益增长的需要,于是就出现了银行券和纸币。

银行券是在商业信用基础上,由银行发行的信用货币。最早的银行券出现于17世纪,用来替代商业票据。当商品经济发展到一定阶段后,由于信用交易产生了商业票据,一些持票人因急需现金而到银行贴现,银行就付给他们银行券。这样,银行券就通过银行放款的程序投入了流通。同时,银行券的发行应有信用保证(票据保证)和黄金保证。持券人可随时向发行银行兑换金属货币。但自1929—1933年世界经济危机后,各国中央银行发行的银行券都不能兑现,它的流通已不再依靠银行信用,而是单纯靠国家政权的强制力量,从而使银行券纸币化了。

纸币是银行和政府发行并依靠其信誉和国家权力强制流通的价值符号。现在的纸币,其前身就是可兑换的银行券。但纸币并不需要黄金准备,可以用来弥补财政赤字,因而就可能导致通货膨胀。

③货币发行准备制度

为了稳定货币,各国货币制度中都包含有准备制度的内容。准备制度是指一国货币发行的物质基础。在实行金本位制的条件下,准备制度主要是建立国家的黄金储备,这种黄金储备保存在中央银行或国库。黄金储备主要有三项用途：第一，作为国际支付手段的准备金，也就是作为世界货币的准备金；第二，作为偶然扩大时而收缩的国内金属流通的准备金；第三，作为支付存款和兑换银行券的准备金。目前，各国均实行不兑现的信用货币流通制度，金银已退出货币流通领域，黄金储备的后两个作用已经消失。黄金作为国际支付准备金的作用依然存在，形式却发生了变化，已不再像金本位制时期那样，按货币含金量作为最后弥补国际收支逆差的手段，当一个国家出现国际收支逆差时，可以在国际市场上抛售黄金，换取自由外汇，以平衡国际收支。

目前，各国中央银行发行的信用货币虽然不能再兑换黄金，但仍然保留着发行准备制度。各国准备制度不一致，但归纳起来，作为发行准备金的有黄金、国家债券、外汇等。

2. 货币制度的演变

货币制度自产生以来，从其存在形态看，经历了银本位制、金银复本位制、金本位制和不兑现的信用货币制度四大类型。

(1) 银本位制

银本位制是出现最早的货币制度，而且持续的时间也比较长。在银本位制中，白银是本位币的币材，银币具有无限法偿能力，可以自由铸造和熔化，其名义价值与实际价值相等。银本位分为银两本位与银币本位。银两本位是以白银的重量单位——"两"作为价格标准，实行银块流通的货币制度。银币本位则是以一定重量和成色的白银，铸成一定形状的本位币，实行银币流通的货币制度。

在银本位制盛行的时代，大多数国家实行银币本位，只有少数国家实行银两本位。例如我国于1910年宣布实行银本位制，但实际上是银圆和银两混用，一直到1933年，当时的国民党政府才宣布"废两改圆"，实行银圆流通。

资本主义的发展使得大规模的贸易增多，白银的体积大但价值低，因此不能适应经济发展的客观需要。19世纪以后，随着生产白银的劳动生产率不断提高，白银的价值不断降低，金与银之间的比价大幅度地波动，影响了经济的稳定发展。因此许多国家纷纷放弃了银本位制。

(2) 金银复本位制

金银复本位制是指以金和银同时作为币材的货币制度。在这种制度下，金银两种铸币都是本位币，均可自由铸造，两种货币可以自由兑换，并且两种货币都是无限法偿货币。金银复本位制盛行于16—18世纪资本主义国家发展初期。这一时期，资本主义的商品生产和流通进一步扩大，交易额也不断增加。一方面，小额交易需要更多的白银；另一方面，越来越多的大额交易使黄金的需要量扩大。同时，黄金的供给量也由于人工开采的增加而增加，使金银复本位制代替银本位制成为可能。

金银复本位制按金银两种货币的不同关系又可分为平行本位制、双本位制和跛行本位制。

平行本位制是金银两种货币均各按其所含金属的实际价值任意流通的货币制度。国家对金银两种货币之间的交换比例不加限定，而由市场上自发形成的金银比价自行确定金币与银币的比价。但由于市场机制形成的金银比价因各种原因而变动频繁，造成交易的混乱，所以这种平行本位制极不稳定。

双本位制是指国家以法律形式规定金银两种货币的比价，两者按法定的比例流通。双本位制试图克服平行本位制下金币和银币比率频繁变动的缺陷，但实际上是事与愿违，这样反而形成了国家官方金银比价与市场自发金银比价平行存在的局面，而国家官方比价较市场自发比价明显缺乏弹性，不能快速依照金银实际价值比进行调整。因此，当金币与银币的实际价值与名义价值相背离时，实际价值高于名义价值的货币（良币）通常被收藏、熔化而退出流通，实际价值低于名义价值的货币（劣币）则充斥市场，即所谓的"劣币驱逐良币"，这一规律又称"格雷欣法则"。因此，在某一时期，市场上实际上只有一种货币在流通，很难有两种货币同时流通的情况。这也成了许多国家向金本位制转变的动因。

跛行本位制是指国家规定金币可自由铸造而银币不允许自由铸造，并且金币与银币可以按固定的比例兑换。实际上，银币已经降为金币的附属地位，因为银币的价值通过固定的比例与金币挂钩，而金币是可以自由铸造的，其价值与本身的金属价值是一致的。因此，从严格的意义上来说，跛行本位制只是金银复本位制向金本位制的过渡形式。

与银本位制相比，金银复本位制具有其先进之处：金银并用满足了当时生产扩大对通货的需求，金币与银币的价值高低不同，可以分别适用于批发交易和小额交易。但是金银复本位制是一种不稳定的货币制度，因为货币作为一般等价物是具有独占性和排他性的。随着黄金产量的增加和经济的发展，西方各资本主义国家先后过渡到金本位制。

（3）金本位制

金本位制又称为"金单本位制"，它是以黄金作为本位货币的一种货币制度，主要有金币本位制、金块本位制和金汇兑本位制三种形式。

①金币本位制

金币本位制是典型的金本位制。在这种制度下，国家法律规定以黄金作为货币金属，即以一定重量和成色的金铸币充当本位币。在金币本位制条件下，金铸币具有无限法偿能力。它具有以下三个特点：

第一，金币可以自由铸造和自由熔化，而其他铸币（银铸币和铜镍币）则限制铸造，从而保证了黄金在货币制度中处于主导地位。

第二，价值符号包括辅币和银行券，可以自由兑换为金币，使各种价值符号能够代表一定数量的黄金进行流通，以避免出现通货膨胀现象。

第三，黄金可以自由地输出输入国境。由于黄金可以在各国之间自由转移，从而保证了世界市场的统一和外汇汇率的相对稳定。

最早实行金币本位制的国家是英国。18世纪末至19世纪初，英国经济迅速发展后首先过渡到金币本位制。英国政府于1816年颁布法令，正式采用金币本位制。之后，欧洲各国纷纷效仿。德国于1871年开始实行金币本位制，丹麦、瑞典和挪威均于1873年开始实施。美国虽然经过巨大的努力仍无法克服金银复本位制的不稳定性，最终也于1900年实施了金币本位制。

从历史上看，金币本位制对于各国商品经济的发展，以及世界市场的统一都起到了巨大的推动作用,其稳定的货币自动调节机制无疑是高效率的。但随着资本主义社会固有矛盾的加深和世界市场的进一步形成,金币本位制的基础受到了严重的威胁,并最终导致了金币本位制的终结。首先,各资本主义国家的政治经济发展极不平衡,尤其是第一次世界大战之后,各资本主义国家之间的矛盾更加尖锐化,由于少数国家拥有大量的黄金储备,而只拥有少量黄金的国家在政策上限制黄金的输出,所以金币本位制已名存实亡。其次,随着资本主义经济的迅速发展,对黄金的需求也日益增加,但黄金的开采由于种种原因不可能相应地快速增长,使得供给满足不了需求。这在一定程度上也影响了金币本位制在资本主义社会的发展。作为解决上述困难的办法,金块本位制和金汇兑本位制相继出现了。

②金块本位制

金块本位制是指国内不准铸造、不准流通金币,只发行代表一定黄金量的银行券(或纸币)来流通的制度。金块本位制虽然没有金币流通,但在名义上仍然为金本位制,并对货币规定含金量。在金块本位制的条件下,虽然不允许自由铸造金币,但允许黄金自由输入和输出,或外汇自由交易。银行券是流通界的主要通货,但不能直接兑换金币,只能有限地兑换金块。英国在 1925 年规定银行券每次至少兑换 400 盎司黄金(1 700 英镑);法国于 1928 年规定至少需 21.5 万法郎才能兑换黄金。这么高的兑换起点,实质上等于剥夺了绝大多数人的兑换权利,从而限制了黄金的兑换范围。实行金块本位制可节省黄金的使用,减少了对黄金的履行准备量的要求,暂时缓解了黄金短缺与商品经济发展之间的矛盾,可是并未从根本上解决问题。金块本位制实行的条件是保持国际收支平衡和拥有大量的平衡国际收支的黄金储备。一旦国际收支失衡,大量黄金外流或黄金储备不够支付时,这种虚弱的黄金本位制就难以维持。1930 年以后,英国、法国、比利时、荷兰、瑞士等国在世界性经济危机的袭击下,先后放弃了这一制度。

③金汇兑本位制

在金汇兑本位制的货币制度下,市场上没有金币流通,货币单位规定含金量,国内流通纸币或银行券,但它们在国内不能直接兑换黄金,只能换取外汇,这些外汇可以兑换黄金。实行金汇兑本位制的国家实际上是使本国货币依附在一些经济实力雄厚的外国货币上,处于附庸地位,致使货币政策和经济都受这些实力强的国家的左右。同时,附庸国家向实力强的国家大量提取外汇准备或兑取黄金也会影响后者的币值稳定。

金汇兑本位制和金块本位制都是一种残缺不全的本位制,实行的时间不长,在 1929—1933 年世界性经济危机的冲击下都相继崩溃了。从此,资本主义世界除个别国家外,也都与金本位制告别,而实行不兑现的信用货币制度。

(4)不兑现的信用货币制度

不兑现的信用货币制度是指以不兑换黄金的纸币或银行券为本位币的货币制度。银行券开始是有黄金和信用双重保证的,可以兑换黄金、白银,但在金本位制全面崩溃以后,流通中的银行券不再兑换金银,这时银行券已完全纸币化了。不兑现的纸币一般是由中央银行发行,国家法律赋予其无限法偿能力。流通中全部是不兑现的纸币,黄金已经不用于国内流通。由于纸币与黄金毫无联系,货币的发行一般根据国内的经济需要由中央银行控制。信用货币是银行对货币持有人的负债,通过银行放款程序投入流通领域中。如果银行放松银根,信用货币投放过多,就可能出现通货膨胀,物价上涨;如果银行紧缩银根,就可能出现通货紧缩,物价下跌。可见信用货币流通量的多少能够影响经济的发展,国家因此应对银行信用加以调控,以达到其政策目的,保证货币流通量适应经济发展的需要。

不兑现的信用货币——纸币,代替黄金成为本位币,黄金完全退出货币流通,这种现象叫作黄金的非货币化,具有非常重要的意义。政府不再只是经济运行的守夜人、旁观者,而是可以利用纸币的发行及其流通量来调节经济的参与者、操纵者。战后资本主义世界中只靠亚当·斯密的"看不见的手"来引导经济运行的国家几乎没有。信用货币的流通量无法像金币那样通过被熔化或输出而退出流通领域。在这种货币制度下,国家对银行信用的调节和管理尤为重要。

当代社会通行的信用货币本位制的历史很短,就其本身而言,仍有许多不完善之处,但是这种货币制度却创造了货币对经济调节的"弹性"作用,适应商品生产与交换的发展,显示了较为优越的特性,从而具有强大的生命力。

3. 我国的货币制度

(1)人民币制度

《中华人民共和国中国人民银行法》规定:"中华人民共和国的法定货币是人民币。"1948年12月1日中国人民银行成立时,我国开始发行第一套人民币;1955年3月1日,开始发行第二套人民币;1962年4月20日,开始发行第三套人民币;1987年4月27日,开始发行第四套人民币;1999年10月1日,开始发行第五套人民币。目前第一、二、三、四套人民币均已停止流通,目前市场上流通的是第五套人民币。

人民币在我国社会主义经济建设和人民生活中发挥了重要作用。人民币制度主要包括以下基本内容:

①人民币是我国的法定货币,以人民币支付我国境内的一切公共的和私人的债务,任何单位和个人不得拒收。人民币没有法定含金量,也不能自由兑换黄金。

②人民币的单位是"元",元是主币,辅币的名称是"角"和"分",1元等于10角,1角等于10分。人民币的符号为"¥",取"元"字的汉语拼音首位字母"Y"加两横而成。

③人民币由中国人民银行统一印制、发行。国务院每年在国民经济计划综合平衡的基础上,核准货币发行指标,并授权中国人民银行发行。

④禁止伪造、变造人民币。禁止出售、购买伪造、变造的人民币。禁止运输、持有、使用伪造、变造的人民币。禁止故意毁损人民币。禁止在宣传品、出版物或者其他商品上非法使用人民币图样。

⑤任何单位和个人不得印制、发售代币票券,以代替人民币在市场上流通。

⑥残缺、污损的人民币,按照中国人民银行的规定兑换,并由中国人民银行负责收回、销毁。

⑦中国人民银行设立人民币发行库,在其分支机构设立分库。分库调拨人民币发行基金,应当按照上级库的调拨命令办理。任何单位和个人不得违反规定,动用发行基金。

⑧对人民币的出入境实行限额管理。上述内容均以法律法规的形式予以公布,加以规范实施。

(2)一国两制下的地区货币制度

1997年和1999年我国香港和澳门相继回归祖国后,出现了人民币、港元、澳元"一国三币"的特有历史现象。

根据《中华人民共和国香港特别行政区基本法》和《中华人民共和国澳门特别行政区基本法》,港元和澳元分别是香港特别行政区和澳门特别行政区的法定货币。中国人民银行不在两地设立派出机构,而由香港特别行政区和澳门特别行政区政府及其有关机构制定和执行其货币政策。人民币和港元、澳元的关系,是在一个国家的不同社会经济制度区域内流通的三种货币,它们所隶属的货币管理当局各按自己的货币管理方法发行和管理货币。当然,一旦人民币实现了在资本项目下的完全自由兑换,"一国三币"的特殊历史现象就会逐步消失。

①香港地区货币制度

香港地区货币制度可以追溯到1866年,当时市场流通的有1元、半元等银圆。1872年,当时的香港政府为防止银圆外流,授权汇丰银行印发纸币,代替银圆在市面上流通,最先发行的纸币是1元面额的港元,并规定1港元纸币可随时兑换一枚银圆。1935年,港英当局对货币体制进行了较大的改革,一方面跟随中国大陆放弃银本位制,另一方面修正各银行发行纸币条例,设立外汇基金制,作为发行纸币最有力的保证。根据1935年颁布的《1元券货币条例》,港英当局又发行了1元面额纸币及辅币,辅币为铜镍合金的硬币。后来还发行了5元、2元、1元、5角、1角的硬币和1分的纸币。当时香港发行的港元可分为两类:一类由汇丰银行和渣打银行发行的纸币;一类是由港英当局发行的纸币、硬币。1994年5月1日,中方根据1985年中英双方达成的协议,中国银行在香港首次发行30亿港元,占香港现钞流通总量的4%,并逐步增到60亿港元,1996年达100亿港元。目前香港的发钞银行有三家,分别是香港上海汇丰银行、渣打银行及中国银行。香港的流通货币单位为港币(货币代码:HKD;货币符号:HK$)。纸币由香港上海汇丰银行、渣打银行及中国银行发行。硬币由香港政府发行。

②澳门地区货币制度

1553年,葡萄牙殖民者侵占澳门,当时澳门使用的货币是中国的银圆和铜钱。1906年1月27日,由大西洋银行代表澳门政府首次在澳门发行纸币;1982年1月1日,成为正式发行机构;1994年8月23日,中国银行澳门分行宣布参与澳门钞票发行工作;1995年10月16日,中国银行在澳门正式发钞;1999年12月20日,在澳门回归祖国当天,中国银行再次发行新版澳门钞票,一套5种面额纸币,图案未变,仅发行时间有改动。澳门的货币政策由澳门金融管理局管理。目前澳门的发钞银行有两家,分别是大西洋银行和中国银行。澳门的流通货币单位为澳门元(货币代码:MOP;货币符号:MOP$)。

(3)其他地区货币制度

台湾作为我国的一个省,新台币是台湾地区的法定货币,曾多次更替版别,仅在台湾地区流通。

金融视野

应用场景覆盖吃穿住用行 数字人民币"真香"!

"通过数字人民币支付,太方便了,只要2秒,就可以轻松结账!"在北京宣武门附近一家便利店购物的杨女士告诉记者。自2019年年末,深圳、苏州等数字人民币试点开展以来,2021年我国数字人民币的研发和推广按下了加速键。

2021年数字人民币蓬勃发展

回顾2021年,数字人民币研发、推广工作取得了重大进展。从2021年4月数字人民币产品首次集中亮相,到7月官方首次发布研发进程白皮书,再到9月安全芯片厂商在中国(北京)国际服务贸易交易会齐亮相,从超30家银行加入数字人民币体系,到北京冬奥试点场景建设进入冲刺阶段……数字人民币在2021年迅速发展。

基于我国中国人民银行(以下简称央行)发行的数字货币(数字人民币)是零售型央行数字货币,面向公众发行并用于日常交易,对零售场景的探索成为我国数字人民币试点过程中的重要方向。央行数据显示,截至2021年10月末,数字人民币钱包累计开设1.5亿个(其中,个人钱包1.4亿个、企业钱包1000万个),累计交易1.5亿笔,金额合计620亿元。有155万商户支持数字人民币钱包,涵盖公共事业、餐饮服务、交通出行、购物和政务等各个领域。

中国人民银行行长近期在芬兰央行新兴经济体研究院成立30周年纪念活动上的视频演讲中指出,"目前,110多个国家不同程度上开展了央行数字货币相关工作。对中国而言,研发数字人民币主要是为了满足国内零售支付需要,提升普惠金融发展水平,提高货币和支付体系运行效率。"

线下场景方面,试点地区的不少商场、医院、学校、地铁、景区等均实现了数字人民币的结算。线上线下应用场景丰富,涵盖了购物、出行、生活、旅游、娱乐等方方面面。

数字人民币有望开启我国数字金融的"新名片"

多位接受记者采访的业内专家表示,随着越来越多高频民生应用场景的接入,数字人民币的应用生态、交易规模有望得到极大提升,数字人民币将加速拓展应用场景、融入百姓生活,也有望开启我国数字金融的"新名片"。

易观的一个高级分析师告诉记者,随着试点的稳步推进,2022年,数字人民币在试点地区范围持续扩容的同时,将有更多用户开立数字人民币钱包和使用数字人民币。

中国社会科学院财经战略研究院的一个研究员告诉记者,当前我国数字人民币的探索走在了前列,初步积累了一些经验,但尚处在试点测试阶段,距离真正落地还需一段时间。"但有一点可以肯定,数字人民币是加快数字化发展、建设数字中国的助推器,在网络技术和数字经济蓬勃发展的推动下,在我国不断提升的经济实力支撑下,数字人民币的未来大有可期。"

(资料来源:新华社新媒体,2022年1月13日)

任务二　分析信用相关现象

信用对于现代经济生活有着重要的意义，信用本身虽然不是财富，也不能直接产生财富，但信用创造的工具和服务，连接了时间和空间，使社会经济运行循环不止、生生不息，促进了社会的繁荣和经济的发展。在商品经济高度发达的国家，信用关系已经发展到一个前所未有的高度，成为经济中的一个无时不有、无处不在的基本要素，不仅企业、单位之间普遍形成信用关系，而且个人生活也离不开信用。正因如此，有人把现代经济称为信用经济。

一、信用及信用形式

视频：信用及信用形式

1.信用概述

（1）信用的内涵

在日常生活中，信用经常指的是信任、信誉、遵守诺言。信用是一种体现特定经济关系的借贷行为。这种行为可以有两种表现方式：一是以收回为前提条件的付出即贷出，二是以保证归还为义务的获得即借入。一般来说，贷方有权取得利息，借方有义务支付利息。因此，所谓信用是指以偿还和付息为条件的商品或货币的借贷行为。

这个概念有三层含义：第一，以信任为基础。相信对方而愿意托付的行为，如果不信任，也就不存在信用。第二，以让渡商品或货币为内容。即自己有商品或货币，才能借给别人；如果没有，也就没有信用内容。第三，以条件为约束机制。这里的条件是"偿还和付息"，二者缺一不可。无条件地让渡财物为"赠送"，仅以偿还为条件的让渡财物为"借给"，以对换为条件的让渡为"交换"，这些都不是信用。

据有关信用的历史资料记载，信用一直是以实物借贷和货币借贷两种形态存在的。在自然经济占主导地位的社会中，即在以货币为媒介的商品交换关系尚未充分发展之前，当某一个体需要其他个体的某些产品，而目前尚无剩余产品同其交换或无力购买时，他便以将来偿还该产品，或以其他产品为条件来交换该产品，这便是实物借贷。这种借贷属于特定社会条件下的小农经济形式。随着商品货币关系的发展，货币逐渐成为借贷关系的主要对象，但是货币借贷始终未能取代实物借贷。在一些落后的国家和地区，实物借贷仍相当广泛地存在着。只有当资本主义经济关系充斥整个经济生活时，或者说商品货币关系已成熟地渗透经济生活的方方面面时，实物借贷才会正式退出历史舞台。

（2）信用活动的构成要素

一般来讲，信用活动具有以下三个构成要素：

①债权人与债务人

任何信用要得以成立,必须至少有两个当事人。一方是借入的债务人,一方是贷出的债权人。债务和债权是构成信用关系、组成信用这一经济现象的第一要素。离开了债权债务关系,就无所谓信用。具体地说,债权人与债务人可以是个人、企业、政府、金融机构等不同经济活动主体。

②时间间隔

信用关系不同于买卖关系。买卖关系是一手交钱,一手交货,钱货两清,不存在时间间隔。信用是价值在不同时间的相向运动,信用活动的发生必然具有资金转移的时间间隔,它是构成货币单方面让渡与还本付息的基本条件,时间间隔是信用关系得以确立的第二要素。

③信用工具

信用关系的形成与发展,有三个阶段:第一阶段的信用关系以口头承诺、账面信用为依据,尚未使用正式的信用工具;第二阶段的信用关系以正式的书面凭证为依据,如借贷契约、债务凭证等,这些构成了真正的信用工具;第三阶段为信用工具流动化的阶段,即各种信用工具,如债券、票据等都可以上市流通转让。因此,信用工具是使现代信用得以正常发展的第三要素。

2.信用的形式

现代信用,作为一种借贷行为,是通过一定形式表现出来的。随着商品货币关系的发展,信用形式日趋多样化和复杂化,信用工具也不断发展和创新,信用体系日趋完善。信用按受授主体不同,主要分为商业信用、银行信用、国家信用、消费信用等。这些信用是当今社会最主要的信用形式,其中,商业信用和银行信用是现代市场经济中与企业的经营活动直接联系的最主要的两种形式。

(1)商业信用

商业信用是指企业与企业之间以商品形式提供的信用。其具体形式有赊销商品、委托代销、分期付款、预付定金、预付货款及补偿贸易等,归纳起来主要是赊销和预付两大类,其中典型形式是赊销。商业信用是与商品交易直接相联系的信用形式,这是它与银行信用的主要区别。

由于社会化大生产中各生产部门和各企业之间存在密切的联系,而它们在生产时间和流通时间上又往往存在不一致的现象,比如有些企业的商品积压待售,而需要这些商品的买主又可能由于种种原因缺乏现金去购买。为克服这种矛盾,就出现了卖方把商品赊销给买方的行为,买方可用延期付款或分期付款的方式提前取得商品。这样通过厂商与厂商之间相互提供商业信用,可以使整个社会的再生产得以正常进行,这是商业信用迅速发展的主要原因。

在现代经济中,原材料工业与加工业、工业与商业、批发与零售等之间存在着种种稳定的经济联系。在生产和流通过程中,购买方如果缺乏必要的资金,又不存在商业信用,这种稳定的联系就会遭到破坏与阻滞,不利于生产的发展。所以,引入商业信用,就可以促使买卖双方成交,润滑整个生产流通过程,促进经济的发展。这也正是在国际贸易领域广泛使用商业信用的原因。但是,商业信用也有明显的局限性。首先,商业信用的规模受

信用的形式与作用

厂商或企业拥有的货物与资金数量的限制。商业信用是在厂商或企业之间提供的,其界限就不能超过企业的生产能力,所以商业信用在量上是有限的,这显然满足不了现代化大生产对资金的需求。其次,商业信用受到商品流转方向的局限。由于商业信用的客体是商品资本,所以,提供商业信用是有条件的,它只能向需要该种商品的厂商或企业提供,而不是倒过来向生产该种商品的厂商或企业提供。即只能是原材料向加工业、工业向商业、批发向零售、上游向下游等提供信用,而不能按相反方向提供。

因此,在现代市场经济中,尽管商业信用充分发展,成为现代信用制度的基础。但是,由于商业信用存在上述局限性,使其不能完全适应现代经济发展的需要。当经济发展到一定程度时,便出现了银行信用。

(2)银行信用

银行信用是指银行及其他非银行金融机构以存款、贷款等业务形式向社会和国民经济各部门提供信用的形式。银行信用是在商业信用基础上发展起来的一种更高层次的信用,它和商业信用一起构成经济社会信用体系的主体,并且已经成为资金融通的主要形式。

与商业信用相比,银行信用具有以下特点:

第一,银行信用的主体与商业信用不同。银行信用的债务人是厂商、政府、家庭和其他机构,而债权人则是银行和其他金融机构。

第二,银行信用具有广泛性。由于银行信用是以单一的货币资本形态提供的,可以不受商品流转方向的限制,能向任何企业、任何机构和个人提供银行信用,从而克服了商业信用在提供方向上的局限性。

第三,银行信用具有间接性。银行通过吸收存款、储蓄或借贷来取得资金,又通过贷款、投资运用出去,银行只是货币资金所有者和使用者之间的信用中介,它起着联系、沟通的作用。

第四,银行信用具有期限灵活性、规模大、成本低和风险小的优势,其他任何信用形式都难以与之竞争。银行信用以银行及其他金融机构为中介聚集社会上工商企业、国家及个人等的闲置资金,形成巨额的借贷资本,满足大额资金借贷的需求,可以不再像商业信用那样受个别企业资金和商品数量的限制。同时可以把短期的借贷资金转换为长期的借贷资本,满足厂商对较长时期的货币需求,这使银行信用在规模、范围、期限等方面都大大优于商业信用。

第五,银行和其他金融机构可以通过信息的规模投资,降低信息成本和交易费用,从而有效地改善信用过程的信息条件,减少借贷双方的信息不对称,以及由此产生的逆向选择和道德风险问题,其结果是在一定程度上降低了信用风险,增强了信用过程的稳定性。

在现代信用形式中,商业信用和银行信用是两种最基本的信用形式。银行信用是伴随着现代资本主义银行的产生,在商业信用的基础上发展起来的一种间接信用。银行信用在规模上、范围上、期限上都大大超过了商业信用,成为现代经济中最基本的占主导地位的信用形式。商业信用与银行信用各具特点,各有独特的作用,二者是互相促进的关系,而不存在互相取代的问题。在现代经济社会中,我们应该充分利用这两种信用形式促进经济社会的发展。

(3)国家信用

国家信用是以国家政府作为债务人,以借债的方式向国内企业事业单位、团体、居民个人等筹集资金的一种信用形式。国家信用有多种方式,但其典型方式是发行公债。国家信用的债务人是政府,债权人则涵盖了国内外的各类经济主体。国家信用所筹集的资金主要用于政府的各项支出,如政府投资及各种行政支出,包括教育支出、社会福利支出、军费支出等。

国家信用的产生与国家财政直接相关,是为满足国家财政的需要而产生的。随着经济的发展,各国政府的财政支出都在不断扩大,财政赤字已经成为一种普遍的现象。为弥补财政赤字和暂时性的资金不足,向社会公众发行债券或向外国政府举债成为各国政府的必然选择。目前世界各国几乎都采用了发行政府债券的形式来筹措资金,形成国家信用的内债;随着全球经济金融的一体化,国际信用关系也日趋普遍,国际信用一般是通过国与国之间的政府借贷来实现的,是国际化了的政府间的债权债务关系。

国家信用与其他信用相比有其自身的特点:

第一,国家信用的主体是政府,信誉高、风险小。国家信用的债务人是政府,而政府不仅有稳定的税收收入作为还款的保证,更有国家信誉作为担保,因此,国家信用常常被看成无风险信用。

第二,国家信用稳定性强、适用于长期投资。国家信用的主要形式是公债,由于公债的还款期限较长,而且公债在未到期前只能贴现,不能兑付,因而聚集资金的稳定性较强,可用于长期投资。

第三,国家信用的范围更广泛。国家信用有时带有强制性,再加上政府的信誉程度较高,使得国家信用可以动用银行难以动用的那部分资金,所以国家信用的范围可以比商业信用和银行信用更广泛。

(4)消费信用

消费信用是指由银行及其他金融机构、商家为消费者提供的、用于满足其消费需求的信用形式。消费信贷旨在通过信贷方式预支远期消费能力,刺激或满足个人即期消费需求。消费信用方式是多种多样的,主要包括分期付款和消费信贷。

消费信用是在经济发展到一定程度和人们的消费结构有了较大变化的基础上产生的,它既是一种刺激消费需求的方式,也是一种促进生产发展的手段。其积极作用表现在:它可以使消费者提前享受目前尚无力购买的消费品,因而在促进消费品的生产和销售、刺激经济增长等方面具有不可低估的作用,特别是在总供给大于总需求的宏观背景下,消费信用更具有现实意义。当然,如果消费需求增长超过了生产扩张能力,消费信用就会加剧市场的供求紧张,促使物价上涨,形成虚假繁荣,产生一定的消极作用。

> **请思考**
> 1.什么是个人信用?失信会引起哪些严重后果?
> 2.作为当代大学生,如何做到不失信?

背景资料

信用评级要素、标识及含义

一、银行间债券市场金融产品信用评级要素、标识及含义

（一）对金融产品发行主体评级应主要考察以下要素：宏观经济和政策环境，行业及区域经济环境，企业自身素质，包括公司产权状况、法人治理结构、管理水平、经营状况、财务质量、抗风险能力等。对金融机构债券发行人进行资信评估还应结合行业特点，考虑市场风险、信用风险和操作风险管理、资本充足率、偿付能力等要素。

（二）对金融产品评级应包括以下要素：募集资金拟投资项目的概况、可行性、主要风险、盈利及现金流预测评价、偿债保障措施等。

（三）信用等级的划分、符号及含义：

1.银行间债券市场长期债券信用等级划分为三等九级，符号表示分别为：AAA、AA、A、BBB、BB、B、CCC、CC、C。等级含义如下：

AAA级：偿还债务的能力极强，基本不受不利经济环境的影响，违约风险极低。

AA级：偿还债务的能力很强，受不利经济环境的影响不大，违约风险很低。

A级：偿还债务的能力较强，较易受不利经济环境的影响，违约风险较低。

BBB级：偿还债务的能力一般，受不利经济环境的影响较大，违约风险一般。

BB级：偿还债务的能力较弱，受不利经济环境的影响很大，有较高违约风险。

B级：偿还债务的能力较大地依赖于良好的经济环境，违约风险很高。

CCC级：偿还债务的能力极度依赖于良好的经济环境，违约风险极高。

CC级：在破产或重组时可获得保护较小，基本不能偿还债务。

C级：不能偿还债务。

除AAA级，CCC级以下等级外，每一个信用等级可用"＋""－"符号进行微调，表示略高或略低于本等级。

2.银行间债券市场短期债券信用等级划分为四等六级，符号表示分别为：A-1、A-2、A-3、B、C、D。等级含义如下：

A-1级：为最高级短期债券，其还本付息能力最强，安全性最高。

A-2级：还本付息能力较强，安全性较高。

A-3级：还本付息能力一般，安全性易受不良环境变化的影响。

B级：还本付息能力较低，有一定的违约风险。

C级：还本付息能力很低，违约风险较高。

D级：不能按期还本付息。

每一个信用等级均不进行微调。

二、借款企业信用评级要素、标识及含义

（一）信用评级机构对企业进行信用评级应主要考察以下几方面内容：

  1.企业素质:包括法人代表素质、员工素质、管理素质、发展潜力等。
  2.经营能力:包括销售收入增长率、流动资产周转次数、应收账款周转率、存货周转率等。
  3.获利能力:包括资本金利润率、成本费用利润率、销售利润率、总资产利润率等。
  4.偿债能力:包括资产负债率、流动比率、速动比率、现金比率等。
  5.履约情况:包括贷款到期偿还率、贷款利息偿还率等。
  6.发展前景:包括宏观经济形势、行业产业政策对企业的影响;行业特征、市场需求对企业的影响;企业成长性和抗风险能力等。
  (二)借款企业信用等级应按不同行业分别制定评定标准。
  (三)借款企业信用等级分三等九级,符号表示分别为:AAA、AA、A、BBB、BB、B、CCC、CC、C。等级含义如下:
  AAA级:短期债务的支付能力和长期债务的偿还能力具有最大保障;经营处于良性循环状态,不确定因素对经营与发展的影响最小。
  AA级:短期债务的支付能力和长期债务的偿还能力很强;经营处于良性循环状态,不确定因素对经营与发展的影响很小。
  A级:短期债务的支付能力和长期债务的偿还能力较强;企业经营处于良性循环状态,未来经营与发展易受企业内外部不确定因素的影响,盈利能力和偿债能力会产生波动。
  BBB级:短期债务的支付能力和长期债务偿还能力一般,目前对本息的保障尚属适当;企业经营处于良性循环状态,未来经营与发展受企业内外部不确定因素的影响,盈利能力和偿债能力会有较大波动,约定的条件可能不足以保障本息的安全。
  BB级:短期债务支付能力和长期债务偿还能力较弱;企业经营与发展状况不佳,支付能力不稳定,有一定风险。
  B级:短期债务支付能力和长期债务偿还能力较差;受内外不确定因素的影响,企业经营较困难,支付能力具有较大的不确定性,风险较大。
  CCC级:短期债务支付能力和长期债务偿还能力很差;受内外不确定因素的影响,企业经营困难,支付能力很困难,风险很大。
  CC级:短期债务的支付能力和长期债务的偿还能力严重不足;经营状况差,促使企业经营及发展走向良性循环状态的内外部因素很少,风险极大。
  C级:短期债务支付困难,长期债务偿还能力极差;企业经营状况一直不好,基本处于恶性循环状态,促使企业经营及发展走向良性循环状态的内外部因素极少,企业濒临破产。
  每一个信用等级可用"＋""－"符号进行微调,表示略高或略低于本等级,但不包括AAA＋。

三、担保机构信用评级要素、标识及含义

(一)信用评级机构对担保机构进行信用评级应主要考察以下几方面内容:

1.经营环境:主要包括宏观和地区经济环境、行业环境、监管与政策、政府支持等。

2.管理风险:主要包括管理层、专业人员等人力资本、法人治理结构、内部管理和运营体制。

3.担保风险管理:包括担保政策、策略与原则,担保业务的风险管理制度、程序,实际运作情况。

4.担保资产质量:包括担保资产信用风险、集中程度、关联担保风险,并根据各方面的情况对未来的担保风险进行预测。

5.担保资本来源与担保资金运作风险:包括担保资本补偿与增长机制、担保资金流动性、安全性和盈利性等。

6.偿债能力与资本充足性:主要包括资本充足率、货币资本充足率、流动性等。

(二)担保机构信用等级的设置采用三等九级,符号表示分别为:AAA、AA、A、BBB、BB、B、CCC、CC、C。等级含义如下:

AAA级:代偿能力最强,绩效管理和风险管理能力极强,风险最小。

AA级:代偿能力很强,绩效管理和风险管理能力很强,风险很小。

A级:代偿能力较强,绩效管理和风险管理能力较强,尽管有时会受经营环境和其他内外部条件变化的影响,但是风险小。

BBB级:有一定的代偿能力,绩效管理和风险管理能力一般,易受经营环境和其他内外部条件变化的影响,风险较小。

BB级:代偿能力较弱,绩效管理和风险管理能力较弱,有一定风险。

B级:代偿能力较差,绩效管理和风险管理能力弱,有较大风险。

CCC级:代偿能力很差,在经营、管理、抵御风险等方面存在问题,有很大风险。

CC级:代偿能力极差,在经营、管理、抵御风险等方面有严重问题,风险极大。

C级:濒临破产,没有代偿债务能力。

除CCC级以下等级外,每一个信用等级可用"+""-"符号进行微调,表示略高或略低于本等级,但不包括AAA+。

资料来源:中国人民银行官网,中国人民银行信用评级管理指导意见(银发〔2006〕95号)

二、信用工具

1.信用工具的概念

信用工具通常是指以书面形式发行和流通,借以保证债权人或投资人权利的一种凭证。在早期的信用活动中,借贷双方仅凭口头协议或记账而发生信用关系,因没有法律上的保障,所以极易引起纠纷,并且不易将债权和债务转让。信用工具的产生和发展克服了口头信用和记账的缺点,使信用活动更加顺畅,更加规范化,而且通过信用工具的流通转让形成了金融市场。在现代经济中,人们融通资金往往要借助于信用工具,因此信用工具又被称为金融工具。金融工具对其买方或持有者来说就是金融资产。

2.信用工具的特征

信用工具的种类繁多,但各种信用工具一般都具有以下四个特点:

(1)偿还性

偿还性是指信用工具的债务人按期还本付息的特征。信用工具一般都载明期限,债务人到期必须偿还信用凭证上记载的债务。但也存在着例外,如股票的偿还期是无限的。

(2)流动性

流动性是指信用工具在短时间内转变为现金而在价值上又不受损失的能力,又称变现能力。现金和活期存款是最具有流动性的。政府发行的国库券也具有较强的流动性,而其他信用工具要么不能随时变现,要么在变现时要蒙受损失。

(3)收益性

收益性是指信用工具定期或不定期地给持有者带来收益。如股票可获得股息收益,债券能获得债券利息。另外,还可利用金融市场的行情变化,买卖信用工具,带来差价收入。

(4)风险性

风险性是指投入的本金和预期收益遭受损失的可能性。风险主要来自两个方面:一是违约风险,指债务人不能按时履行契约、支付利息和偿还本金的风险;二是市场风险,指市场上信用工具价格下降可能带来的风险。

不同的信用工具在上述四个方面所表现的程度是有差异的,这种差异便是信用工具的购买者在进行选择时所考虑的主要内容。同时,也正是由于不同种类的金融工具反映了上述各种特性的不同组合,所以能够分别满足投资者和筹资者的不同需求。

3.信用工具的种类

随着信用在现代经济生活中的不断深化和扩展,信用工具的种类越来越多,从不同的角度可以进行不同的划分。一般采取两种分类方法:第一,按照融资方式,可以分为直接信用工具和间接信用工具;第二,按照融资时间,可以分为短期信用工具和长期信用工具。

直接信用工具是指非金融机构为筹集资金直接在市场上发行或签署的各种信用凭证,如商业票据、股票、公司债券、公债、国库券、抵押契约以及借款合同等。这些信用工具是用来在金融市场上直接进行借贷或交易的。间接信用工具是指银行和其他金融机构所发行或签署的各种信用凭证,比如存款单、银行票据、银行发出的大额可转让存单、保险公司发出的保险单、信托投资公司发出的各种基金等。这些信用工具是由融资单位通过银行和其他金融机构融资而产生的。

(1)短期信用工具

短期信用工具是指期限在1年或1年以内的信用凭证。它主要包括商业票据、银行票据、支票和大额可转让存单。

①商业票据

商业票据是以商业信用进行交易时所开出的一种证明债权债务关系的书面凭证。商业票据分为商业本票和商业汇票。

商业本票是指债务人向债权人发出的承诺在一定时期内支付一定数额款项的债务凭证。它涉及两个关系人,即出票人(债务人或其代表)和受票人(债权人)。商业汇票是指债权人通知债务人支付一定款项给第三人或持票人的无条件支付一定金额的书面命令。它一般有三个关系人,即出票人(债权人)、付款人(债务人)和持票人(受款人)。

汇票一般须经过付款人承兑才能生效。所谓承兑是指汇票的付款人在汇票上签名,用以表示到期付款的意愿的行为。凡由商业企业承兑的称为商业承兑汇票;凡由银行承兑的称为银行承兑汇票。银行承兑汇票大大提高了商业票据的信用能力,增强了其流通性。

商业票据可以背书进行流通转让。持票人在票据背面签字以表明其转让票据权利的意图,并依此转让票据。背书人同出票人一样对票据负完全债务责任。如果出票人或承兑人不能按期支付款项,票据持有者有权向背书人进行追索,要求背书人付款。这一措施促进了商业票据的流通。此外,票据的持有人还可提请银行贴现,以取得现款,银行则要扣除自贴现日到票据到期日的利息。

②银行票据

银行票据是在银行信用的基础上产生的,由银行承担付款义务的信用流通工具。银行票据包括银行本票和银行汇票。

银行本票是由银行签发并负责兑现,用以替代现金流通的一种票据。它有两个关系人,即银行(发票人)与受款人(持票人)。银行本票可分为记名本票、不记名本票,或分为定期本票、不定期本票。银行汇票是指由银行签发的汇款凭证。它由银行发出交由汇款人寄给异地收款人,向指定银行兑取汇款的凭证。它涉及四个关系人,即汇款人、发票人(汇出银行)、持票人(受款人)和付款人(兑付银行)。

③支票

支票是以银行为付款人的即期汇票。支票的出票人必须在付款银行拥有存款,并且签有支票协议。因此,支票是由银行的支票存款储户根据协议向银行开立的付款命令。

④大额可转让存单

大额可转让存单简称 CD,是指银行发行的可以在金融市场上转让流通的一定期限的银行存款凭证。它是商业银行为吸收资金而开出的一种收据,存单上注明存款期限和利率,持有人到期可向银行提取本息。

大额可转让存单的主要特点是流通性和投资性。具体表现在:大额可转让存单具有自由流通的能力,可以自由转让流通,有活跃的二级市场;存款面额固定且一般金额较大;存单不记名,便于流通;存款期限一般为 3~12 个月不等,以 3 个月居多,期限最短的为 14 天。

(2)长期信用工具

长期信用工具是指期限在 1 年以上的信用凭证。它主要包括股票、债券以及证券投资基金。

①股票

股票是股份有限公司在筹集资本时向出资人发行的股份凭证,证明其所投入的股份金额并取得股息收入的凭证。

股票是资本市场上借以实现长期投资的信用工具。同时,股份公司利用发行股票来筹集资金投入经营。股票不具有偿还性,即投资者选择股票投资后,不能要求股份公司购回股票。但股票可以转让,具有很强的流动性。股票的收益主要包括两个方面:一是股息收入,即来源于股份公司的利润;二是资本利得,即投资者通过股票市场获得买卖差价的收入。股票的收益水平是比较高的,但其风险也相应较大,如果股份公司破产,则股东将在公司债务清偿后才能获得补偿,但这时往往亏损较大。除了企业的经营风险,股票还承受财务风险,股份公司资产负债情况的恶化必定影响该公司股票的市场价值。此外,整个宏观经济形势也将对股票市场产生影响。

②债券

债券是债务人向债权人出具的到期还本付息的债务凭证。凭证上载明债券发行机构的名称、面值、期限、利率等事项。债券分为企业债券、政府债券和金融债券三大类。

企业债券,又称为公司债券,是企业为筹措资金而发行的一种债权证书,持券人每年可以依票面规定的利率从企业取得固定利息,到期时企业应向持券人偿还本金。企业债券风险较大,利率也较高,为保证投资人的权益,因此企业发行债券要用动产或不动产抵押,或者由第三者担保。

政府债券的发行主体是政府,它是指政府财政部门或其他代理机构为筹集资金,以政府名义发行的债券,主要包括国库券和公债两大类。一般国库券由财政部门发行,用以弥补财政收支的不平衡;公债是指为筹集建设资金而发行的一种债券。有时也将两者统称为公债。中央政府发行的称中央政府债券(国家公债),地方政府发行的称地方政府债券(地方公债)。政府债券风险较小,利率一般都低于企业债券。

金融债券是银行或其他金融机构作为筹资主体,为筹措资金而面向个人发行的一种有价证券,是表明债务、债权关系的一种凭证。债券按法定手续发行,承诺按约定利率定期支付利息,并到期偿还本金。它属于银行等金融机构的主动负债,发行额度须经中央银行批准,利率一般略高于同等期限的定期存款。金融债券到期还本付息,不能提前支取本金,但允许在金融市场上流通、转让。

③证券投资基金

证券投资基金是一种利益共享、风险共担的集合证券投资方式,即通过发行基金单位集中投资者的资金,由基金托管人托管,由基金管理人管理和运用资金,从事股票、债券等金融工具投资。在我国,基金托管人必须由合格的商业银行担任,基金管理人必须由专业的基金管理公司担任。基金投资人享受证券投资基金的收益,也承担亏损的风险。证券投资基金的特点有:

第一,证券投资基金是由专家运作、管理并专门投资于证券市场的基金。基金资产由专业的基金管理公司负责管理。基金管理公司配备了大量的投资专家,他们不仅掌握了广博的投资分析和投资组合理论知识,而且在投资领域也积累了相当丰富的经验。

第二,证券投资基金具有投资小、费用低的优点。在我国,每份基金单位面值为人民币1元。证券投资基金最低投资额一般较低,投资者可以根据自己的财力,多买或少买基金单位,从而解决了中小投资者"钱不多、入市难"的问题。

基金的费用通常较低。根据国际市场上的一般惯例,基金管理公司就提供基金管理服务而向基金发行方收取管理费,一般为基金资产净值的1‰~2.5‰,而投资者购买基金需缴纳的费用通常为认购总额的0.25‰,低于购买股票的费用。此外,由于基金集中了大量的资金进行证券交易,通常也能在手续费方面得到证券商的优惠,而且为支持基金业的发展,很多国家和地区还对基金的税收给予优惠,使投资者通过基金投资证券所承担的税负不高于直接投资于证券需承担的税负。

第三,证券投资基金具有组合投资、分散风险的好处。证券投资基金通过汇集众多中小投资者的小额资金,形成雄厚的资金实力,可以同时把投资者的资金分散投资于各种股票,使某些股票跌价造成的损失可以用其他股票涨价的盈利来弥补,分散了投资风险。

第四,证券投资基金流动性强。基金的买卖程序非常简便。对开放式基金而言,投资者既可以向基金管理公司直接购买或赎回基金,也可以通过证券公司等代理销售机构购买或赎回,或委托投资顾问机构代为买入。对于封闭式基金,一般都在证券交易所上市交易,买卖程序与股票相似。

金融视野

最古老的信用工具

最早创造出信用工具的那批人,说起来让现代人感到震惊。他们是一群在距今5000年前,生活在美索不达米亚平原的苏美尔人。苏美尔人不仅有自己的楔形文字,有自己的宗教与教育,还有商业交易活动,甚至有人类最早的国家形态——城邦国家。

1922年,英国考古学家伦纳德·伍利爵士率领一支考古队,在波斯湾与巴格达之间,发掘出苏美尔人居住的一个城邦——乌尔,其中有大量的出土文物,此外还有大量泥板。这些泥板用途不同,大小不一,上面的楔形文字表明苏美尔人对交易活动的记录,统称为"美索不达米亚泥板"。

在更远古的完全没有货币的实物交易中交易,双方都承担很高的交易费用。当交易费用高到某一程度时,交易便以失败告终,即便苏美尔人开始使用白银,如银块、银锭、银环或银片(1922年的考古发现,苏美尔人使用白银作为交易手段)充当货币与作为贵金属的白银同时流通,交易者仍感到不方便。

例如:甲用一只银锭,再加50斤麦子换取乙的一头牛。由于乙对此交易条件感到不满意,双方讨价还价的结果是:到当年秋天由甲再追加30斤麦子(远期)支付给乙。

即:银锭+50斤麦子+30斤麦子(远期)=1头牛

但是口说无凭,要想让交易成功,方法是借助泥板——在泥板上刻上如下文字:

兹定于秋季收货时,支付给泥板持有者(乙)30斤麦子。

这意味着这块泥板在交易中充当了信用工具,并交给乙。泥板事实上成了持有者(乙)向对方(甲)提供信用的依据。这是一块有价的信用工具,其价值=30斤麦子(远期)。

苏美尔人在交易中形成和使用的泥板,是人类最早使用的信用工具。

(资料来源:个人图书馆)

三、利息和利息率

1.利息的概念与计算

(1)利息的概念

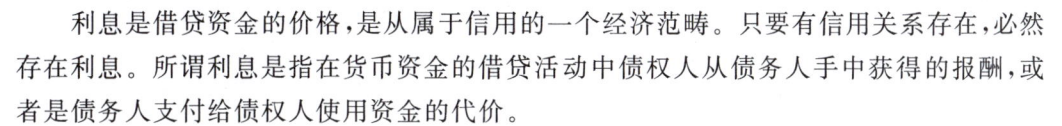

利息是借贷资金的价格,是从属于信用的一个经济范畴。只要有信用关系存在,必然存在利息。所谓利息是指在货币资金的借贷活动中债权人从债务人手中获得的报酬,或者是债务人支付给债权人使用资金的代价。

(2)利息的计算方法

利息的计算方法有两种:单利计息和复利计息。

①单利计息

单利是指在计算利息额时,不论期限长短,只按本金计算利息,所生利息不再加入本金重复计算利息。其计算公式为

$$I = P \cdot R \cdot n$$
$$S = P(1 + R \cdot n)$$

其中,I 代表利息额;P 代表本金;R 代表利率;n 代表期限;S 代表本利和。

例如,某居民储蓄 100 元,年利率为 10%,存入两年后获得的利息为

$$I = P \cdot R \cdot n = 100 \times 10\% \times 2 = 20(元)$$

本利和为

$$S = R(1 + R \cdot n) = 100 \times (1 + 10\% \times 2) = 120(元)$$

②复利计息

复利是指计算利息时,要按一定期限(如 1 年),将所生利息加入本金再计算利息,逐期滚算,利上加利,其计算公式为

$$S = P(1 + R)^n$$
$$I = S - P$$

其中,I 代表利息额;P 代表本金;R 代表利率;n 代表期限;S 代表本利和。

例如,某人借款 3 000 元,年利率为 6%,每年计息一次,三年到期后归还,则这笔贷款的利息为

$$S = P(1 + R)^n = 3\,000 \times (1 + 6\%)^3 = 3\,573.05(元)$$
$$I = S - P = 3\,573.05 - 3\,000 = 573.05(元)$$

长期以来,我国银行存贷款利率一般只用单利,其主要原因是用单利计算比较简单,有利于减轻企业的利息负担。其实,短期借贷可用单利计算利息,长期借贷一般应以复利计算利息,因为复利计算比单利计算更注重资金的时间价值,有利于发挥利息杠杆的调节作用和提高借贷资金的使用效率,加速资金的周转。

2.利率的概念与种类

(1)利率的概念

利率是利息率的简称,指一定时期内利息额与借贷本金额的比率。它是计量借贷资

本增值程度和反映利息水平的数量指标,用公式表示为

$$利率=利息额/借贷本金额\times100\%$$

例如,甲从乙手中借得10万元投入生产,1年后获得利润4万元,甲把其中的1.5万元作为利息付给乙,则这笔借款的年利率为

$$年利率=15\ 000/100\ 000\times100\%=15\%$$

(2)利率的种类

①年利率、月利率和日利率

年利率是以年为单位计算利息,一般以本金的百分之几表示;月利率是以月为单位计算利息,一般以本金的千分之几表示;日利率习惯被称为"拆息",是以日为单位计算,一般以本金的万分之几表示。

年利率、月利率和日利率可以互相换算。按我国的习惯,不论是年利率、月利率还是日利率,都用"厘"作为单位,如年息5厘、月息4厘等,分别表示年息5%、月息4‰。

②名义利率与实际利率

名义利率是直接以货币表示的,市场通常使用的利率。如西方国家的市场借贷利率和我国的银行利率等都是名义利率。实际利率是名义利率剔除通货膨胀因素以后的真实利率,即在物价不变,货币购买力不变的条件下的利率。由于一般以物价上涨率来代替通货膨胀率,且不考虑利息的贬值因素,则有

$$实际利率=名义利率-物价上涨率$$

判断利率水平的高低,不能只看名义利率,还应考虑物价因素。当物价上涨率高于名义利率时,实际利率就是负数,称为负利率。在纸币流通条件下,区分名义利率与实际利率具有重要意义。因为借贷双方真正关心的是实际利率,而不是名义利率,所以只有实际利率才能真实反映借贷资本的利息收益或借贷成本。

③固定利率与浮动利率

固定利率是指名义利率在整个借贷期间不随借贷资金供求关系和物价水平的变动而变动的利率。它一般由借贷双方商定,适用于短期借贷活动或者在市场利率变化不大的情况下使用。浮动利率又称可变利率,是指名义利率在借贷期限内随市场资金供求关系和物价水平的变化而定期调整的利率。调整期限和调整时间作为基础市场利率的选择,由借贷双方在借贷时议定。浮动利率一般在借贷期限较长、市场利率多变的情况下使用。由于实行浮动利率可以经常调整,所以借贷双方承担的利率变化风险较小,利息负担也较公平;但是计息较麻烦,特别是借款人在计算利息成本时比较困难。

④市场利率与官定利率

市场利率是在借贷资金市场上由货币资金供求关系决定的利息率。一般来说,当资金供大于求时,利率呈下降趋势;当资金供小于求时,利率则呈上升趋势。不过,影响资金供求状况的因素是十分复杂的,因而市场利率变动十分灵敏。我国银行间同业拆借利率是我国较为典型的市场利率。官定利率是指一国政府金融管理部门或中央银行确定的,要求强制执行的各种名义利率。官定利率是中央银行按照货币政策的要求直接确定的,是中央银行进行宏观调控的重要工具。

⑤基准利率、普通利率与优惠利率

基准利率通常是由一个国家中央银行直接制定和调整、在整个利率体系中发挥基础性作用的利率,在市场经济国家主要指再贴现利率。基准利率一旦发生变动,金融市场其他利率也相应地同向变动。基准利率有两重含义:一是基准利率决定着一个国家的金融市场利率水平,是金融机构系统制定存款利率、贷款利率、有价证券利率的依据;二是基准利率表明中央银行对于当期金融市场货币供求关系的总体判断,基准利率的变化趋势引导着一个国家利率的总体变化方向。中国人民银行对商业银行的再贷款利率,可以理解为我国目前的基准利率。

普通利率是指商业银行等金融机构在经营存贷款业务过程中,对一般客户所采用的利息率。其水平的高低由决定利率水平的一般因素决定,不附加特殊条件。因此,它是使用最为广泛的利率。

优惠利率通常是指银行等金融机构发放贷款时对某些客户所采用的比一般贷款利率低的利率。

⑥短期利率与长期利率

短期利率一般指融资期限在1年以内的利率,包括期限在1年以内的存贷款利率和各种短期有价证券利率。短期利率变动风险小,利率水平相对较低。

长期利率一般指融资期限在1年以上的利率,包括期限在1年以上的存贷款利率和各种长期有价证券利率。长期利率变动风险较大,利率水平较高。

3.影响利率变化的因素

利率是货币资金的价格,一定时期的利率水平是由若干因素综合作用的结果。影响利率变化的因素主要有经济因素、政治因素和制度因素。具体地说,影响利率变化的因素主要有以下几个方面。

(1)社会平均利润率

利率是借贷资金的价格,是出借方出借资金获得的报酬,因此利率不应为零。同时,利息只是利润的一部分,利率要受平均利润率的约束。约束利率的不是单个企业的利润率,而是一定时期内一国的社会平均利润率。

(2)资金供求状况

借贷资金是一种特殊的商品,利率是其价格,既然是商品,价格就会受到供求关系的影响。一般而言,市场上借贷资金供应紧张,利率就会上升,反之则会下降。

(3)中央银行政策

中央银行通过运用货币政策工具改变货币供给量,来影响可贷资金的数量。当中央银行想要刺激经济时,会增加货币投入量,使可贷资金的供给增加,利率下降,同时会刺激对利率敏感的项目,如房地产、企业厂房和设备的支出。当中央银行想要限制经济过度膨胀时,会减少货币供给,使可贷资金的供给减少,利率上升,家庭和企业的支出受到一定抑制。

(4)物价水平

在现代信用货币流通的条件下,利率的变动与物价的变动有着非常密切的联系。在信用货币流通的条件下,当物价上涨时,存款人所得的实际利率低于名义利率,经济利益遭受损失,从而影响其存款积极性。因此,为了维持吸收社会存款的规模,名义利率也需要随着物价的上涨而上调。相反,物价下跌时,实际利率升高,这将有利于债权人而损害债务人的利益。由此可见,名义利率与物价水平一般具有同向变动的趋势。

(5) 借款期限

利率随借贷期限长短的不同而不同。通常,借贷期限愈长,利率愈高;反之则愈低。从存款方面来看,存款期限愈长,资金就愈稳定,银行愈能有效地加以运用,赚的利润也愈多,银行就可以付给存款人更高的利息。从贷款方面看,借贷期限愈长,所冒风险就愈大,银行所受到的机会成本损失也就愈大,银行理应按更高的利率收取更多的利息。

(6) 国际利率水平

现代经济的一个重要特征就是世界经济日益国际化、一体化。在开放经济体系中,国际的经济联系使国内市场利率受到国际市场利率的深刻影响。这种影响是通过资金在国际的流动来实现的。当国际市场利率高于国内利率时,国内货币资本流向国外。反之,当国际市场利率低于国内利率时,国外货币资本流进国内。不论国内利率水平是高于还是低于国际利率,在资本自由流动的条件下,都会引起国内货币市场上资金供求状况的变动,从而引起国内利率变动。

总之,决定及影响利率变动的因素很多。因此,要分析一国利率现状及变动,必须结合该国国情,充分考虑各种因素的影响。

问题思考

货币选票

消费者的消费行为在商品生产这一最基本经济问题上起决定性作用。这种作用表现为:消费者用货币购买商品是向商品投"货币选票"。"货币选票"的投向和数量,取决于消费者对不同商品的偏好程度,体现了消费者的经济利益和意愿。生产者根据消费者的"货币选票"确定生产的数量、雇佣的劳动和所需的生产资料,同时改进技术、降低成本、增加品种等,以满足消费者的需要,获得最大利润。在这一过程中,消费者的消费选择与行为做出了巨大贡献。

请思考:如何理解"货币选票"问题?当物价发生大幅波动时,会对生产领域产生什么影响?

项目延伸

硬币的版别如何定义和区分

为区分同面额不同版别的硬币,通常以该种硬币发行公告发布的年份作为该种硬币的版别。例如,将2019年公告发行的第五套人民币1元、5角、1角硬币称为2019年版第五套人民币1元、5角、1角硬币;将2005年公告发行的第五套人民币1角硬币称为2005年版第五套人民币1角硬币。需要说明的是,1999年版第五套人民币1元、5角、1角硬币是根据1999年《中华人民共和国国务院令第268号——决定发行第五套人民币》决定发行的。

硬币上的年份为硬币的生产年份,并非硬币的版别。

(资料来源:中国人民银行官网)

项目结论

本项目从货币的起源出发,分析了货币的本质以及在人类历史发展过程中货币形式的演变过程。进一步探讨了货币的职能、货币的作用以及货币制度的相关内容。通过这些内容的学习,同学们能够运用有关的货币基础知识解释货币的相关现象,分析和解决有关货币制度的实际问题。在任务二中了解了什么是信用、信用的具体形式以及生活中的各种信用工具。阐述了利息及其计算方法,利率及其种类,并且进一步分析了影响利率变化的各种因素,期望同学们能够运用信用的基本理论和基础知识分析、解释现代信用相关现象。

项目训练

一、单项选择题

❶ 实物货币是指(   )。
A.没有内在价值的货币
B.不能分割的货币
C.专指贵金属货币
D.作为货币价值与普通商品价值相等的价值

❷ 劣币是指实际价值(   )的货币。
A.等于零
B.等于名义价值
C.高于名义价值
D.低于名义价值

❸ 本位货币是(   )。
A.一个国家货币制度规定的标准货币
B.本国货币当局发行的货币
C.以黄金为基础的货币
D.可以与黄金兑换的货币

❹ 跛行本位制是指(   )。
A.银币的铸造受到控制的金银复本位制
B.金币的铸造受到控制的金银复本位制
C.以金币为本位货币的金银复本位制
D.以银币为本位货币的金银复本位制

❺ 典型的金本位制是(   )。
A.金块本位制
B.金汇兑本位制
C.虚金本位制
D.金币本位制

❻ 本位货币在商品流通和债务支付中具有（　　　）的特点。

A.有限法偿　　　　　　　　　B.无限法偿

C.债权人可以选择是否接受　　D.债务人必须支付

❼ 信用的基本特征是（　　　）。

A.平等的价值交换　　　　　　B.无条件的价值单方面让渡

C.以偿还为条件的价值单方面转移　　D.无偿的赠予或援助

❽ 国家信用的主要形式是（　　　）。

A.发行政府债券　　　　　　　B.向商业银行短期借款

C.向商业银行长期借款　　　　D.自愿捐助

❾ 消费信用是企业或银行向（　　　）提供的信用。

A.本国政府　　B.社会团体　　C.消费者　　D.工商企业

❿ 以下属于信用活动的是（　　　）。

A.财政拨款　　B.商品买卖　　C.救济　　D.赊销

二、名词解释

❶ 本位币　　❷ 辅币　　❸ 货币制度　　❹ 信用工具

❺ 商业信用　　❻ 支票　　❼ 投资基金

三、问答题

❶ 货币是怎样产生的？

❷ 货币的形态是如何演变的？这种演变有什么内在规律？设想未来世界的货币可能是什么样子。

❸ 什么是货币制度？货币制度的基本构成要素有哪些？

❹ 你的生活是否可以离开货币？货币在生活中发挥了什么作用？

❺ 什么是信用？信用的基本特征是什么？

❻ 信用形式有哪些？各种信用形式有哪些特点？

四、技能实训

❶ 参观货币陈列室，或者通过互联网了解货币的演化规律，理解货币的内涵，掌握货币是怎样在商品经济中发展、演进的，了解经济发展对货币形态演变的促进作用。

❷ 请各位同学根据以下资料练习真假人民币的识别方法。

识别真假人民币的简易方法主要有：

（1）眼看

用眼睛仔细地观察票面外观颜色、固定人像水印、安全线、隐形面额数字、光变油墨面额数字、阴阳互补对印图案、冠字号码等。

①人民币的图案颜色协调，图案、人像层次丰富，立体感强，人像表情传神，色调柔和亮丽，而假币一般印刷效果与真币有明显区别，票面图案的线条不如真币清晰、干净，颜色也与真币有明显区别，人像、主景图案看起来不干净，色彩发浊，不同颜色之间的接线不准，过渡不自然。

②真币水印的立体感强,由浅灰到深灰自然变化,过渡自然,使得图像有立体感,1999年版10元、5元和2005年版的第五套人民币的所有纸币还使用了透光性很强的白水印。而假币的水印一般是用无色或白色油墨印刷在水印窗处,不用迎光观察就能看到,且假水印的立体感不强,图案边缘较整齐,透光度一样,没有由浅到深的变化,没有层次感和立体效果。

③看有无安全线。真币的安全线是在造纸过程中采用专门的方法加在纸张中的,迎光观察清晰可见,第五套人民币的安全线除1999年版20元券外,其他都有缩微文字,1999年版第五套人民币10元、5元和2005年版第五套人民币的安全线采用的是开窗安全线,票面安全线位置就像开有许多小窗户一样,一段露在纸张外面,一段埋在纸张里面,在强光的照射下,可以看到有色彩的变化,能看到由人民币符号"￥"和该种票面面额组成的缩微文字。假币的安全线一般都是用浅灰色油墨或银白色的贴片印在纸张表面的,也有用两层纸粘贴在一起,将假安全线夹在纸张中间的。迎光观察两层纸贴成的位置透光性差,能很容易看出比其他位置颜色深,与单层纸的部位分界明显。区分开窗安全线的真假,还可以仔细观察开窗部位露在纸张外部的安全线与纸张的结合部,真钞的结合部边缘不整齐,能看出纸张纤维糊在安全线上,而假钞的开窗部分由于是印上去的,结合部边缘很整齐。

④看阴阳互补对印图案。由于真币印刷工艺的特殊性,分布于钞票两面的对印图案透光观察,能组成一个完整的图案,没有错位、对接不齐的现象。而假币的对印图案一般都不能完全地对接整齐,即使有些假币的外缘对接较完整,具有一定的迷惑性,但是其他位置还是达不到全部对接整齐、完整。

⑤观察冠字号码字体大小是否一致(注意2005年版100元、50元的号码为异形号码,中间大两侧小且排列整齐),是否有重号现象等。

(2)手摸

依靠手指触摸钞票的感觉来分辨人民币的真伪。人民币所用纸张是采用特种原料,由专用抄造设备抄制的印钞专用纸张,其手感光滑、厚薄均匀、坚挺有韧性,且真币的人像、行名、面额数字、团花、主景图案、手感线等,都使用凹版印刷技术,图案的线条是高出纸张表面的,用手触摸有明显的凹凸感。用普通印刷技术伪造的假币,没有凹凸感,手感平滑。有的假币也有凹凸感,但假币凹凸感的制作方式与真币有明显的不同,多数在相应位置用针刺、在钞票背面用表面有高低不平的压纹机挤压钞票,造成凹凸不平的感觉,在通过触摸感受是否有凹凸感时,还要用眼仔细观察一下,以防误收假币。

(3)耳听

通过抖动钞票而发出的声音来判别人民币真伪。人民币是用专用特制纸张印刷而成的,具有挺括、耐折、不易撕裂等特点,手持钞票用力抖动、手指轻弹或两手一张一弛轻轻对称拉动钞票,均能发出清脆响亮的声音。而假币声音发闷且易撕断。需要说明的是,对于纸质较软的旧钞票不适合使用这种方法。

(4)检测

对制作手法比较高明、伪造质量较好的假钞,仅靠眼看、手摸、耳听是不能够准确鉴别的,需要利用专用工具进行检测。在对钞票进行真伪鉴别时,一般可用 5 倍以上放大镜仔细观察票面的各种线条的印刷质量,看套色、同一线条不同颜色的对接是否准确,看胶印缩微文字是否清晰等;用紫光灯检测无色荧光图案,看票面是否有无色荧光纤维,看纸张是否有荧光反应;用磁性检测仪器测磁性印记等。

总之,判断一张钞票的真假,不能只用一种方法或只观察、检测某一个防伪点,要运用以上介绍的四种方法来综合判断,才能准确地判定钞票的真假。尤其重要的是,首先要对真币有一个比较详细的认识,只有真正了解真币的防伪特征,才能准确地把真币和假币区别开来。

项目二
认知金融市场

知识链接

金融市场是资金供应者和资金需求者双方通过各种金融工具进行交易而融通资金的市场。按照交易标的物的不同，金融市场可以分为货币市场、资本市场、外汇市场、黄金市场和保险市场等。其中，货币市场包括承兑贴现市场、拆借市场、短期政府债券市场。资本市场包括储蓄市场、证券市场（包括发行市场、交易市场）以及中长期银行信贷市场、保险市场、融资租赁市场。

能力塑造

能根据具体情况分析金融市场与经济的关系；
能进行简单的股票及债券交易的模拟操作；
能对黄金价格的变化进行基本分析。

素质培养

培养学生认真、严谨、规范、及时、保密的工作作风；
培养学生忠于岗位、强化服务的责任意识；
培养学生爱岗敬业、廉洁自律、诚实守信的职业操守；
培养学生学法、知法、用法律武器保护自身合法权益的法律意识；
培养学生岗位创新的能力。

案例导入

完善多层次资本市场体系更好地服务企业发展

设立北京证券交易所（以下简称北交所），其本身的意义就在于深化新三板改革，完善多层次资本市场体系，更好地服务实体经济发展。

基于企业发展的不同阶段对融资、规模的不同需求，允许企业在不同板块之间转板，不仅对企业有利，还能对各交易所的错位发展形成平行竞争关系。为此，证监会于2022年1月7日发布《关于北京证券交易所上市公司转板的指导意见》。

在北交所上市的公司无疑非常关注转板问题，这对其是利好。而转板问题也并非今日才提出,有其历史原因。

早在北交所设立之前,证监会就发布《关于全国中小企业股份转让系统挂牌公司转板上市的指导意见》,针对的对象是新三板中精选层的公司,支持新三板精选层的公司向深交所和沪交所转板上市。

在2021年9月北交所成立后,这些精选层的公司平移成为北交所上市公司,转板就不是从新三板转板上市而是交易所之间的转板。

需要说明的是,按照试点先行、稳步推进的原则,在试点阶段,北交所上市公司只能向沪交所的科创板或深交所的创业板进行转板,不能向主板转板。

北交所主要服务创新型中小企业,重点支持先进制造业和现代服务业等领域的企业,推动传统产业转型升级,培育经济发展新动能,促进经济高质量发展。在这里,北交所上市公司不仅包括以制造业为主的"专精特新"中小企业,也包括战略新兴产业中创新能力突出的中小企业、向专业化和价值链高端延伸的生产性服务业企业、向高品质和多样化升级的生活性服务业企业。

(资料来源:中国青年网,2022年1月14日)

请思考 如何完善多层次资本市场体系,让其更好地服务于企业发展?

任务一　了解金融市场的基本知识

一、了解金融市场

金融是现代经济的核心,金融市场则处于现代市场体系的核心地位,在经济发展和社会福利提高过程中扮演着非常重要的角色。

1. 金融市场的概念

金融市场是经济生活中与商品市场、劳务市场和技术市场等并列的一种市场。这个市场是资金供应者和资金需求者双方通过各种金融工具(如股票、债券、储蓄存单等)进行交易而融通资金的市场。

资金融通简称为融资,一般分为直接融资和间接融资两种。直接融资是资金供求双方直接进行资金融通的活动,也就是资金需求者直接通过金融市场向社会上有资金盈余的机构和个人筹资;与此对应,间接融资则是指通过银行所进行的资金融通活动,也就是资金需求者采取向银行等金融中介机构申请贷款的方式筹资。

现代的金融交易既有具体的交易场所，如在某一金融机构的建筑物内进行，也有无形的交易场所，即通过电话、电传、计算机网络等现代化通信设施进行。

金融市场对经济活动的各个方面都有着直接而又深刻的影响，如个人财富、企业的经营、经济运行的效率，都直接取决于金融市场的活动。金融市场从不同角度可以有多种分类方法，其中最常见的就是按交易的标的物划，分为货币市场、资本市场、外汇市场、黄金市场和保险市场。

2.金融市场的构成要素

金融市场和其他市场一样也有交易的主体、交易的对象、交易的工具、交易的价格及交易的组织形式。

（1）交易的主体

交易的主体即金融市场的参与者，一般包括政府部门、企业、金融机构和居民个人。

①政府部门。在各国的金融市场上，通常该国的中央政府与地方政府都是资金的需求者，它们主要通过发行财政部债券或地方政府债券来筹集资金，用于基础设施建设，弥补财政预算赤字等。政府部门也可能是资金的供应者，如税款集中收进还没有支出时。另外，不少国家政府也是国际金融市场上的积极参加者，如中东的主要石油出口国家就是金融市场上资金供应的大户，一些发展中国家则是金融市场上的主要资金需求者。不论是发展中国家还是发达国家，政府部门都是金融市场上的经济行为主体之一。

②企业。在不少国家，企业是仅次于政府部门的资金需求者，它们通过市场筹集短期资金从事经营，以提高企业财务杠杆比例和增加盈利，还可通过发行股票或中长期债券等方式筹措资金，用于扩大再生产。另外，企业也是金融市场上的资金供应者之一。为了使生产经营过程中暂时闲置的资金保值或获得盈利，他们也会将其暂时让渡出去，以使资金的运用发挥更大效益。

③金融机构。这里的金融机构包括中央银行、各类银行机构和部分非银行金融机构。中央银行在金融市场上处于一种特殊的地位，它既是金融市场的行为主体，又大多是金融市场上的监管者。从中央银行参与金融市场的角度来看，首先，作为银行的银行，它充当最后贷款人的角色，从而成为金融市场资金的提供者。其次，中央银行为了执行货币政策，调节货币供应量，通常采取在金融市场上买卖证券的做法，进行公开市场操作。中央银行的公开市场操作不以营利为目的，但会影响到金融市场上资金的供求及其他经济主体的行为。此外，一些国家的中央银行还接受政府委托，代理政府债券的还本付息，以及接受外国中央银行的委托，在金融市场买卖证券参与金融市场的活动。

④居民个人。居民个人一般是金融市场上的主要资金供应者。个人为了存集资金购买大件商品如住房、汽车等，或是留存资金以备急需、养老等，都有将手中资金投资以使其达到保值增值的要求。因此，个人通过在金融市场上合理购买各种有价证券来进行组合投资，既满足日常的流动性需求，又能获得资金的增值。个人的投资可以是直接购买债券或股票，也可以是通过金融中介机构进行间接投资，如购买共同基金份额、投入保险等，最终都是向金融市场提供资金。个人有时也以资金需求者的身份出现，常常用于耐用消费品的购买及住房消费，如住房抵押贷款、汽车消费贷款及小额质押贷款等。

(2)交易的对象

货币资金是金融市场上交易的对象,是金融交易工具的最终标的。无论是银行的存贷款,各种有价证券的发行和流通,还是各种金融工具的买卖,最终要达到的目标都是货币资金的转移(或贷者向借者的转移,或贷者向贷者的转移,或借者向借者的转移)。由于货币资金是一种特殊的商品,它的转移和交易需要以金融工具的形式来实现。与一般商品市场上商品交易不同的是,金融交易大多只是表现为货币资金使用权的转移,而商品交易则通常表现为所有权和使用权的同时转移。

(3)交易的工具

交易的工具是金融市场上的交易客体,是资金供求双方进行交易的书面载体,它是在信用活动中产生的,用以证明金融交易金额、期限和价格的具有法律约束力的凭证。市场上各种投融资活动及资金的流转都是通过金融工具的买卖来实现的。金融市场上的融资活动,通常可以根据资金供求双方是否直接发生经济联系划分为直接融资和间接融资,从而形成直接融资工具和间接融资工具。投资者通过购买股票、债券、票据等金融工具向资金需求方提供资金,双方形成直接的所有权或债权关系,这种融资称为直接融资,股票、债券等就是直接金融工具;投资者通过银行存款的方式供应资金,银行作为中介以自己的名义再将资金贷给资金需求者,这种资金融通活动就是间接融资,存款者与借款者之间不发生直接的经济联系,由此而产生的金融工具如存款单、贷款合同等就是间接金融工具。

(4)交易的价格

金融市场的交易活动也要受交易价格的支配。金融市场的交易对象是货币资金,因此利息率便成为金融商品的价格。有些金融工具自身有利率,如国库券、企业债券、贴现票据等都有自身的利率;有些金融工具没有固定的收益率,如普通股票。利率通过市场会把各种金融工具的价格比较公平地反映出来。金融工具的价格是投资者参与金融交易的主要依据。利率的波动反映着市场资金供求的变化状况,是引导市场资金流向的信号。

(5)交易的组织形式

交易的组织形式,是指金融市场的交易主体进行交易时所采取的方式,主要有三种:一是交易所交易,即交易双方集中在交易所内通过公开竞价的方式进行资金交易的组织形式。二是柜台交易,是指在各种金融机构柜台上买卖双方进行面议、分散交易的方式。三是场外交易,这种交易方式没有固定的交易场所,也不需要进行直接接触,而是借助于通信手段来完成。

3.金融市场的功能

金融市场作为金融资产交易的场所,从整个经济运行的角度来看,它可以提供如下几种经济功能:

(1)聚敛功能

金融市场可以将闲置的、分散的、零星(小额)的资金积聚起来,汇聚成为可以投入社会再生产的大规模资金。可以说,金融市场发挥着资金"蓄水池"的作用。

金融市场之所以具有资金的聚敛功能,一是由于金融市场创造了金融资产的流动性。现代金融市场正发展成为功能齐全、法规完善的资金融通场所,资金需求者可以很方便地通过直接或间接的融资方式获取资金,而资金供应者也可以通过金融市场为资金找到满意的投资渠道。另一个原因是金融市场多样化的融资工具为资金供应者的资金寻求合适的投资手段找到了出路。金融市场根据不同的期限、收益和风险要求,提供了多种多样的供投资者选择的金融工具,资金供应者可以依据自己的收益风险偏好和流动性要求选择其满意的投资工具,实现资金效益的最大化。

(2)配置功能

金融市场的配置功能表现在三个方面:一是资源的配置,二是财富的再分配,三是风险的再分配。在金融市场中,证券价格的波动,实际上反映着证券背后所隐含的相关信息。投资者可以通过证券交易中所公开的信息及证券价格波动所反映出的信息来判断整体经济运行情况以及相关企业、行业的发展前景,从而决定其资金和其他经济资源的投向。一般情况下,资金总是流向最有发展潜力的、能够为投资者带来最大利益的部门和企业。这样,通过金融市场的作用,有限的资源就能够得到合理的利用。财富是各经济单位持有的全部资产的总价值。政府、企业及个人通过持有金融资产的方式而持有的财富,在金融市场上的金融资产价格发生波动时,其财富的持有数量也会发生变化。一部分人持有的财富量随金融资产价格的升高而增加,而另一部分人持有的财富量则由于金融资产价格的下跌而相应减少。这样,社会财富就通过金融市场价格的波动实现了财富的再分配。金融市场同时也是风险再分配的场所。在现代经济活动中,风险无时不在、无处不在。不同的主体对风险的厌恶程度是不同的。金融市场的参与者根据自身对风险的态度选择不同的金融工具,风险厌恶者可以通过出让收益的方式将风险转嫁给风险的偏好者,从而实现风险的再分配。

(3)调节功能

调节功能是指金融市场对宏观经济的调节作用。金融市场一边连着储蓄者,另一边连着投资者,金融市场的运行机制通过对储蓄者和投资者的影响而发挥着调节宏观经济的作用。

①金融市场具有直接调节作用。在金融市场大量的直接融资活动中,投资者为了自身利益,一定会谨慎、科学地选择投资的国家、地区、行业、企业、项目及产品。只有符合市场需要、效益高的投资对象,才能获得投资者的青睐。而且投资对象在获得资本后,只有保持较高的经济效益和较好的发展势头,才能继续生存并进一步扩张。否则,它的证券价格就会下跌,继续在金融市场上筹资就会面临困难,发展就会受到资本供应的抑制。

上述过程实际上就是金融市场通过其特有的引导资本形成及合理配置的机制首先对微观经济部门产生影响,进而影响到宏观经济活动的一种有效的自发调节机制。

②金融市场的存在及发展,为政府实施对宏观经济活动的间接调控创造了条件。政府制定实施的货币政策属于调节宏观经济活动的重要宏观经济政策,其具体的调控工具有存款准备金政策、再贴现政策、公开市场操作等,这些政策的实施都是以金融市场的存在、金融部门及企业成为金融市场的主体为前提的。金融市场为中央银行实施货币政策提供了一个平台。

金融市场既提供货币政策操作的场所,又提供实施货币政策的决策信息,其主要原因如下:

政府有关部门可以通过收集和分析金融市场的运行情况来为政策的制定提供依据。

这是因为金融市场的波动是对有关宏观、微观经济信息的反映。

中央银行在实施货币政策时,通过金融市场可以调节货币供应量、传递政策信息,最终影响各经济主体的经济活动,从而达到调节整个宏观经济运行的目的。

(4)反映功能

金融市场历来被称为国民经济的"晴雨表"和"气象台",是公认的国民经济信号系统。这实际上就是金融市场反映功能的写照。

金融市场的反映功能表现在以下几个方面:

①金融市场是反映微观经济运行状况的指示器。由于证券买卖大部分都在证券交易所进行,人们可以随时通过这个有形的市场了解各种上市证券的交易行情,并据以判断投资机会。在一个有效的市场中,证券价格的涨跌实际上反映着其背后企业的经营管理情况及发展前景。此外,一个有组织的市场,一般会要求上市证券的公司定期或不定期地公布其经营信息和财务报表,这有助于人们了解及推断上市公司及相关企业、行业的发展前景。

②金融市场交易直接或间接地反映国家货币供应量的变动。货币政策紧缩和放松均是通过金融市场进行的。货币政策实施时,金融市场会出现波动。因此,金融市场所反馈的宏观经济运行方面的信息,有利于政府部门及时制定和调整宏观经济政策。

③由于证券交易的需要,金融市场有大量专门人员长期从事商情研究和分析,并且他们每日与各类工商业直接接触,能了解企业的发展动态。

④金融市场有着及时而广泛地收集和传播信息的通信网络,整个世界的金融市场已联成一体,四通八达,人们可以及时了解世界经济的发展变化情况。

4.金融市场的分类

金融市场的构成十分复杂,它包括许多相互独立又相互联系的市场,根据不同的标准进行分类,可以划分出不同类别的金融市场。

(1)按金融交易工具的期限划分

按金融交易工具的期限划分,金融市场可分为货币市场和资本市场两大类。货币市场是交易期限在1年以内的短期资金融通市场,而资本市场是交易期限在1年以上的长期资金融通市场。货币市场和资本市场又可以进一步分为若干不同的子市场,货币市场包括银行同业拆借市场、商业票据市场、大额可转让存单市场及短期债券市场等,资本市场包括中长期信贷市场和证券市场。中长期信贷市场是金融机构与工商企业之间的贷款市场;证券市场是通过证券的发行与交易进行融资的市场,包括债券市场和股票市场。

(2)按金融交易的地理范围划分

按金融交易的地理范围划分,金融市场可分为国内金融市场和国际金融市场。国内金融市场是指金融交易的作用范围仅限于一国之内的市场,它又分为城市金融市场和农村金融市场,或者分为全国性、区域性、地方性的金融市场。国际金融市场则是超越国界的在国际进行资金融通的市场,双方当事人是不同国家的自然人和法人。外资借贷、外汇买卖、黄金交易等,构成了国际金融市场融资活动的主要内容。

(3)按金融交易的场地和空间划分

按金融交易的场地和空间划分,金融市场可分为有形市场和无形市场。有形市场是指有固定的交易场地、在组织严密的特定交易场所中进行的金融交易活动,例如,股票的买卖对股民来说是在证券公司的营业大厅中进行的,而股票的最终交易是在证券交易所或股票交易所完成的。银行、证券公司、保险公司等各类金融机构的营业厅也是多种金融工具交易的有形市场。无形市场是指没有固定的交易场地,通过电话、电报、电传、电脑网络等进行的金融交易活动,如资金拆借、外汇交易等。随着电信、电子计算机事业的日益发展,越来越多的金融工具利用现代化的信息传递手段,连成一个无比庞大的市场,实现快速、安全的金融交易。有形市场和无形市场是不能截然分开的,两者相互衔接、相互依赖又相互转化。

(4)按金融交易的程序划分

按金融交易的程序划分,金融市场可分为发行市场和流通市场。发行市场又称一级市场或初级市场,是票据和证券等金融工具最初发行的场所,是筹资者和初始投资者之间进行金融交易的市场。流通市场又称二级市场或次级市场,是已经发行的票据和证券等金融工具转让买卖的场所,是投资者之间进行金融交易的市场。

(5)按交易对象划分

按交易对象划分,金融市场可分为拆借市场、贴现市场、大额定期存单市场、证券市场(包括股票市场和债券市场)、外汇市场、黄金市场和保险市场。

(6)按交割期限划分

按交割期限划分,金融市场可分为金融现货市场和金融期货市场。金融现货市场是指交易双方成交后,在1—3日内立即进行付款交割的市场。而在金融期货市场上,交易双方达成协议成交后,不立即交割,而是按合约规定日期(如几周或者几个月)交割。较多采用期货交易的主要是证券、外汇、黄金等市场。20世纪70年代以来,金融期货交易的发展越来越快,形式越来越多样化,其交易量已大大超过现货交易量。

上述对金融市场进行的科学系统的划分,是进行金融市场有效管理的基础。

二、了解货币市场

货币市场是指融资期限在1年以下的金融交易市场,是金融市场的重要组成部分。该市场所容纳的金融工具主要是政府、银行及工商企业发行的短期信用工具,因此具有期限短、流动性强和风险小的特点。货币市场主要由同业拆借市场、商业票据市场、大额可转让定期存单市场、短期债券市场和回购市场等子市场组成。

1.同业拆借市场

同业拆借市场是指具有准入资格的金融机构之间进行临时性资金融通的市场。其中从资金多余的金融机构临时借入款项时,称为拆入;而资金多余的金融机构向资金不足的金融机构贷出款项时,则称为拆出。

从传统意义上讲,同业拆借市场是金融机构之间进行临时性"资金头寸"调剂的市场,多为"隔夜融通"或"隔日融通",即今天借入,明天偿还。而从现代意义上讲同业拆借市场已成为各金融机构间弥补资金流动性不足、有效运用资金、减少资金闲置的市场,成为金融机构协调流动性与盈利性关系的有效市场。

同业拆借市场上的交易主要有两种:一是同业头寸拆借,主要指金融同业之间为了轧平头寸,补足存款准备金和票据清算资金而进行的短期资金融通活动。同业头寸拆借的期限一般很短,通常以1—10天为限,以1日期居多,即今日借,明日还。二是同业短期拆借,主要指金融机构之间为满足临时性、季节性的资金需要而进行的短期资金借贷。其期限一般比同业头寸拆借时间长,最长可达1年。

同业拆借利率作为拆借市场上的资金价格,是货币市场的核心利率,也是整个金融市场上具有代表性的利率,在整个利率体系中处于相当重要的地位。它能够及时、灵敏、准确地反映货币市场乃至整个金融市场的资金供求关系,因此,同业拆借市场的利率也就成了体现资金供求状况的一个重要指标。同业拆借利率的水平及其变化,可以反映整个金融市场利率的变动趋势以及资金的供求状况,对货币市场上其他金融工具的利率具有重要的导向和牵动作用。拆借利率的升降,会引导和牵动其他金融工具的利率同步升降。因此,同业拆借市场上的利率也经常被看成基础利率,各金融机构的存放款利率都在此利率基础上进行确定。比如,国际上广为使用的伦敦银行拆放利率(简称LIBOR)就被欧洲货币市场、美国金融市场及亚洲美元市场作为基础利率来确定其各种利率水平。

同业拆借市场由于具有期限短、流动性高及利率敏感性强等特点,已经成为国际、国内金融市场中最活跃、交易量最大的市场,在各国中央银行货币政策的实施中发挥着核心的作用。

我国同业拆借市场的产生依赖于两个条件:一是金融机构的多样化,1981年到1986年期间的中国金融体系改革创造了这一条件;二是法定存款准备金制度的提出,中国人民银行专门行使中央银行职能后,规定了这一制度,从而创造了第二个条件。1986年1月7日,国务院颁布了《中华人民共和国银行管理暂行条例》,其中第三十九条规定:"专业银行的资金可以相互拆借。"从此,我国的同业拆借市场步入了发展轨道。1996年1月3日,全国统一的同业拆借市场网络系统开通运行,标志着全国统一的拆借市场正式建立。

发展至今,我国同业拆借初具规模。截至2020年年底,货币市场同业拆借市场累计成交147.14万亿元[①]。我国同业拆借市场不断走向规范化的同时,市场交易主体更加多元化。主要包括政策性银行、中资商业银行、外商独资银行、中外合资银行、城市信用合作社、农村信用合作社、县级联合社、企业集团财务公司、信托公司、金融资产管理公司、金融租赁公司、汽车金融公司、证券公司、保险公司、保险资产管理公司等金融机构。市场交易成员的扩大,尤其是成员类型的增多,为活跃我国同业拆借市场的交易创造了条件。

2.商业票据市场

商业票据市场主要是指商业票据的流通及转让市场,包括票据贴现市场和票据承兑市场。

(1)票据贴现市场

票据贴现是指票据持有者为取得现金,以贴付利息为条件向银行或贴现公司转让未到期票据的融资关系。票据贴现可以使工商企业的资本从票据债权形式转化为现金形式,从而有利于资金周转,使资金循环顺利进行。贴现交易的工具是经过背书的汇票和本票以及政府国库券与短期债券。商业银行贴入票据,目的在于获取利润,一般情况下,会

[①] 数据来源:产业信息网,2021年7月13日

将贴入票据保存到期,向承兑人收取票款。如在实际经营中急需资金,商业银行可用贴入票据向中央银行再贴现,中央银行运用再贴现率来调节或控制商业银行的信贷规模,以保持适当的市场货币供给量。

(2)票据承兑市场

承兑是指汇票到期前,汇票付款人或指定银行确认票据记明事项,在票面上做出承诺付款并签章的一种行为。汇票之所以需要承兑,是由于债权人作为出票人单方面将付款人、金额、期限等内容记载于票面。从法律上讲,付款人在没有承诺前不是真正的票据债务人。经过承兑,承兑者就成了汇票的主债务人。因此,只有承兑后的汇票才具有法律效力,才能作为市场上合格的金融工具转让流通。由于承兑者以自己的信用作保证,负责到期付款,故若委托他人或银行办理承兑,需支付承兑手续费。在国外,汇票承兑一般由商业银行办理,也有专门办理承兑的金融机构,如英国的票据承兑所。

票据市场在我国的发展起始于20世纪80年代,最初是企业作为一种延期支付的信用工具而诞生;1996年《中华人民共和国票据法》正式实施,票据市场的各项功能逐步健全,步入了发展的初期阶段;1998年以后,随着我国金融体制改革的不断深化,票据业务也开始步入快速发展阶段;2000年11月9日,经中国人民银行批准,我国在上海开办了内地第一家专业化票据经营机构——中国工商银行票据营业部,标志着我国票据市场的发展进入了专业化、规模化和规范化的新阶段;近年来,随着我国金融体制改革的深化,票据业务的功能和作用得到重视,票据市场规模迅速扩大。特别是2003年,中国人民银行开始频频使用票据工具进行公开市场操作,国有及各股份制商业银行票据贴现业务量猛增,票据业务品种不断创新,企业也纷纷采取票据方式融资。2003年6月30日,中国票据网的正式启用,为全国统一票据市场的形成提供了必要的平台。2004年8月28日,第十届全国人民代表大会常务委员会第11次会议《关于修改〈中华人民共和国票据法〉的决定》修正,做出了小幅修改,删除了第75条"本票出票人的资格由中国人民银行审定,具体管理办法由中国人民银行规定。"之规定。本票出票人的资格无须再通过行政许可,认定其为银行的一项基本业务,银行经批准设立后,就不必对其本票出票人的资格再作审批。从金融市场角度看,票据市场的发展提高了整个金融市场的效率,也改变了市场结构。由于票据市场对货币政策具有很强的传导作用,因而在引导银行信贷资金流向上,具有越来越重要的意义。

3.大额可转让定期存单市场

大额可转让定期存单,是由商业银行发行的,可以按一定期限和约定利率流通转让的证券化的存款凭证。存单上印有票面金额、存入日、到期日和利率等,到期后可以按照票面金额和规定利率提取本息。存单不能提前支付,但可流通转让。

20世纪50年代末,美国银行利率受"Q条例"限制,低于一般市场利率水平,导致定期存款大量缩减。为回避这种不利影响,1961年,花旗银行首先采取措施发行大额可转让定期存单。大额可转让定期存单发展很快,目前已成为兼容货币市场和证券市场重要的融资工具。

大额可转让定期存单的期限通常不少于2周,大多为3~6个月,一般不超过1年。其利率水平略高于同等期限的定期存款利率,与当时的货币市场利率基本一致。

视频:回购协议市场和大额可转让定期存单

大额可转让定期存单的发行方式包括直接发行和间接发行两种。直接发行,即发行者直接在银行营业网点零售或开展通信销售。大银行地理位置优越,分支机构多,直接发行存单能节省一定的发行成本。事实上,直接发行更多地表现为发行银行与机构投资者直接协商成交,这种方式对于双方而言都具有成本低、效率高的优势。间接发行是通过承销商发行,即发行人委托承销商发行存单。通常是发行人首先公布发行存单的总数、利率、发行日期、到期日、每张存单面值等,然后由一家或数家经理人组成包销团,发行人需要支付承销佣金、法律费用、宣传费用及文件、存单印刷费,还要支付一定的广告费用,因而发行成本较高。

大额可转让定期存单的转让市场是对已发行但尚未到期的存单进行买卖的市场,一般需要交易商作为中介,由它在买卖双方之间沟通信息,促成交易。在转让市场上买卖存单的主要是一些证券公司和大银行。这些证券公司和大银行不仅自己买卖存单,同时还充当存单市场的主要中介人。

在美国,大额可转让存单有非常活跃的二级市场。20世纪80年代,每天的存单交易量达10亿美元。我国的大额可转让定期存单的发行始于1986年,最初由中国银行和交通银行发行。1989年以后,其他银行也相继发行大额可转让定期存单。由于全国缺乏统一的管理办法以及完善的二级市场,导致中央银行于1997年暂停大额可转让存单业务。2013年,为了拓宽筹资渠道,努力集聚社会闲散资金支持国家经济建设,经中国人民银行批准,一度曾停止发行的大额可转让定期存单又开始在各专业银行争相发行。

4.短期债券市场

短期债券市场是指交易的金融工具剩余期限在1年以内的市场,包括两种情况:一种是债券的原始期限就在1年以内;另一种是债券的原始期限在1年以上,但随着到期日的临近,剩余期限已不足1年。

短期债券市场上的金融工具主要是指短期政府债券。短期政府债券是指政府为了筹集短期资金、弥补财政预算赤字和国库资金临时不足而发行的短期债务凭证。这种债券的偿还期限一般不超过1年。

短期政府债券期限短、风险小,既可以出售也可以贴现,所以流动性很强。因为是政府债券,还可以免缴利息所得税。

短期政府债券发行一般采用拍卖方式,持有人在有资格进行债券转让的金融机构柜台进行交易。短期政府债券的发行价格为折扣价格,即发行价格低于债券面值,但按面值偿还,其差价即为投资者的收益,相当于提前支付利息。

政府发行短期政府债券的意义在于:首先,可以满足政府短期资金周转的需要。其次,规避利率风险。短期政府债券期限短,相对于长期债券,利率波动小。最后,为中央银行实施公开市场业务提供了可操作的工具。

政府债券在国外一般叫作国库券,在我国称之为短期国债。虽然我国从20世纪80年代到1995年也曾经使用过"国库券"的名称,但偿还期大多超过1年,与国外短期政府债券的国库券概念有所不同。有鉴于此,我国从1995年开始不再称之为国库券,而改称为无记名国债、凭证式国债、记账式国债等,其实质都是短期国债。目前我国短期政府债券主要有两类:短期国债和中央银行票据。短期国债是指中央政府发行的短期债券。

中央银行票据是指由中国人民银行发行的短期债券。

5.回购市场

回购市场是指通过回购协议进行短期资金融通交易的市场,它是货币市场体系的又一重要组成部分。

所谓回购协议(Repurchase Agreement),是指证券持有人在出售证券时,与证券的买方签订协议,约定在一定期限后以一定价格购回所卖证券,从而获取即时可用资金的一种交易行为。回购协议的期限从一日至数月不等。

逆回购协议(Reverse Repurchase Agreement),实际上与回购协议属于同一次交易的两个方面。回购协议是从资金需求者即证券资产的卖方角度看,而逆回购协议是从资金供应者即证券资产的买方角度看,逆回购协议是回购协议的逆操作。

大银行和政府证券交易商是回购协议市场的主要资金需求者。回购协议中的资金供给方很多,如资金雄厚的非银行金融机构、地方政府、存款机构、外国银行及外国政府等。对于中央银行来说,通过回购交易可以实施公开市场操作,所以,回购市场是其执行货币政策的重要场所。尽管回购协议中使用的是高质量的抵押品,但是交易的双方当事人也会面临信用风险。减少信用风险的方法主要有:设置保证金;根据证券抵押品的市值随时调整。

在回购市场中,利率是不统一的,利率的确定取决于多种因素,这些因素主要有:用于回购的证券的质地;回购期限的长短;交割的条件;货币市场其他子市场的利率水平。由于回购交易实际上是一种用较高信用的证券特别是以政府证券抵押的贷款方式,风险相对较小,因而利率也较低。

回购交易一般在证券交易所进行,目前我国不仅在上海、深圳两个交易所开展了回购交易,全国银行间同业拆借市场也开展该项业务。我国证券回购的交易主体主要有商业银行、城市信用社、信托投资公司以及证券公司等金融机构。我国已推出的债券回购交易品种有1天、7天、14天、21天、1个月、2个月、3个月、4个月、6个月、9个月和1年共11种债券回购交易。

三、了解资本市场

资本市场一般是指经营期限在1年以上的中长期资金市场,主要由股票市场、债券市场和基金市场等子市场组成。其中,股票市场和债券市场统称为证券市场。长期资金大都参加社会再生产过程,起着"资本"的作用,主要是满足政府和企业部门对长期资本的需求。

1.股票市场

(1)股票市场的结构

股票市场是股票发行和流通的市场。

股票发行市场是通过发行股票进行筹资活动的市场,一方面为资本的需求者提供筹集资金的渠道,另一方面为资本的供应者提供投资场所。发行市场是实现资本职能转化的场所,通过发行股票,把社会闲散资金转化为生产资本。由于发行活动是股市一切活动

思维导图处理金融机构业务

的源头和起始点,故又将发行市场称为"一级市场"。

股票流通市场是对已发行股票进行转让的市场,又称"二级市场"。流通市场一方面为股票持有者提供随时变现的机会,另一方面又为新的投资者提供投资机会。与发行市场的一次性行为不同,在流通市场上股票可以不断地进行交易。股票流通市场进一步又可分为场内交易市场和场外交易市场。场内交易是指通过证券交易所进行的股票交易。目前在世界各国,大部分股票的流通转让交易都是在证券交易所内进行的,因此,证券交易所是股票流通市场的核心,场内交易是股票流通的主要组织方式。场外交易是指在证券交易所以外进行的股票买卖。

发行市场是流通市场的基础和前提,流通市场又是发行市场得以存在和发展的条件。发行市场的规模决定了流通市场的规模,影响着流通市场的交易价格。没有发行市场,流通市场就成为无源之水、无本之木。在一定时期内,发行市场规模过小,容易使流通市场供需脱节,造成过度投机,股价飙升;发行节奏过快,股票供过于求,对流通市场形成压力,股价低落,市场低迷,反过来影响发行市场的筹资。所以,发行市场和流通市场是相互依存、互为补充的整体。

(2)股票市场的功能

股票市场作为资本市场的重要组成部分,对国民经济的发展发挥着重要的作用,其功能主要表现在以下几个方面。

①筹资功能。筹集资金是股票市场的首要功能。企业通过在股票市场上发行股票,把分散在社会上的闲置资金集中起来,形成巨额的、可供长期使用的资本。在这里,股票市场起着资金"蓄水池"的作用。

②配置功能。股票市场通过将资源从低效率利用的部门转移到高效率利用的部门,从而使一个社会的经济资源能最有效地配置在效率最高或效用最大的用途上,实现稀缺资源的合理配置和有效利用。

③调节功能。调节功能指股票市场对宏观经济的调节作用。股票市场一边连着储蓄者,另一边连着投资者,股票市场的运行机制通过对储蓄者和投资者的影响而发挥作用。

④反映功能。股票市场是国民经济的"晴雨表"和"气象台",是公认的国民经济信号系统。在当今世界,伴随着经济全球一体化趋势的发展,经济金融化的进程也日益加剧,程度不断加深。

此外,股票市场为投资者提供了一个广阔的投资渠道,投资者可以通过购买股票实现投资,分享经济发展和企业业绩增长带来的好处。

2.债券市场

债券市场是债券发行和买卖市场的统称,是金融市场的一个重要组成部分。纵观世界各个成熟的金融市场,都有一个发达的债券市场。

(1)债券市场的结构

债券市场分为债券发行市场和债券流通市场。

①债券发行市场

债券发行市场,又称"一级市场",是发行单位初次出售新债券的市场。债券发行市场的作用是将政府、金融机构以及工商企业等为筹集资金向社会发行的债券分散发行到投资者手中。债券的发行与股票类似,不同之处主要有发行合同书和债券评级两个方面。同时,由于债券是有期限的,所以其一级市场多了一个偿还的环节。

发行合同书也称信托契据,是说明公司持有人和发行债券公司双方权益的法律文件,由受托管理人代表债券持有人监督合同书中各条款的履行。债券评级是衡量违约风险的依据,它是由专门的债券评估机构对不同债券的质量做出的评判。债券质量通常以信用等级来表示。信用等级越高,债券的质量越好,说明债券的风险越小,安全性越强。目前世界上最著名的两大评估机构是标准普尔公司和穆迪投资者服务公司。

债券是一种债权凭证,除永久性债券外,其他所有的债券到期必须偿还本金。债券的偿还方式包括到期偿还、期中偿还和展期偿还。到期偿还是指债券的本金是在偿还期满时进行偿还,这是绝大多数债券所采取的本金偿还方式。期中偿还是指债券在偿还期满之前由债务人采取的在交易市场上购回债券或者直接向债券持有人支付本金的方式进行的本金偿还。期中偿还还可以分为定时偿还、随时偿还和买入偿还三种。展期偿还是指发债人在发行债券时规定,投资人有权决定在债券到期后继续按原定利率持有债券到某一个指定偿还日期或几个指定日期中的一个日期要求偿还的做法。这种偿还方法的采用往往在市场利率看跌时,投资者才会予以接受。

②债券流通市场

债券流通市场,又称"二级市场",指已发行债券进行买卖转让的市场。债券一经认购,即确立了一定期限的债权债务关系,但通过债券流通市场,投资者可以转让债权,把债券变现。根据市场组织形式,债券流通市场又可进一步分为场内交易市场和场外交易市场。

证券交易所是专门进行证券买卖的场所,如我国的上海证券交易所和深圳证券交易所。在证券交易所内买卖债券所形成的市场,就是场内交易市场,这种市场组织形式是债券流通市场的较为规范的形式,交易所作为债券交易的组织者,本身不参加债券的买卖和价格的决定,只是为债券买卖双方创造条件,提供服务,并进行监管。

场外交易市场是在证券交易所以外进行证券交易的市场,柜台市场为场外交易市场的主体。许多证券经营机构都设有专门的证券柜台,通过柜台进行债券买卖。在柜台交易市场中,证券经营机构既是交易的组织者,又是交易的参与者,此外,场外交易市场还包括银行间交易市场,以及一些机构投资者通过电话、电脑等通信手段形成的市场等。

债券发行市场和流通市场相辅相成,是互相依存的整体。发行市场是整个债券市场的源头,是流通市场的前提和基础。发达的流通市场是发行市场的重要支撑,流通市场的发达是发行市场扩大的必要条件。

(2)债券市场的功能

①融资和投资功能。一方面,债券市场作为金融市场的一个重要组成部分,具有使资金从资金剩余者流向资金需求者,为资金不足者筹集资金的功能。以我国为例,政府和企业先后发行多批债券,为弥补国家财政赤字和推进经济建设筹集了大量资金,其中包括三峡工程、上海浦东新区建设、京九铁路、沪宁高速公路、北京地铁、北京西客站等能源、交通重点建设项目以及城市公用设施建设。另一方面,债券市场为各类投资者提供了又一个投资渠道,比较适合追求稳定收益的投资者,特别是保险资金、社保基金、养老基金、企业年金等。

②资源配置功能。效益好的企业发行的债券通常较受投资者的欢迎,因而发行时利率低、筹资成本小;相反,效益差的企业发行的债券风险相对较大,受投资者欢迎的程度较低,筹资成本较大。因此,通过债券市场,资金得以向优势企业集中,从而有利于资源的优化配置。

③宏观调控功能。一国中央银行作为国家货币政策的制定与实施部门,主要依靠存款准备金、公开市场业务、再贴现等政策工具进行宏观经济调控。其中,公开市场业务就是中央银行通过在证券市场上买卖国债等有价证券或发行央行票据,从而调节货币的供应量,实现间接宏观调控的重要手段。在经济过热、需要减少货币供应量时,中央银行卖出债券或发行央行票据收回金融机构或公众持有的一部分货币,从而控制经济的过热运行;当经济萧条需要增加货币供应量时,中央银行便买入债券,增加货币的投放。

④提供市场基准利率功能。从国际金融市场的一般运行规律来看,在比较健全的金融市场上,有资格成为基准利率的只能是那些信誉高、流通性强的金融产品的利率,而国债利率一般被视为无风险资产的利率,被用来作为其他资产和衍生工具进行定价的基准。而只有高流动性的、开放的、价格发现机制成熟的国债市场才能提供一个有意义的市场基准利率。

⑤防范金融风险功能。一个较为完备的债券市场可以有效地降低一国金融系统的风险。一个高流动性的、开放的国债市场不仅提供了市场基准利率,同时也是本币国际化的重要支撑。金融债券的发行也可以极大地补充银行的附属资本,尤其是次级债券的发行使得银行不仅获得了中长期资金来源,并且在股东之外还增加了债权人的约束,有利于银行的稳健经营。债券市场上投资者的行为高度市场化,企业如果不履行偿还债务的义务,将迅速导致债权人"用脚投票",使得企业无法顺利地再度融资。在债券融资的背景下,公司债券一旦出现债务不能按时偿还,会迅速导致公司在投资人群体中的名誉损失,并且通过债市信息披露会使广大社会公众掌握公司的信誉状况,使这种惩罚自动扩散到整个社会。

3.基金市场

投资基金,是一种利益共享、风险共担的集合投资制度,即通过发行基金单位集中投资者的资金,由基金托管人托管,再由基金管理人管理和运用资金,从事股票、债券等金融工具的投资,并将投资收益按基金投资者的投资比例进行分配的一种间接投资方式。其优势在于:集众多的分散、小额资金为一个整体;委托经验丰富的专家经营管理;分散投资,降低风险。

(1)基金的发行市场

基金的发行市场主要从事基金的发行和认购,二者是同时进行的。基金的发行是指基金公司或基金管理公司经主管机关批准,将基金证券向社会公众推销的活动。无论是封闭式基金还是开放式基金,初次发行总额都要分成若干等额份数,每份为一个基金单位。如果某投资基金初次发行总额1亿元并分为1亿份,则每个基金单位面值为1元,但其价格不一定是1元,发行价通常为面值加2%左右的手续费,之后价格随其每份净资产或市场供求状况变化。在基金的发行市场上,站在投资者角度为认购基金券。对于开放式基金,虽然总额变动,但初次发行时也要设定基金发行总额和发行期限,3个月后才可能允许赎回和续售。而对于封闭式基金,除规定了发行价、发行对象、申请认购方法、认购手续费、最低认购额外,还规定了基金的发行总额和发行期限。发行总额一经售完,不管是否到期,基金都要进行封闭,不再接受认购申请。

(2)基金的流通市场

基金的流通原则上与股票流通相似,但开放式基金的二级市场与股市有较大区别。开放式基金的二级市场在一级市场——基金经理公司柜台之中。对于广大投资者来说,在一级市场上买入基金称为认购,在二级市场上买卖基金则称为申购和赎回。申购价为基金每单位资产净值加上首次申购费用,赎回价为基金每单位资产净值减赎回费。对封闭式基金而言,基金成立3个月后基金经理公司就会申请基金上市,通常在证券交易所挂牌,交易方式类似于股票的买卖。投资者通过证券商代理其买卖,其价格由市场供求状况决定,投资者竞价买卖。

我国投资基金起步于1991年,当时只有深圳南山风险投资基金和武汉证券投资基金两家,规模为9 000万元。1992年,随着海南"富岛基金"、深圳"天骥基金"、淄博"乡镇企业投资基金"等37家基金公司的成立,我国投资基金规模开始扩大,据中国基金业协会数据显示,截至2021年7月底,我国境内共有基金管理公司137家,其中,中外合资公司44家,外商独资公司1家,内资公司92家;取得公募基金管理资格的证券公司或证券公司资产管理子公司12家、保险资产管理公司2家。以上机构管理的公募基金资产净值合计23.54万亿元[②]。目前,基金已经成为个人投资者最重要的投资渠道之一。

四、了解外汇、黄金和保险市场

1.外汇市场

(1)外汇市场的含义

外汇市场是金融市场的重要部分,是专门进行外汇买卖、调剂外汇供应的市场。在外汇市场上,既可以进行本币与外币之间的买卖,也可以一种外币兑换另一种外币,即不同币种间的买卖。

国际上因贸易、投资、旅游等经济往来,难免产生货币收支关系。但各国货币制度不同,要想在国外支付,必须先以本国货币购买外币;另一方面,从国外收到外币支付凭证也必须兑换成本国货币才能在国内流通。这样就发生了本国货币与外国货币的兑换问题。两国货币的比价称为汇价或汇率。发达国家中央银行为执行外汇政策,影响外汇汇率,经常买卖外汇。所有买卖外汇的商业银行、专营外汇业务的银行、外汇经纪人、进出口商,以及其他外汇供求者都经营各种现汇交易及期汇交易。这一切外汇业务组成一国的外汇市场。多数外汇市场并无具体的固定交易场所,而是由交易各方通过电报、电话、传真、电子函件等工具来完成。

外汇市场是24小时连续运作的全球性大市场,目前世界上交易量较大且有国际影响力的外汇市场主要有伦敦、纽约、巴黎、法兰克福、苏黎世、东京、卢森堡、新加坡、巴林、米兰、蒙特利尔、阿姆斯特丹和我国香港等的外汇市场。在这些市场上买卖的外汇主要有美元、英镑、欧元、瑞士法郎、日元、加拿大元等十多种货币,其他货币也有买卖,但为数极少。

(2)外汇市场的参与者

外汇市场的参与者包括政府机构、企业、单位和个人以及各种金融机构,其中从事外

---

② 资料来源:东方财富网,2021年8月23日。

汇业务的商业银行扮演着主要角色。中央银行也经常参与并从中进行调节。在发达国家的外汇市场中还存在一些外汇经纪商,专门从事外汇买卖和代客买卖,使外汇买卖交易更为便利。

(3)外汇市场的功能

外汇市场产生的直接原因就是国际支付和清算所导致的货币兑换的需要,因此外汇市场的根本作用就在于保证国际支付活动顺利、有效地进行。但是随着国际经济往来和外汇市场自身的不断发展,外汇市场的功能也不断多元化,但其主要功能表现在以下四个方面:

①实现购买力的国际转移。每个主权国都具有自己的货币,因此,当各国的经济、文化、政治交往突破国界时,必然会产生本币和外币兑换问题。外汇市场则是实现这一兑换的场所。出口商和其他收汇者通过外汇市场把外币兑换成本币,从而把外国货币的购买力转化为本币购买力。当国内投资者需要到外国投资或进口商进行进口支付时,常常需要把本币兑换成外币,从而使本币的购买力转化为外币购买力。这样,外汇市场提供了一种购买力国际转移机制。同时,由于发达的通信工具已将外汇市场在世界范围内联成一个整体,使得货币兑换和资金汇付能够在极短的时间内完成,购买力的这种转移变得更加迅速和方便。

②提供资金融通。外汇市场向国际的交易者提供了资金融通的便利。外汇的存贷款业务集中了各国的社会闲置资金,从而能够调剂余缺,加快资本周转。外汇市场为国际贸易的顺利进行提供了保证,当进口商没有足够的现款提货时,出口商可以向进口商开出汇票,允许延期付款,同时以贴现票据的方式将汇票出售,拿回货款。外汇市场便利的资金融通功能也促进了国际借贷和国际投资活动的顺利进行。美国发行的国库券和政府债券中有很大部分是由外国官方机构和企业购买并持有的,这种证券投资在脱离外汇市场的情况下是难以想象的。

③提供外汇保值和投机的机制。在以外汇计价成交的国际经济交易中,交易双方都面临着外汇风险。由于市场参与者对外汇风险的判断和偏好的不同,有的参与者宁可花费一定的成本来转移风险,而有的参与者则愿意承担风险以实现预期利润。由此产生了外汇保值和外汇投机两种不同的行为。在金本位和固定汇率制下,外汇汇率基本上是平稳的,因而就不会形成外汇保值和投机的需要及可能。而在浮动汇率下,外汇市场的功能得到了进一步的发展,外汇市场的存在既为套期保值者提供了规避外汇风险的场所,又为投机者提供了承担风险、获取利润的机会。

④为规避外汇风险提供了条件。各国汇率经常变动,因此贸易主体常常面临汇率波动的风险。而在外汇市场存在的条件下,各贸易主体可以通过运用外汇市场的操作技术,如外汇掉期交易、外汇期货交易等减小或消除单一贸易体的汇率风险。

2.黄金市场

(1)认识黄金

黄金是一种贵重金属,是人类最早发现和开发利用的金属之一。它既是制作首饰和钱币的重要原料,又是国家的重要储备物资,素有"金属之王"之称。它不仅被视为美好和富有的象征,而且还以其特有的价值,造福于人类的生活。随着科学技术和现代工业的发展,黄金在宇宙航行、医学、电子学和其他工业部门日益发挥着重要的作用。黄金的用途越来越广,消耗量也越来越大,因而引起世界各国对黄金的格外关注。

随着社会的发展,黄金的经济地位和应用范围在不断地发生变化。它的货币职能在逐渐下降,在工业和高科技领域方面的应用正逐渐扩大。

(2)黄金市场的定义

黄金市场(Gold Market)是买卖双方集中进行黄金买卖的交易中心,提供即期和远期交易,允许交易商进行实物交易或者期权期货交易以进行投机或套期保值,是各国完整的金融市场体系的重要组成部分,在国际金融体系中发挥着重要的作用。黄金市场一般需按照有关的法律制度,经所在地政府的批准或认可才能设立和运行。目前世界上已有40多个黄金市场,其中最主要的黄金市场在伦敦、苏黎世、纽约、芝加哥和我国香港等地。

(3)黄金市场的参与者

国际黄金市场的参与者,可分为国际金商、银行、对冲基金、各种法人机构和个人投资者以及在黄金期货交易中有很大作用的经纪公司。

①国际金商。最典型的国际金商为伦敦黄金市场上的五大金行,其自身就是一个黄金交易商,由于其与世界上各大金矿和黄金商有广泛的联系,而且其下属的各个公司又与许多商店和黄金顾客联系,所以五大金商会根据自身掌握的情况,不断报出黄金的买价和卖价。当然,金商要承担金价波动的风险。

②银行。银行又可以分为两种,一种是仅仅为客户代行买卖和结算,本身并不参加黄金买卖的银行,以苏黎世的三大银行为代表,他们充当生产者和投资者之间的经纪人,在市场上起到中介作用;另一种是做自营业务的银行,如在新加坡黄金交易所就有多家自营商会员是银行。

③对冲基金。对冲基金往往在黄金投机交易中扮演着重要角色。在黄金市场上,几乎每次大的下跌都与基金公司借入短期黄金在即期黄金市场抛售和在纽约商品交易所及黄金期货交易所构筑大量的淡(空)仓有关。一些规模庞大的对冲基金利用与各国政治、工商业和金融界千丝万缕的联系,往往较先捕捉到经济基本面的变化,利用管理的庞大资金进行买空和卖空,从而加速黄金市场价格的变化并从中获利。

④各种法人机构和个人投资者。这里既包括专门出售黄金的公司,如各大金矿、黄金生产商、黄金制品商(如各种工业企业)、首饰行以及私人购金收藏者等,也包括专门从事黄金买卖的投资公司、个人投资者等。从对市场风险的喜好程度看,又可以分为避险者和冒险者。前者希望黄金保值而回避风险,希望将市场价格波动的风险降低到最低程度,如黄金生产商、黄金消费者等;后者则希望从价格涨跌中获得利益,因此愿意承担市场风险,如各种对冲基金等投资公司。

⑤经纪公司。经纪公司是专门从事代理非交易所会员进行黄金交易并收取佣金的经纪组织。有的交易所把经纪公司称为经纪行(Commission House)。在纽约、芝加哥、我国香港等黄金市场中,有很多经纪公司本身并不拥有黄金,只是派出场内代表在交易厅里为客户代理黄金买卖,收取客户的佣金。

(4)黄金市场的类型

黄金市场按照不同的分类标准可分为不同的类型。

①按黄金市场所起的作用和规模划分

按黄金市场所起的作用和规模划分，黄金市场可分为主导性市场和区域性市场。

主导性市场是指国际性的集中的黄金交易市场，其价格水准和交易量对其他市场都有很大影响。最重要的主导性市场有伦敦、苏黎世、纽约、芝加哥和我国香港的黄金市场。

区域性市场是指交易规模有限且集中在某地区而且对其他市场影响不大的市场，主要满足本国本地区或邻近国家的工业企业、首饰行、投资者及一般购买者对黄金交易的需要，其辐射力和影响力都相对有限。如东京、巴黎、法兰克福的黄金市场等。

②按交易类型和交易方式划分

按交易类型和交易方式划分，黄金市场可分为现货交易市场和期货交易市场。

黄金现货交易基本上都是即期交易，在成交后即交割或者在数天内交割。交易标的主要是金条、金锭、金币和珠宝首饰等。

黄金期货合约是买卖双方在交易所签订的在将来某一确定时间按成交时确定的价格购买或出售黄金的标准化协议，其成交价格是在交易所通过买卖双方的指令竞价形成的。其主要优点在于以少量的资金就可以掌握大量的期货，具有杠杆作用。期货合约可于任一营业日变现，具有流动性；也可随时买进和结算，具有较大弹性；还能在运用上选择不同的委托形式，在不同的市场之间进行套货，具有灵活性等。黄金交易的目的是套期保值、投机和套利。

世界上有的黄金市场只有现货交易，有的只有期货交易，但大多数黄金市场既有期货交易又有现货交易。

③按有无固定场所划分

按有无固定场所划分，黄金市场可分为无形黄金市场和有形黄金市场。

无形黄金市场主要指黄金交易没有专门的交易场所，如主要通过金商之间的联系网络形成的伦敦黄金市场，以银行为主买卖黄金的苏黎世黄金市场。

有形黄金市场主要指黄金交易是在某个固定的地方进行交易的市场。这其中又可以分为有专门独立的黄金交易场所的黄金市场和设在商品交易所之内的黄金市场，前者如我国香港金银业贸易市场、新加坡黄金交易所等；后者如设在纽约商品交易所（COMEX）内的纽约黄金市场，设在芝加哥商品交易所（IMM）内的芝加哥黄金市场以及加拿大的温尼伯商品交易所内的温尼伯黄金市场。

④按交易管制程度划分

按交易管制程度划分，黄金市场可分为自由交易市场、限制交易市场和国内交易市场。

自由交易市场是指黄金可以自由输出入，而且居民和非居民都可以自由买卖的黄金市场，如苏黎世黄金市场。

限制交易市场是指黄金输出入受到管制，只允许非居民而不允许居民自由买卖黄金的市场，这主要指实行外汇管制国家的黄金市场，如 1979 年 10 月，英国撤销全部外汇管制之前的伦敦黄金市场。

国内交易市场是指禁止黄金进出口，只允许居民而不允许非居民买卖黄金的市场，如巴黎黄金市场。

金融视野

世界黄金协会发布 2021 年下半年黄金市场展望——黄金的风险与机遇并存

近日,世界黄金协会发布了 2021 年下半年的黄金市场展望,该协会指出,经济扩张、市场风险、机会成本和势能是上半年驱动黄金价格上涨的四大关键因素。从中短期来看,利率可能仍将是金融资产的最重要驱动因素,对黄金而言也不例外。黄金价格的波动让很多投资者对黄金投资跃跃欲试,但下半年的黄金市场是在风险中创造机遇,想通过投资黄金获利之前,投资者需要对黄金价格未来一段时间的走势和黄金投资本身有足够的了解。

一直以来,全球许多投资者都将黄金视为最佳的抗通胀工具和重要的多元化投资工具。此前,世界黄金协会联合格林威治联营公司共同发布的调查报告显示,在针对机构投资者所进行的 477 份线上调查中,有 20% 的机构投资者已经持有黄金,有 40% 的非黄金机构投资者布局计划在未来 3 年内会投资黄金。

不仅机构和投资者在增加对黄金的配置需求,全球各大央行也纷纷增持黄金。经过 2020 年的离场张望,各国央行或将重燃购置黄金的兴趣。世界黄金协会的调查报告显示,有近五分之一的国家看好黄金在对抗风险中出色的表现,预计增持黄金储备。综合多方面因素来看,在未来很长一段时间内,黄金依旧是抵御通胀和其他金融风险的重要工具,仍将在投资组合中扮演着重要角色。

对于个人投资者来说,黄金价格虽然经常在短期内出现剧烈波动,甚至暴涨暴跌,但这不会改变黄金是长期资产配置的重要品种的事实,投资者可以选择合适的黄金资产,通过正规的交易平台,找到合适的时机进行黄金买卖操作,在价格波动中赚取收益。

在如今的黄金市场上,热门的黄金投资产品有很多,主要可以分为实物黄金、纸黄金以及电子盘交易的黄金等三类,其中实物黄金一般指的就是金条、金币和黄金首饰等,纸黄金是可通过银行交易的黄金产品,而电子盘交易的黄金最热门的有国际现货黄金,不同的黄金投资产品,交易规则、投资回报和交易风险都不同,投资者需要根据自身的风险偏好、投资习惯和回报预期等来选择适合的产品进行投资。

在黄金市场波动期间,相对来说,短期交易获利的机会要更多,因此支持超短期交易的现货黄金是很多投资者首选的黄金投资产品。但在现货黄金交易市场上,收益也是和风险并存的,投资者在入市之前,首先要为自己制订一个合理的交易计划,还要选择正规的交易平台,这样才能确保交易的安全性。

在交易平台的选择上,香港正规现货黄金交易平台是国内投资者的最佳选择,香港现有的现货黄金交易平台都持有香港金银业贸易场 AA 类、A1 类或 C 类行员牌照,其中 AA 类又是级别较高的行员。

总而言之,在下半年,黄金仍旧是最好的投资理财产品,在投资组合中加入黄金资产,不仅可以获得收益,还能分散投资风险,一举多得。但投资者也切记,市场有风险,入市需谨慎,理性投资才能稳定获利。

(资料来源:伦敦金投资平台-雪球,2021 年 7 月 15 日)

3.保险市场

(1)认识保险

"天有不测风云,人有旦夕祸福"。自然灾害和意外事故是人类生活中有可能发生、也有可能不发生的或有风险。保险就是转移风险、补偿损失的最佳手段。从形式上看,保险表现为互助保险、合作保险、商业保险和社会保险。无论何种形式的保险,就其自然属性而言,都可以将其概括为:保险是集合具有同类风险的众多单位和个人,以合理计算风险分担金的形式,向少数因该风险事故发生而受到经济损失的成员提供保险经济保障的一种行为。

通常,我们所说的保险是狭义的保险,即商业保险。《中华人民共和国保险法》明确规定:"本法所称保险,是指投保人根据合同约定,向保险人支付保险费,保险人对于合同约定的可能发生的事故因其发生所造成的财产损失承担赔偿保险金责任,或者当被保险人死亡、伤残、疾病或者达到合同约定的年龄、期限时承担给付保险金责任的商业保险行为。"

在保险合同中,保险人是指与投保人订立保险合同,并按照合同约定承担赔偿或者给付保险金责任的保险公司。投保人是指与保险人订立保险合同,并按照合同约定负有支付保险费义务的人。被保险人是指其财产或者人身受保险合同保障,享有保险金请求权的人。投保人可以为被保险人。受益人是指人身保险合同中由被保险人或者投保人指定的享有保险金请求权的人。投保人、被保险人可以为受益人。在投保人、被保险人与受益人不是同一人时,投保人指定受益人必须经被保险人同意,投保人变更受益人时,也必须经被保险人同意。投保人为与其有劳动关系的劳动者投保人身保险,不得指定被保险人及其近亲属以外的人为受益人。

(2)保险市场

最初的保险交换是保险供求双方在一定场所进行的,这时的保险市场即为保险商品交换的场所。后来,随着保险商品交换领域和范围的不断扩大,特别是保险中介的出现以及与现代通信手段密切结合的网络、电话营销的发展,使保险交换活动突破了时空限制,这时只要是完成保险商品交换活动并为交易双方所认可,就可以视为保险市场。因此保险市场是保险商品交换关系的总和,或是保险商品供给与需求关系的总和。它可以是集中的有形市场,也可以是分散的无形市场。

在保险市场上,交易的对象是保险人为消费者所面临的风险提供的各种保险保障。

①保险市场的构成

完整、规范、成熟的保险市场应由保险市场主体和保险市场中介组成。

保险市场的主体是指保险市场交易活动的参与者,包括保险市场的供给方和需求方以及充当供需双方媒介的中介方。保险市场就是由这些参与者缔结的各种交换关系的总和。

保险市场的供给方是指在保险市场上,提供各类保险商品,承担、分散和转移他人风险的各类保险人(保险公司)。通常他们必须是经过国家有关部门审查认可并获准专门经营保险业务的法人组织。

保险市场的需求方是指购买保险产品、接受保险服务的投保人。

保险市场的中介方包括为保险公司推销保险产品的保险代理人;为投保人选择、采购保险产品并提供全面风险管理服务的保险经纪人;从事保险标的的勘验、鉴定、估损及理算等业务的保险公估人。

保险市场的客体是指保险市场上供求双方具体交易的对象,这个交易对象就是各类保险商品。这是一种特殊形态的商品。保险商品形式是保险合同,保险合同实际是保险商品的载体;其内容是保险事故发生时提供经济保障的承诺。保险费率是保险商品的价格,它是被保险人为取得保险保障而由投保人向保险人支付的价金。

②保险市场的类型

按保险业务承保的程序不同可以分为原保险市场和再保险市场。原保险市场亦称直接业务市场,是保险人与投保人之间通过订立保险合同而直接建立保险关系的市场;再保险市场亦称分保市场,是原保险人将已经承保的直接业务通过再保险合同转分给再保险人的方式而形成保险关系的市场。

按照保险业务的性质不同可以分为人身保险市场和财产保险市场。人身保险市场是专门为社会公民提供各种人身保险商品的市场;财产保险市场是从事各种财产保险商品交易的市场。

按保险业务活动的空间不同可以分为国内业务市场和国际保险市场。国内业务市场是专门为本国境内提供各种保险商品的市场,按经营区域范围又可分为全国性保险市场和区域性保险市场;国际保险市场是国内保险人经营国外保险业务的保险市场。

按保险市场的竞争程度不同可以分为垄断型保险市场、自由竞争型保险市场和垄断竞争型保险市场。垄断型保险市场是由一家或几家保险人独占市场份额的保险市场,包括完全垄断型和寡头垄断型保险市场。自由竞争型保险市场是保险市场上存在数量众多的保险人、保险商品交易完全自由、价值规律和市场供求规律充分发挥作用的保险市场。垄断竞争型保险市场是大小保险公司在自由竞争中并存,少数大公司在保险市场中分别具有某种业务的局部垄断地位的保险市场。

③保险市场的功能

合理安排风险,维护社会稳定的功能。保险市场通过保险商品交易合理分散风险,提供经济补偿,在维护社会稳定方面发挥着积极的作用。

聚集、调节资金,优化资源配置的功能。保险资金收入和支出之间有一个时间差,保险市场通过保险交易对资金进行再分配,从而充分发挥资金的时间价值,为国民经济的发展提供动力。

实现均衡消费,提高人民生活水平的功能。保险市场为减轻居民消费的后顾之忧提供了便利,使之能够妥善安排生命期间的消费,提升人民生活的整体水平。

促进科技进步,推动社会发展的功能。保险市场运用科学的风险管理技术,为社会的高新技术风险提供保障,由此促进新技术的推广应用,加快科技现代化的发展进程。

问题思考

1. 金融市场有哪些分类和哪些交易主体?它的主要功能是什么?
2. 货币市场、资本市场都由哪些子市场构成?
3. 外汇市场、黄金市场和保险市场的功能分别是如何体现的?

任务二　利用金融市场处理金融业务

一、处理证券发行和流通

1.债券的发行和流通

（1）债券的发行

债券发行市场主要由发行者、投资者和委托承销机构组成。不管是国家、政府机构和金融机构，还是公司、企业和其他法人，只要具备发行资格，都可以通过发行债券来筹资。投资者主要有社会公众团体、企事业法人、证券经营机构、非营利性机构、外国企事业机构和个人。委托承销机构是代发行人办理债券发行和销售业务的中介人，主要有投资银行、证券公司、商业银行和信托投资公司等。

①债券的发行方式

按照发行对象的不同，债券的发行方式可以分为公募发行和私募发行两种。

公募发行又称公开发行，是由承销商组织承销团将债券销售给不特定的投资者。公募发行面对公众投资者，发行面广，投资者众多，筹集的资金量大，债权分散，不易被少数大债权人控制，发行后上市交易也很方便，流动性强，但公募发行的要求较高，手续复杂，需要承销商参与，发行时间长，费用较私募发行高。

私募发行又称定向发行或私下发行，即面向少数特定投资者发行。私募发行有时不需要承销商参与，由债券发行人与某些机构投资者（如人寿保险公司、养老基金、退休基金等）直接接触，洽谈发行条件和其他具体事务，属直接发行。有时候承销商也参与私募发行的操作，为债券发行人寻找投资者。私募发行手续简便、发行时间短、效率高，投资者往往已事先确定，不必担心发行失败，因而对债券发行者比较有利，但私募发行的债券流动性比较差，所以投资者一般要求其提供比公募债券更高的收益率。

债券发行按是否有金融中介机构参与出售的标准来看，有直接发行与间接发行之分，其中间接发行又包括代销、承购包销、招标发行和拍卖发行四种方式。

②债券的发行利率和发行价格

发行利率是债券票面规定支付的利率，是年付息额对票面金额的比率。发行利率应根据债券的期限、债券的信用评级、市场利率、债券利息的支付方式、有无可靠的抵押和担保及金融管理当局对利率的管制结构等因素决定。

发行价格是指在发行市场（一级市场）上，投资者在购买债券时实际支付的价格。

债券发行价格有平价发行、溢价发行和折价发行三种形式。平价发行，即债券发行价格与票面名义价值相同。溢价发行,即债券发行价格高于票面名义价值,债券票面利率高于市场利率的条件下才能采用这种方式发行。折价发行,即债券发行价格低于票面名义价值。债券票面利率低于市场利率的条件下会采用这种方式发行。

(2)债券的流通

①债券的交易程序

债券的交易分为场内、场外两大类,这两类债券交易的流程也各不相同。

场内债券交易也叫证券交易所交易,证券交易所是市场的核心,在证券交易所内部,其交易程序都要经证券交易所立法规定,其具体步骤明确而严格。债券的交易程序有五个步骤:开户、委托、成交、清算和交割、过户。

第一步:开户。债券投资者要进入证券交易所参与债券交易,首先必须选择一家可靠的证券经纪公司,并在该公司办理开户手续——订立开户合同,开立账户。

第二步:委托。投资者办理委托可以采取当面委托或电话委托两种方式。委托内容包括债券的种类、数量、价格等。

第三步:成交。证券经纪商在接受客户委托后,就要由其驻场人员在交易所内迅速执行委托,通过公开竞价,遵循价格优先、时间优先原则促使该种债券成交。

第四步:清算和交割。债券交易成立以后就必须进行券款的交付。经纪商于每日营业终了时,按债券类别与交易所记录核对无误后,就受托成交的同种债券买卖双方数额进行抵消,抵消后的差额与债券交易所办理清算交割手续。

第五步:过户。债券成交并办理了交割手续后,最后一道程序是完成债券的过户。过户是指将债券的所有权从一个所有者名下转移到另一个所有者名下。注销原债券持有者的证券账户上相同数量的该种债券,同时在其现金账户上增加与该笔交易价款相等的金额。对于债券的买方,则在其现金账户上减少价款,同时在其证券账户上增加债券的数量。

场外债券交易就是在证券交易所以外的证券公司柜台进行的债券交易。场外交易以自营买卖为主,也有少量的代理买卖。投资者与投资者、投资者与证券公司之间的交易可以直接通过协商议价的方式进行。

②债券的交易方式

债券现货交易是指交易双方以约定的品种、数量、价格转让债券所有权的交易行为。通过现货交易,投资者可以根据需要买入债券,或者将持有债券卖出。这种交易类型在银行间、交易所、商业银行柜台市场都得到了广泛运用。

普通投资者可以参加沪深交易所债券现货交易,投资者只要持有沪深交易所的证券账户或基金账户,即可进行债券买卖,其交易方式与股票类似。投资者只需注明买卖债券品种的代码、价格和数量,即可委托券商代为买卖。

债券回购交易是指债券买卖双方在成交的同时,就约定于未来某一时间以某一价格双方再进行反向交易的行为。在债券回购交易中,当债券持有者有短期的资金需求时,就可以将持有的债券作抵押或卖出而融进资金;反过来,资金供应者则因在相应的期间内让渡资金使用权得到一定的利息回报。回购协议的利率是交易双方根据回购期限、货币市场行情以及回购债券的质量等因素议定的,与债券本身的利率没有直接的关系,同时,由于债券回购的期限一般不超过一年,所以这种有条件的债券交易实际上是一种短期的融资行为。人们一般将资金的融入方称为正回购方,资金的融出方称为逆回购方。一笔回购交易涉及两次交易契约行为,即开始时的初始交易及回购期满时的回购交易。

债券期货交易是交易双方成交以后,交割和清算按照期货合约中规定的价格在未来某一特定时间进行的交易。

期权交易是一种选择权的交易,双方买卖的是一种权利,也就是交易双方按约定的价格,在约定的某一时间内或某一天,根据是否购买或出售某种债券,而预先达成契约的一种交易。期权交易又有买进期权、卖出期权和套做期权三种。

此外,从债券交易标价来看,债券交易方式主要有两种:一种是全价交易,另一种是净价交易。全价交易是指买卖债券时,以含有债券应计利息的价格报价,且按该全价价格进行清算交割;净价交易则是指买卖债券时,以不含有自然增长的票面利息的价格报价,即以债券的市场价格报价,但以全价价格作为最后结算交割价格。在净价交易的情况下,成交价格与债券的应计利息是分解的,价格随行就市,应计利息则根据票面利率按天计算。

过去,我国证券交易所国债交易采用全价交易。从2002年3月25日开始,根据财政部、中国人民银行和中国证券监督委员会《关于试行国债净价交易有关事宜的通知》,银行间、交易所市场和商业银行柜台市场的国债交易采用净价交易。

2. 股票的发行和流通

(1) 股票的发行

① 股票发行的类型

初次发行是指公司首次在发行市场上发行股票。初次发行一般都是发行人在满足必须具备的条件并依法报经国务院证券监督管理机构或者国务院授权的部门注册后,通过证券承销机构面向社会公众公开发行股票。通过初次发行,发行人不仅募集到了所需资金,而且完成了股份有限公司的设立或转制。

增资发行是指股份公司组建、上市后为达到增加资本金的目的而发行股票的行为。公司增资的方式有向社会公众发行股份(又称增发)、向现有股东配售股份(又称配股)、公司债券转换为公司股份等。

② 股票的发行方式

按照发行对象的不同,股票的发行方式可以分为公募发行和私募发行两种。按照发行是否有金融中介机构参与出售,可分为直接发行与间接发行。其中,间接发行又包括代销、承购包销、招标发行和拍卖发行四种方式,具体做法与债券发行相似。

我国现行的股票发行方式主要有:股票的上网定价发行;向二级市场投资者配售新股;对一般投资者上网发行和对机构投资者配售相结合。

③ 股票的发行价格

股票的发行价格是新发行股票有偿发售时投资者实际支付的价格,包括平价发行、溢价发行和折价发行。

平价发行又称面额发行,是以股票面额为发行价格发行股票。由于股票上市后的价格往往高于面额,以面额发行可以使认购者得到溢价收益,所以投资者一般比较愿意认购。平价发行的优点是发行人只需付给承销商手续费,便能实收发行股票总额的资本。

其缺点是发行人筹集的资金量较少,多在证券市场不发达国家和地区实行。

溢价发行指发行价格高于面额,高出部分为溢价,计入股份公司的资本公积。溢价发行可以使发行人筹集到较多的资金,同时也可以降低股票的发行成本。

折价发行指发行价格低于面额发行股票。这种发行方式很少使用,我国目前不允许折价发行。

在国际股票市场上,在确定一种新股票的发行价格时,一般要考虑其四个方面的数据资料:第一,要参考上市公司上市前最近三年来平均每股税后纯利润乘以已上市的类似的其他股票最近三年的平均利润率。这方面的数据占确定最终股票发行价格的四成。第二,要参考上市公司上市前最近四年来平均每股所获股息除以已上市的类似的其他股票最近三年的平均股息率。这方面的数据占确定最终股票发行价格的两成。第三,要参考上市公司上市前最近的每股资产净值。这方面的数据占确定最终股票发行价格的两成。第四,要参考上市公司当年预计的股利除以银行一年期的定期储蓄存款利率。这方面的数据也占确定最终股票发行价格的两成。

(2)股票的流通

①股票的上市条件

《证券法》第四十七条规定,申请证券上市交易,应当符合证券交易所上市规则规定的上市条件。证券交易所上市规则规定的上市条件,应当对发行人的经营年限、财务状况、最低公开发行比例和公司治理、诚信记录等提出要求。如深圳证券交易所规定股票上市要求如下:

a.股票经国务院证券管理部门批准已向社会公开发行;

b.发行前公司股本总额不少于人民币三千万元;

c.向社会公开发行的股份达公司股份总数的百分之二十五以上;公司股本总额超过人民币四亿元的,其向社会公开发行股份的比例为百分之十以上;

d.公司在最近三年内无重大违法行为,财务会计报告无虚假记载。

②股票的上市程序

a.申请。向证券交易所提出上市申请,并报送以下文件:上市报告书;申请股票上市的股东大会决议;公司章程;公司营业执照;经会计师事务所审计的公司近三年财务报告;证券交易所会员的推荐书;最近一次招股说明书;其他交易所要求的文件。

b.审核批准。上市申请经证券交易所审核同意后,由双方签订上市协议。

c.信息公告。公司在签订上市协议后应当在规定的期限内公告股票上市的有关文件,将该文件置于指定场所供公众查阅,并且公告《证券法》要求的其他文件。

d.上市交易。

③股票的交易程序

以个人买卖A股基本规程为例,股票的交易程序为:

a.开设证券账户和资金账户。证券账户可以视为投资者进入股票交易市场的通行证,只有拥有它,才能进场买卖证券。投资者委托买卖股票,须事先在证券经纪商处开立证券交易结算资金账户,资金账户用于投资者证券交易的资金清算,记录资金的币种、余额和变动情况。

b.委托买卖。所谓委托买卖,是指证券经纪商接受投资者委托,代理投资者买卖股票,从中收取佣金的交易行为。投资者发出委托指令的形式有柜台委托和非柜台委托两种。柜台委托是指委托人亲自或由其代理人到营业部交易柜台,根据委托程序和必需的证件采用书面方式表达委托意向,由本人填写委托单并签章的形式。非柜台委托主要有电话委托、传真委托或函电委托、自助委托、网上委托等形式。电话委托是指委托人通过电话方式表明委托意向,提出委托要求。投资者可通过普通的双音频电话,按照该系统发出的指示,借助电话机上的数字和符号键输入委托指令,以完成证券买卖的一种委托形式。传真委托或函电委托是指委托人填好委托内容后,将委托书采用传真或函电的形式表达委托意向,提出委托要求。采用此方式,投资者必须在证券经纪商处开设委托专户。自助委托是指委托人通过证券营业部设置的专用委托电脑终端,凭证券交易磁卡和交易密码进入电脑交易系统委托状态,自行将委托内容输入电脑系统,以完成证券交易的一种委托形式。网上委托是指证券经纪商的电脑交易系统与互联网联结,委托人利用任何可上网的电脑终端,通过互联网完成交易的委托形式。

c.委托受理。证券商受理委托主要包括审查、申报和输入三个基本环节。除此之外,还有两种方式:一是审查、申报、输入三个环节一气呵成,客户采用自动委托方式输入电脑,电脑进行审查确认后,直接进入沪深交易所内计算机主机;二是证券商接受委托审查后,直接进行电脑输入。

d.撮合成交。现代证券市场的运作以交易的自动化和股份结算与证券往来的无纸化为特征,电脑根据输入的信息进行竞价处理,按"价格优先,时间优先"的原则自动撮合成交。

e.清算与交割。清算是指证券买卖双方在证券交易所进行的证券买卖成交之后,通过证券交易所将证券商之间证券买卖的数量和金额分别予以抵消,计算应收、应付证券和应付股金的差额的一种程序。交割是指投资者与受托证券商就成交的买卖办理资金与股份清算业务的手续,深、沪两地交易均根据集中清算净额交收的原则办理。

f.过户。所谓过户,就是办理清算交割后,将原卖出证券的户名变更为买入证券的户名。对于记名证券来讲,只有办妥过户才标志着整个交易过程的完成,才表明过户者拥有完整的证券所有权。目前在深圳和上海两地的证券交易所上市的股票通常不需要股民亲自去办理过户手续。

二、处理证券市场的自营业务和经纪业务

1.证券自营业务

(1)证券自营业务概述

证券自营业务,简单地说,就是证券经营机构以自己的名义和资金买卖证券从而获取利润的证券业务。

证券经营机构的自营业务按业务场所一般分为两类,即场外(如柜台)自营买卖和场内(交易所)自营买卖。场外自营买卖是指证券经营机构通过柜台交易等方式,由客户和证券经营机构直接洽谈成交的证券交易;场内自营买卖是指证券经营机构在集中交易场所(如证券交易所)自营买卖证券。在我国,证券自营业务一般是指场内自营买卖业务。

国际上,对场内自营买卖业务的规定较为复杂,如在美国纽约证券交易所,其经营证券自营业务的从业者(既可以是机构也可以是个人)又分为交易厅自营商和自营经纪人。

前者只进行证券的自营买卖业务,而不办理委托业务;后者则在自营证券买卖业务的同时兼营代理买卖证券,但其代理的客户仅限于交易厅里的经纪人与自营商。自营经纪人自营证券的目的并不像自营商那样追求利润,而是为其所专业经营的几种证券维持连续市场、防止证券价格的暴跌与暴涨。

在我国,证券自营业务专指证券经营机构为自己买卖上市证券的行为。上市证券包括在证券交易所挂牌交易的 A 股、基金、认股权证、国债、企业债券等。

(2)我国证券自营业务的风险监控

①自营业务的风险

自营业务的风险主要有以下几种:

法律风险,主要是指证券公司在自营业务中违反法律法规和中国证券监督管理委员会(以下简称中国证监会)的有关规定,如从事内幕交易、操纵市场行为等,使证券公司受到法律制裁而导致损失的风险。

市场风险,主要是指因不可预见和不可控制的因素导致市场波动,造成证券公司自营亏损。这是证券公司自营业务面临的主要风险。所谓自营业务的风险性高也主要是指这种风险的特点。

经营风险,主要是指证券公司在自营业务中,由于投资决策或操作失误,管理不善或内控不严而使自营业务受到损失的风险。

②自营业务风险的监控

自营业务的规模及比例控制。由于证券自营业务的高风险特性,为了控制经营风险,中国证监会颁布的《证券公司风险控制指标管理办法》中做了如下规定:自营股票规模不得超过净资本的100%;证券自营业务规模不得超过净资本的200%;持有一种非债券类证券的成本不得超过净资本的30%;持有一种证券的市值占该类证券总市值的比例不得超过5%,但因包销导致的情形和中国证监会另有规定的除外;违反规定超比例自营的,在整改完成前应当将超比例部分按投资成本的100%计算风险准备。

上述"证券自营业务规模",是指证券公司持有的股票投资和证券投资基金(不包括货币市场基金)按成本价计算的总金额。

自营业务的内部控制。证券公司自营业务的内部控制主要是应加强自营业务资金、账户、清算、交易和保密等的管理,重点防范规模失控、决策失误、超越授权、变相自营、账外自营、操纵市场、内幕交易等的风险。

建立防火墙制度,确保自营业务与经纪、资产管理、投资银行等业务在机构、人员、信息、账户、资金、会计核算上严格分离。自营业务的研究策划、投资决策、投资操作、风险监控等机构和职能应当相互独立;自营业务的账户管理、资金清算、会计核算等的后台职能应当由独立的部门和岗位负责,以形成有效的自营业务前、中、后相互制衡的监督机制。

加强自营账户的集中管理和访问权限控制。自营账户应由独立于自营业务的部门统一管理,建立自营账户审批和稽核制度;采取措施防范变相自营、账外自营、借用账户等风险;防止自营业务与资产管理业务混合操作。

建立完善的投资决策和投资操作档案管理制度,确保投资过程事后可查证。加强电子交易数据的保存和备份管理,确保自营交易清算数据的安全、真实和完整,并确保自营部门和会计核算部门对自营浮动盈亏进行恰当的记录和报告。自营部门应建立交易操作记录制度并设置交易台账,详细记录每日交易情况,并定期与财会部门对账。

证券公司应建立独立的实时监控系统。风险监控部门应能够正常履行职责,并能从前、中、后台获取自营业务运作信息与数据,对证券持仓、盈亏状况、风险状况和交易活动进行有效监控。建立自营业务的逐日盯市制度,健全自营业务风险敞口和公司整体损益情况的联动分析与监控机制,完善风险监控量化指标体系;定期对自营业务投资组合的市值变化及其对公司以净资本为核心的风险监控指标的潜在影响进行敏感性分析和压力测试;定期或不定期地对自营业务进行检查或稽核,确保自营业务各项风险指标符合监管指标的要求并控制在证券公司的可承受范围之内。建立健全自营业务风险监控系统的功能,根据法律法规和监管要求,在监控系统中设置相应的风险监控阈值,通过系统的预警触发装置自动显示自营业务风险的动态变化,提高动态监控效率。

通过建立实时监控系统全方位地监控自营业务的风险,建立有效的风险监控报告机制。定期向董事会和投资决策机构提供风险监控报告,并将有关情况通报自营业务部门、合规部门等相关部门。发现业务运作或风险监控指标值存在风险隐患或不合规时,要立即向董事会和投资决策机构报告并提出处理建议。董事会和投资决策机构及自营业务相关部门应对风险监控部门的监控报告和处理建议及时予以反馈,报告与反馈过程要进行书面记录。证券公司应根据自身实际情况,积极借鉴先进的风险管理经验,引进和开发有效的风险管理工具,逐步建立完善的风险识别、测量和监控程序,使风险监控走向科学化。

建立健全自营业务风险监控缺陷的纠正与处理机制。由风险监控部门根据自营业务风险监控的检查情况和评估结果,提出整改意见和纠正措施,并对落实情况进行跟踪检查。

建立完备的业绩考核和激励制度。完善风险调整基础上的绩效考核机制,遵循客观、公正、可量化原则,对自营业务人员的投资能力、业绩水平等情况进行评价。

稽核部门定期对自营业务的合规运作、盈亏、风险监控等情况进行全面稽核,出具稽核报告。

加强自营业务人员的职业道德和诚信教育,强化自营业务人员的保密意识、合规操作意识和风险控制意识。自营业务关键岗位人员离任前,应当由稽核部门进行审计。

③证券自营业务信息报告

建立健全自营业务内部报告制度。报告内容包括但不限于:投资决策执行情况、自营资产质量、自营盈亏情况、风险监控情况和其他重大事项等。董事和有关高级管理人员应当对自营业务内部报告进行阅签和反馈等。

建立健全自营业务信息报告制度,自觉接受外部监督。证券公司应当按照监管部门和证券交易所的要求报送自营业务信息。报告的内容包括:自营业务账户、席位情况;涉及自营业务规模、风险限额、资产配置、业务授权等方面的重大决策;自营风险监控报告;其他需要报告的事项。

明确自营业务信息报告的负责部门、报告流程和责任人。对报告信息存在虚假记载、误导性陈述或重大遗漏负有直接责任和领导责任的人员要给予相应的处理,并及时向监管部门报告。

金融视野

自营业务成券商最大收入来源

在开展自营业务时,大券商在投研力量、资金量等方面更具优势,中小券商可以基于自身投研力量较强的领域进行突破。

随着2020年年报陆续披露,上市券商自营投资收益浮出水面。

《国际金融报》记者梳理年报数据获悉,2020年券商业绩同比大增,这得益于经纪、自营、投行等业务的支撑。绝大多数券商去年自营投资收入同比增长,自营业务成为券商的第一收入来源。

已经公布年报的34家券商中,12家券商2020年自营收入超过50亿元,多家头部券商自营收入较2019年同比增长两位数。自营收入占全年营收比重超过40%的券商共计8家,超过50%的共计5家。

头部券商盈利靠前。中信证券、国泰君安、海通证券、华泰证券、广发证券归母净利润超百亿元,同比增长率约为24%,中信建投、中金公司增长超过70%;而中小券商业绩弹性相对较大,光大证券增幅近311%,兴业证券同比增长约127%,西部证券、华林证券增幅均超过80%。

从34家上市券商自营收入总额来看,2020年达1 634.87亿元,平均自营收入为48.08亿元。对比这34家券商在2019年和2018年的自营收入,总收入分别为1 334.07亿元、676.28亿元,平均自营收入分别为39.23亿元、19.89亿元,实现同比持续增长。

国泰君安非银金融分析师统计分析得出,2020年业绩增长的本质原因是牛市背景下客户投资需求旺盛,经纪业务和金融资产扩张带来的投资收益提升是收入增长主因。就机构客户投资来看,需求提升带动券商场外衍生品业务快速发展,年末场外衍生品存续名义本金同比增长105.3%,驱动金融资产扩张。

海通证券研究报告指出,2020年自营业务全线增长,权益市场表现较好,固收市场具备结构性机会,投资净收益同比增长18%。券商权益、债券类投资双双增配,统计的25家上市券商自营持仓规模合计2.7万亿元,同比增长20%;其中债券类2.4万亿元,同比增长19%,规模占比为87%;权益类3 597亿元,同比增长28%,规模占比为13%。

(资料来源:东方财富网,2021年4月19日)

2.证券经纪业务

(1)证券经纪业务概述

证券经纪业务是指证券公司接受客户委托,按照客户要求代理客户买卖证券并提供相关服务,证券公司收取佣金作为报酬的证券中介业务。从事证券经纪业务的证券公司,又称为证券经纪商,其作用是充当证券买方或者卖方的经纪人,按照客户的要求,迅速执行指令完成交易,代办相关手续,并提供及时、准确的信息和咨询服务。目前,我国具有法人资格的证券经纪商是指在证券交易中代理买卖证券、从事经纪业务的证券公司。

目前,世界各国都是根据本国证券交易制度的特点,对证券经纪业务做出限定和分类。

如纽约证券交易所将经纪业务分为五类,专门有五种经纪人办理:佣金经纪人,专门代理客户买卖证券收取佣金;二元经纪人,接受佣金经纪人的委托买卖证券;专业经纪人,专门买卖证券交易所某一柜台的一种或几种证券;零股经纪人,专门办理1股至99股之间的证券交易;债券经纪人,在债券交易厅中代理客户买卖债券从中收取佣金。伦敦证券交易所将经纪业务分为两类,由两种经纪人来完成:证券经纪商,纯粹代理客户买卖证券,从中收取佣金,本身不买卖证券;证券买卖商,主要为自己买卖证券以获取利润,有时也代理客户买卖证券收取佣金,证券买卖商必须严格区分自营买卖与代理买卖,且须向客户说明。

证券经纪业务分为柜台代理买卖证券业务和通过证券交易所代理买卖证券业务。目前,我国公开发行并上市的股票、公司债券及其他证券的交易,在证券交易所以公开的集中交易方式进行。由于集中交易方式的特殊性、交易规则的严密性和操作程序的复杂性,广大投资者不能直接进入证券交易所买卖证券,只能委托经批准并具备一定条件的证券公司代理买卖完成证券交易。从上海、深圳的两个证券交易所的实际运作情况看,我国证券经纪业务可分为两类:第一类是A股、权证、封闭式基金及债券代理买卖业务,所有证券经营机构依法设立的证券营业部都可以经营此项业务;第二类是B股代理买卖业务,由B股特许证券商代理。B股特许证券商又分为境内B股特许证券商和境外B股特许证券商。境内B股特许证券商代理B股买卖业务,可以在其已开通交易的A股席位上进行;境外B股特许证券商可通过其拥有的B股特别席位完成代理买卖业务,也可以委托境内B股特许证券商完成代理买卖业务。

我国证券公司从事证券经纪业务主要通过证券公司设立的证券营业网点进行,通过证券公司的证券营业部、证券服务部等分支机构接受客户委托买卖证券。近年来,随着我国证券市场的快速发展,证券经纪业务的竞争日趋激烈,证券公司开始尝试以营业网点为基础推行经纪人制度。除传统的证券营业部、证券服务部内的柜台人员以外,出现了证券经纪人,专门从事客户开发、为客户提供投资咨询服务等业务。

(2)我国证券经纪业务的管理

证券公司从事证券经纪业务应当遵守下列规定:

①未经批准,不得为客户提供融资融券服务。

②不得接受客户的全权委托而决定证券买卖、选择证券种类、决定买卖数量或者买卖价格。

③不得以任何方式对客户证券买卖的收益或者赔偿证券买卖的损失做出承诺。

④应当妥善保存客户开户资料、委托记录、交易记录以及与内部管理、业务经营有关的各项资料,任何人不得隐匿、伪造、篡改或者毁损。上述资料的保存期不得少于20年。

⑤应当置备统一制定的证券买卖委托书,供委托人使用。采取其他委托方式的,必须做出委托记录。客户的证券买卖委托,不论是否成交,其委托记录应当按照规定的期限保存于证券公司。证券公司接受证券买卖的委托,应当根据委托书载明的证券名称、买卖数量、出价方式、价格幅度等,按照交易规则代理买卖证券,如实进行交易记录。买卖成交后,应当按照规定制作买卖成交报告单交付客户。证券交易中确认交易行为及其交易结果的对账单必须真实,并由交易经办人员以外的审核人员逐笔审核,保证账面证券余额与实际持有的证券相一致。

⑥证券公司及其从业人员不得在未经其依法设立的营业场所私下接受客户委托买卖证券。

⑦禁止证券公司及其从业人员从事下列损害客户利益的欺诈行为：违背客户的委托为其买卖证券；不在规定时间内向客户提供交易的书面确认文件；挪用客户所委托买卖的证券或者客户账户上的资金；未经客户的委托，擅自为客户买卖证券，或者假借客户的名义买卖证券；为牟取佣金收入，诱使客户进行不必要的证券买卖；利用传播媒介或者通过其他方式提供、传播虚假或者误导投资者的信息；其他违背客户真实意思表示、损害客户利益的行为。欺诈客户行为给客户造成损失的，行为人应当依法承担赔偿责任。

金融视野

飞乐音响：证券虚假陈述案再宣判 已计提1.81亿元预计负债

飞乐音响证券虚假陈述纠纷案件一直引发部分投资者关注。近期，飞乐音响发布相关公告，再度对公司所涉的证券虚假陈述责任纠纷相关进展做出披露。飞乐音响证券于近日收到上海金融法院发来的民事诉讼的《民事裁定书》《民事判决书》及相关法律文书，上海金融法院裁定飞乐音响证券向投资者赔偿各项损失合计867.00万元，判决飞乐音响证券向投资者赔偿各项损失合计4 756.26万元，裁决金额合计5 623.26万元。

历史公告显示，原告投资者诉飞乐音响证券虚假陈述责任纠纷案件的主要事实与理由，是飞乐音响证券于2019年11月1日收到的中国证监会上海监管局《行政处罚决定书》，证监会上海监管局认定公司存在违法事实。据此前发布的历史公告，飞乐音响证券在2017年参与的"智慧沿河""智慧台江"项目中，项目确认收入不符合条件，导致飞乐音响证券2017年半年度报告合并财务报表虚增营业收入18 018万元，虚增利润总额3 784万元；导致2017年第三季度报告合并财务报表虚增营业收入72 072万元，虚增利润总额15 135万元；导致2017年半年度、第三季度业绩预增公告不准确。根据相关司法解释，在2017年8月26日至2018年4月12日期间买入飞乐音响证券，并在2018年4月13日后卖出或仍持有并曾产生一定浮亏（无论是否解套）的投资者可通过法律途径进行维权。

飞乐音响证券虚假陈述责任纠纷此前已有判决先例。2021年5月11日，上海金融法院通过公开宣判方式对原告丁某等315名投资者与飞乐音响证券虚假陈述责任纠纷一案做出一审判决，判决飞乐音响证券支付赔偿款及受理费合计12 583.37万元。2021年5月25日，因不服上述一审判决，飞乐音响证券向上海市高院提出上诉。2021年9月29日，上海市高级人民法院通过公开宣判方式对原告丁某等315名投资者与飞乐音响证券虚假陈述责任纠纷一案做出终审判决，驳回飞乐音响证券上诉，维持原判。截至目前，法院已裁决飞乐音响证券支付赔偿款及受理费共计18 206.63万元。飞乐音响证券基于谨慎性原则已于2020年度对证券虚假陈述责任纠纷案计提了1.81亿元预计负债。

公开信息显示，飞乐音响证券创立于1984年11月18日，是中国第一家股份制上市公司。此前，由于2018年、2019年连续两年亏损，且2019年度经审计的期末资产为负值，飞乐音响证券于2020年5月6日起被实施退市风险警示，股票简称曾变更为"＊ST飞乐"。随着于2020年度扭亏为盈，飞乐音响证券自2021年4月16日起撤销退市风险警示。

有市场分析人士表示，飞乐音响证券虽然成功"摘帽"，但公司被众多投资者集体维权，后续的持续发展仍值得关注。

（资料来源：证券市场红周刊，红兵，2022年01月05日）

请思考

1.飞乐音响证券为什么会被判高额赔款？
2.证券虚假陈述对飞乐音响证券造成了哪些影响？

三、处理外汇、黄金和保险市场的交易业务

1. 外汇市场的交易

在外汇市场上，外汇作为一种商品可以自由买卖，相应形成价格，即外汇汇价或外汇汇率。它直接受外汇市场上的供求状况的制约，经常出现波动。（外汇及汇率的具体内容见"项目六　认知国际金融"部分）

（1）外汇市场交易层次

外汇市场按其结构可分为三个层次：

①客户与银行间的交易。客户（如进出口商）出于各种各样的动机，需要进行外汇买卖。非投机性外汇买卖常常是与国际结算相联系，故主要是本币与外汇之间的相互买卖。银行在与客户的外汇交易中，一方面从客户手中买入外汇，另一方面又将外汇卖给客户。银行实际上是在外汇的供求者之间扮演中间人的角色，赚取外汇买卖的差价。客户与银行间的交易量取决于客户的外汇供求状况。

②银行同业间的交易。银行在为顾客提供外汇买卖的中介服务中，难免会在营业日内出现各种外汇头寸的"多头"（Long Position）或"空头"（Short Position）敞口。为了避免汇率变动的风险，银行就需要借助同业间的交易及时进行外汇头寸调拨，抛出多头，补进空头，最终轧平各币种的头寸。同时银行还出于投机、套利、套汇等目的在同业市场进行外汇交易。因此银行同业间的外汇交易构成了外汇交易的主体，占外汇交易总额的90%以上。狭义的外汇市场常常指银行同业交易市场，或称外汇批发市场，所交易的货币大多是不同类型的外币。

银行同业市场汇集了外汇市场主要的供求流量，由此决定着外汇汇率的高低。外汇"造市商"是指外汇市场上若干实力雄厚的大银行，他们在报出某种货币的买卖价时，承担着随时以这些价格买进和卖出一定数量该种货币的义务，并营造出市场的流动性。

③银行与中央银行间的交易。中央银行干预外汇市场所进行的交易是在它与外汇银行之间进行的。国际短期资金的大量流动往往会导致外汇供求失衡，从而引起汇率的暴

涨或暴跌。为稳定汇率,中央银行将在外汇市场上买进或抛出汇价过分涨跌的货币进行干预,从而使外汇市场由自发供求关系所决定的汇率相对地稳定在某一期望的水平上。

(2)外汇市场的交易方式

①即期外汇交易。即期外汇交易就是通常所说的现汇买卖,是指双方以当时的外汇价格成交,并且在成交后两个营业日内办理货币收付交割。

②远期外汇交易。远期外汇交易就是通常所说的期汇买卖,是指双方先签订外汇交易合同,规定成交数量、汇率、未来具体交割外汇的时间,但需要到规定的交割日期才能按照合同规定办理货币收付。

人们进行期汇交易的具体目的是多方面的,但归纳起来不外乎是为了套期保值和投机。套期保值是指卖出或买入金额相当于一笔外币资产或负债的外汇,使这笔外币资产或负债以本币表示的价值避免遭受汇率变动的影响;而投机是指根据对汇率变动的预期,有意持有外汇的多头或空头,希望利用汇率变动来从中赚取利润。

③择期外汇交易。择期外汇交易是指客户可以在约定的未来某一段时间内的任何一个工作日,按约定的汇率进行交割的外汇买卖业务,它是一种可选择交割日的远期外汇买卖。择期外汇交易为客户的资金安排提供了较大的灵活性。

④掉期外汇交易。掉期外汇交易是指同时买入和卖出同一金额的某种外汇,但买入和卖出的交割时间不同。掉期外汇交易实际上由两笔外汇交易组成,一笔为即期外汇交易,另一笔为远期外汇交易。这两笔交易金额相同,货币相同,但买卖方向相反,其目的也在于规避汇率变动的风险。

⑤外汇期货交易。外汇期货交易是指买卖双方在期货交易所以公开喊价方式成交后,承诺在将来某一特定日期,以当前所约定的价格交付某种特定标准数量的外币,即买卖双方以约定的数量、价格和交割日签订的一种合约。外汇期货交易目前主要被企业和金融机构用于外币的套期保值,以避免未来外汇资金流入或流出遭受汇率不利变动所造成的影响。

⑥外汇期权交易。期权是一种选择权,是指在未来一定时期可以买卖的权利,是买方向卖方支付一定数量的金额(指权利金)后拥有的在未来一段时间内(指美式期权)或未来某一特定日期(指欧式期权)以事先规定好的价格(指履约价格)向卖方购买(指看涨期权)或出售(指看跌期权)一定数量的特定标的物(指实物商品、证券或期货合约)的权利,但不负有必须买进或卖出的义务。期权交易实际上就是这种权利的交易。买方有执行的权利,也有不执行的权利,完全可以灵活选择。外汇期权交易是指交易双方在规定的期间按商定的条件和一定的汇率,就将来是否购买或出售某种外汇的选择权而进行买卖的交易。外汇期权对于买方而言,其主要作用是通过购买期权增强交易的灵活性,即可以有权选择有利于自己的汇率进行外汇买卖,消除汇率变动带来的损失,谋取汇率变动带来的收益。

2. 黄金市场的交易

(1)黄金市场的价格决定

①黄金的成色

黄金及其制品的纯度叫作"成"或者"成色"。黄金按性质分,可分为"生金"和"熟金"两大类。生金又叫"原金""天然金""荒金",是人们从矿山或河床边开采出来、未经提炼的黄金。凡经过提炼的黄金称为"熟金"。熟金中因加入其他元素而使黄金在色泽上出现变化,人们通常把加入了金属银而没有其他金属的熟金称为"清色金",而把掺入了银和其他金属的熟金称为"混色金"。

黄金纯度的表示方法有以下几种。

a.用"K金"表示。K金是混色金成色的一种表示方式,国家标准GB 11887—2012规定,每开(英文carat、德文karat的缩写,常写作"K")含金量为4.166％。黄金按K金成色高低可以表示为24 K、22 K、20 K和18 K等,24 K金常被认为是纯金,但实际含金量约为99.99％。

b.用文字表示。有的金首饰上打有文字标记,其规定为:足金——含金量不小于990‰;千足金——含金量不小于999‰。

c.用含量百分比表示。通常是将黄金按质量分成1 000份的表示法,如金件上标注"9999"的含金量为99.99％,而标注"586"的含金量为58.6％。

d.用阿拉伯数字表示。如"99"表示足金,"999"表示千足金。

我国对黄金制品印记和标志牌有规定,一般要求有生产企业代号、材料名称、含量印记等,无印记为不合格产品,国际上一般也是如此,但对于一些特别细小的制品也允许不打标记。

②黄金的计量单位

由于各国黄金市场交易的习惯、规则以及所在地计量单位等不同,世界各国黄金交易的计量单位也有所不同。国际黄金市场上比较常用的黄金交易的计量单位主要有以下几种:

金衡盎司。在欧美黄金市场上交易的黄金,其使用的黄金交易计量单位是金衡盎司,它与欧美日常使用的度量衡单位常衡盎司是有区别的。金衡盎司是专用于黄金等贵金属商品的交易计量单位,其折算公式为

$$1\text{ 金衡盎司}=1.097\ 142\ 8\text{ 常衡盎司}=31.103\ 476\ 8\text{ 克}$$

$$1\text{ 常衡盎司}=28.349\ 5\text{ 克}$$

司马两。司马两是目前中国香港黄金市场上常用的交易计量单位,其折算公式为

$$1\text{ 司马两}=1.203\ 354\text{ 金衡盎司}=37.428\ 497\ 91\text{ 克}$$

折合杆秤制的折算公式为

$$1\text{ 司马两}=1.197\ 713\text{ 两}(16\text{ 两制})$$

折合市制的折算公式为

$$1\text{ 司马两}=0.748\ 57\text{ 两}(10\text{ 两制})$$

市制单位。市制单位是我国黄金市场上常用的一种计量单位,主要有斤和两两种,其折算公式为

$$1\text{ 两}=1.607\ 536\text{ 金衡盎司}=50\text{ 克}$$

日本两。日本两是日本黄金市场上使用的交易计量单位,其折算公式为

$$1\text{ 日本两}=0.120\ 57\text{ 金衡盎司}=3.75\text{ 克}$$

托拉。托拉是一种比较特殊的黄金交易计量单位,主要用于南亚地区的新德里、卡拉

奇、孟买等黄金市场上，其折算公式为

$$1\text{托拉}=0.375\text{金衡盎司}=11.663\ 8\text{克}$$

③黄金价格

目前世界上黄金价格主要有市场价格、生产价格和准官方价格三种类型。其他各类黄金价格均由此派生。

市场价格包括现货和期货价格。这两种价格既有联系，又有区别。这两种价格都受供需状况等各种因素的制约和干扰，价格变化大而且价格确定机制十分复杂。一般来说，现货价格和期货价格所受的影响因素类似，因此两者的变化方向和幅度基本上是一致的。但由于市场走势的收敛性，黄金的基差（黄金的现货价格与期货价格之差）会随期货交割期的临近而不断减小，到了交割期，期货价格和交易的现货价格大致相等。从理论上来说，期货价格应稳定地反映现货价格加上特定交割期的持有成本。因此，黄金的期货价格应高于现货价格，远期的期货价格应高于近期的期货价格，基差为负。

生产价格是根据生产成本建立一个固定在市场价格上面的明显稳定的价格基础，它反映了黄金的内在价值，随着技术的进步，找矿、开采、提炼等费用一直在降低，黄金开采成本呈下降趋势。

准官方价格是被中央银行用作与官方黄金进行有关活动而采用的一种价格。在准官方价格中，又分为抵押价格和记账价格。

④影响黄金价格的主要因素

20世纪70年代以前，黄金价格基本由各国政府或中央银行决定，国际上黄金价格比较稳定。20世纪70年代初期，黄金价格不再与美元直接挂钩，黄金价格逐渐市场化，影响黄金价格变动的因素日益增多，具体来说，可以分为以下几个方面：

a.供给因素

供给因素包括经常性供给、偶发性供给和调节性供给三个方面。经常性供给同产金国的生产能力、产量及生产成本有直接关系，这类供给是稳定的、经常性的。偶发性供给是被外界因素刺激而导致的供给。调节性供给是一种阶段性不规则的供给，主要是中央银行为改善本国国际收支或为抑制国际金价而在国际黄金市场上抛售黄金导致的供给。

b.需求因素

一是黄金实际需求量（首饰业、工业等）的变化。一般来说，世界经济的发展速度决定了黄金的总需求，例如在微电子领域，越来越多地采用黄金作为保护层；在医学以及建筑装饰等领域，尽管科技的进步使得黄金替代品不断出现，但黄金以其特殊的金属性质使其需求量仍呈上升趋势。

二是保值的需要。黄金储备一向被央行用作防范国内通胀、调节市场的重要手段。而对于普通投资者，投资黄金主要是为在通货膨胀的情况下达到保值的目的。在经济不景气的态势下，由于黄金相对于货币资产比较保险，导致对黄金的需求上升，金价也随之上涨。例如，1987年因为美元贬值，美国赤字增加，又加上中东形势不稳等因素促使国际金价大幅上升。

三是投机性需求。投机者根据国际国内形势，利用黄金市场上的金价波动，加上黄金期货市场的交易体制,大量"沽空"或"补进"黄金,人为地制造黄金需求假象。在黄金市场上,几乎每次大的下跌都与对冲基金公司借入短期黄金在即期黄金市场抛售和在黄金期货交易所构筑大量的空仓有关。

c.其他因素

一是美元汇率影响。美元汇率也是影响金价波动的重要因素之一。一般在黄金市场上有美元涨则金价跌,美元降则金价扬的规律。美元坚挺一般代表美国国内经济形势良好,美国国内股票和债券得到投资人竞相追捧,黄金作为价值贮藏手段的功能受到削弱;而美元汇率下降则往往与通货膨胀、股市低迷等有关,黄金的保值功能又可再次体现。

二是各国的货币政策与国际黄金价格密切相关。当某国采取宽松的货币政策时,由于利率下降,该国的货币供给增加,加大了通货膨胀的可能,会造成黄金价格的上升。

三是通货膨胀对金价的影响。对此要做长期和短期分析,并要结合通货膨胀在短期内的程度而定。从长期来看,每年的通胀率若是在正常范围内变化,那么其对金价的波动影响并不大;只有在短期内物价大幅上升,引起人们恐慌,货币的单位购买力下降,金价才会明显上升。但从长期看,黄金仍不失为应对通货膨胀的重要选择。

四是国际贸易、财政、外债赤字对金价的影响。债务,这一世界性问题已不仅是发展中国家特有的现象。在债务链中,债务国无法偿债会导致经济停滞,而经济停滞又进一步恶化债务的恶性循环,同时债权国也会因与债务国的关系破裂,面临金融崩溃的危险。这时,各国都会为维持本国经济不受伤害而大量储备黄金,引起市场黄金价格上涨。

五是国际政局动荡、战争等的影响。国际上重大的政治、战争事件都将影响金价。政府为战争或为维持国内经济的平稳而支付费用,大量投资者转向黄金保值投资,这些都会扩大对黄金的需求,刺激金价上扬。

六是股市行情对金价的影响。一般来说股市下挫,金价上升。这主要体现了投资者对经济发展前景的预期,如果大家普遍对经济前景看好,则资金大量流向股市,股市投资较热,金价则会有所下降。

除了上述影响金价的因素外,国际金融组织的干预活动以及本国和地区的中央金融机构的政策法规,也将对黄金价格的变动产生重大的影响。

(2)黄金市场的交易品种

进行黄金交易的有世界各国的公司、银行、私人以及各国官方机构。黄金交易的去向主要是工业用金、私人贮藏、官方储备、投机商牟利等。黄金买卖大部分是现货交易,20世纪70年代以后黄金期货交易发展比较迅速。

①实金交易

实金买卖包括金条、金币和金饰等交易,以持有黄金作为投资。可以肯定的是其投资额较高,实质回报率虽与其他方法相同,但涉及的金额一定会较低(因为投资的资金不会发挥杠杆效应),而且只可以在金价上升之时才可以获利。

②标准化的场内衍生产品

黄金期货,即标准化合约的交易,也就是签订合约的双方约定在未来某一天,以约定的价格和数量买入或卖出黄金。

黄金期权,又称"选择权",指在确定的日期或该日期之前,持有人所享有的依照事先约定的价格买入或卖出标的物的权利,而不是义务。

黄金 ETF,即交易所交易黄金基金,是以现货黄金为基础资产的衍生投资工具,可以在证券交易所内交易。

③非标准化的场外衍生产品

纸黄金,指黄金的纸上交易,投资者的买卖交易只记录在个人预先开立的"黄金存折账户"上体现,而不涉及实物黄金的提取。营利模式即通过低买高卖以获取差价利润。相对于实物黄金,其交易更为方便快捷。

黄金投资基金,指专门从事黄金实物和相关权益凭证的投资基金。

黄金远期类产品,包括黄金远期、黄金掉期(互换)、远期利率协议等。

伦敦金,是指伦敦黄金市场一种独特的场外交易模式,是以现货交易为基础,具有杠杆机制的延迟交割品种。

④结构化产品

结构化产品是由全球最大的金商和投资银行提供的黄金关联债券和结构化票据。

3.保险产品的分类

保险市场的交易对象是保险人为消费者提供的保险保障,即各类保险商品。按照保险标的不同,可以将保险分为财产保险、人身保险等。财产保险是指以财产及其相关利益为保险标的的保险,当投保人财产或者相关利益发生损失时,保险人应依照合同规定承担赔付责任。广义的财产保险分为财产损失保险、责任保险、信用保证保险。狭义的财产保险是以有形的物质及其相关利益为保险标的的一种保险,主要包括火灾保险、海上保险、汽车保险、航空保险、工程保险、利润损失保险、农业保险等。狭义的财产保险专指以物质财富或其相关利益作为保险标的的保险。本章涉及的财产保险主要是狭义财产保险。人身保险是以人的寿命和身体为保险标的的保险,包括人寿保险、意外伤害保险和健康保险等。

(1)财产保险

①企业财产保险

企业财产保险是一切工商、建筑、交通运输、饮食服务行业、国家机关、社会团体等对因火灾及保险单中列明的各种自然灾害和意外事故引起的保险标的的直接损失、从属或后果损失以及与之相关联的费用损失提供经济补偿的财产保险。

企业财产保险是我国财产保险的主要险种,目前常用的主要有财产基本险和综合险两大类,主要承保那些可用会计科目来反映,又可用企业财产项目类别来反映的财产,如固定资产、流动资产、账外资产、房屋、建筑物、机器设备、材料和商品物资等。财产基本险和综合险的主要区别在于综合险的保险责任比基本险的范围要广一些。

②家庭财产保险

家庭财产保险简称家财险,是个人和家庭投保的最主要的险种。凡存放、坐落在保险单列明的地址,属于被保险人自有的家庭财产,都可以向保险人投保家庭财产保险。家庭财产保险为居民或家庭遭受的财产损失提供及时的经济补偿,有利于安定居民生活、保障社会稳定。我国目前开办的家庭财产保险主要有普通家庭财产保险和家庭财产两全保险。

③机动车辆保险

机动车辆保险是我国广泛开展的一项险种,是以汽车、电车、电瓶车、摩托车、拖拉机等机动车辆作为保险标的的一种保险。机动车辆保险具体可分商业险和交强险。商业险又包括车辆主险和附加险两个部分。

车辆主险包括车辆损失险、第三者责任险、车上人员责任险、全车盗抢险。车辆损失险是指承保被保险车辆遭受保险范围内的自然灾害或意外事故,造成保险车辆本身损失,保险人依照保险合同的规定给予赔偿的一种保险。第三者责任险是指对被保险人或其允许的合格驾驶人员在使用保险车辆过程中发生意外事故,致使第三者遭受人身伤亡或财产损坏,依法应由被保险人支付的金额,也由保险公司负责赔偿。车上人员责任险是指保险车辆发生意外事故(不是行为人出于故意,而是由于行为人不可预见的以及不可抗拒的因素造成的人员伤亡或财产损失的突发事件),导致车上的司机或乘客人员伤亡造成的费用损失,以及为减少损失而支付的必要合理的施救、保护费用,由保险公司承担赔偿责任。全车盗抢险包括三种情况:一是在全车被盗窃、抢劫、抢夺的被保险机动车(含投保的挂车),需经县级以上公安刑侦部门立案侦查,证实满60天未查明下落;二是被保险机动车全车被盗窃、抢劫、抢夺后,受到损坏或因此造成车上零部件、附属设备丢失而需要修复的合理费用;三是发生保险事故时,被保险人为防止或者减少被保险机动车的损失所支付的必要的、合理的施救费用,由保险人承担,最高不超过保险金额的数额。以上三种情况下发生的损失可以赔偿。

附加险包括玻璃单独破碎险、车辆停驶损失险、自燃损失险、新增设备损失险、发动机进水险、无过失责任险、代步车费用险、车身划痕损失险、不计免赔率特约条款、车上货物责任险等多个险种。

交强险的全称是"机动车交通事故责任强制保险",是由保险公司对被保险机动车发生道路交通事故造成受害人(不包括本车人员和被保险人)的人身伤亡、财产损失,在责任限额内予以赔偿的强制性责任保险。交强险是我国首个由国家法律规定实行的强制保险制度。

④责任保险

责任保险是指以被保险人的民事损失赔偿责任为保险标的的保险。不论企业、团体、家庭或个人,在从事各项生产经营业务活动或日常生活中,由于过失等行为造成其他人的损失或损害,根据法律或契约应对受害方承担经济赔偿责任的,都可以根据实际情况投保相关的责任保险,由保险公司实施具体的经济损害赔偿。随着国家法律制度的逐步完善,责任保险的产品种类不断增加,责任保险在保障公众利益、维持社会稳定等方面逐渐发挥着越来越重要的作用。

⑤信用保证保险

信用保证保险是由债权人作为被保险人,以债务人的信用为保险标的,当债务人不能履行给付或拒绝偿付债务而使债权人受到经济损失时,由保险人负责赔偿的一种保险。

信用保险通常分为出口信用保险和国内信用保险。

（2）人身保险

人身保险是以人的寿命和身体为保险标的的保险。当被保险人因意外伤害、疾病、衰老等原因，以致死亡、伤残、丧失劳动能力或者生存到保险期满等，保险人向被保险人或其受益人给付约定的保险金。最初的人身保险只承保被保险人的死亡，后来逐步扩展到生存、意外伤害、疾病等与人的寿命和身体有关的多项事件。人身保险的保险标的价值无法用货币衡量，但保险金额可根据投保人的经济生活需要和缴纳能力而定。人身保险的投保人对保险标的应当具有保险利益。人身保险按照保障对象和保障范围的不同，可以分为人寿保险、意外伤害保险和健康保险三类。

①人寿保险

人寿保险简称寿险，是以被保险人的寿命为保险标的，以被保险人生存或死亡为给付保险金条件的保险。在整个人身保险业务中，人寿保险占绝大多数。

按照保险事故的不同，人寿保险又有生存保险、死亡保险和生死两全保险之分。

生存保险是以被保险人期满生存为给付保险金条件的保险。如果被保险人在保险期限内死亡，保险责任即告终止，保险人不给付保险金。例如年金保险。

死亡保险是以被保险人在保险期限内死亡为给付保险金条件的保险。依据保险期限不同，死亡保险可分为定期死亡保险和终身死亡保险。投保定期死亡保险后，如果被保险人在保险期限内死亡，保险人给付保险金；如果保险期满被保险人仍然生存，保险责任则终止，保险人不给付保险金。投保终身死亡保险后保险人则最终要给付约定的保险金，这种不定期的死亡保险在被保险人死亡时给付保险金并终止保险责任。

生死两全保险又称生死混合保险。投保该险后，被保险人不论在保险期限内死亡还是生存到保险期满，保险人都给付保险金，如简易人身保险等。

目前人寿保险中除了传统寿险外，还有分红险、投资联结型保险、万能人寿保险等，这些新型寿险在提供基本保障以外，多了投资功能，成为人们投资理财的工具。

②意外伤害保险

意外伤害保险是以被保险人在约定的保险期限内，因遭受外来的、明显的、剧烈的意外伤害而致残疾或死亡为保险金给付条件的保险。意外伤害保险分为普通意外伤害保险和特种意外伤害保险两类。前者如学生团体平安保险，后者如旅客意外伤害保险等。意外伤害保险的保险期间短，价格比较便宜，一年期意外伤害保险的收费标准主要不是依被保险人的年龄而是依照其职业而定，一般而言，职业危险程度越高，保险费率就会越高。极短期意外伤害保险一般按被保险人所从事活动的性质分类，例如对飞机旅客、铁路旅客、公路旅客、游泳者、滑雪滑冰者、索道游客、大型电动玩具游客等分别制定保险费率。如航空旅客意外伤害保险，其保险费率仅为 1/10 000，即每购买一万元的保险（保险期间为一次航程），只需缴纳 1 元保费。意外伤害保险的保险金分死亡、残疾、医疗三种方式。残疾给付是按残疾程度大小分级化给付，死亡给付是全部给付，医疗给付要规定最高限额，根据实际情况酌情给付。

③健康保险

健康保险是以被保险人在保险期间内因疾病不能从事正常工作,或因疾病造成残疾或死亡时由保险人给付保险金的保险。现代社会带给人类丰富的物质资料,同时由于工作节奏加快,生活方式改变,环境污染加重而滋生的各种疑难病症接踵而至。庞大的医疗费用往往可以在很短的时间内将一个家庭拖垮。因此,健康保险越来越为人们所关注。为适应消费者的需要,各寿险公司也相继推出了名目不同的医疗保险产品,总体来说,可以分为给付型和补偿型两种。给付型是只要患病就可以得到赔付,不需要提供医疗费用清单,补偿型是对于所花费的医疗费用给予一定比例的报销。健康保险的保险费率与被保险人的年龄、健康状况密切相关,保险公司往往要求被保险人体检,规定观察期或约定自负额,一般承保比较严格。

四、了解我国金融市场的发展

金融市场是一个现代经济概念,我国在清朝时期,山西晋商虽然构建过覆盖国内诸多省份的金融体系,但这一金融体系的功能主要局限在存取、承兑方面,没有多少投资因素在内,还不能将其看作金融市场。我国金融市场的真正形成应该从民国时期现代银行业和证券业的出现算起。随后国内战乱不断,政权更替频繁,后来再加上计划经济时期对资本的排斥,因此国内金融市场的发展非常缓慢。

1978年以后,我国进入改革开放的新的发展时期。随着社会主义市场经济的发展和金融改革的不断深入,我国的金融市场有了长足的发展,逐渐形成了由货币市场、资本市场、外汇市场、黄金市场和期货市场等构成的,具有交易场所多层次、交易品种多样化和交易机制多元化等特征的金融市场体系,在推动国民经济发展、支持国家宏观调控的实施、推进国有企业改革、稳步推进利率市场化和完善人民币汇率形成机制、防范系统性金融风险和维护金融稳定等方面发挥了重要作用。

我国同业拆借市场在规范中得以稳步发展,市场参与者范围扩大,拆借交易量快速增长,交易系统升级改造,市场制度建设进展明显。参与者范围已覆盖银行、证券、保险等金融机构;2020年年底,货币市场同业拆借市场累计成交147.14万亿元③。在市场规模的快速扩张中,未发生系统风险和严重违约事件;同业拆借交易系统实现了全面升级改造,现有电子交易系统可以为市场参与者提供报价、成交、风险控制、信息管理等多项功能;人民银行陆续在同业拆借市场推出了多项管理制度改革,2007年公布《同业拆借管理办法》进一步调整与完善了管理政策。

债券市场功能不断深化。一是债券市场不断创新,先后推出次级债券、普通金融债券、混合资本债券和资产支持债券,同时,还推动证券交易工具创新,在债券现券和回购交易的基础上,推出债券借贷、债券远期、人民币利率互换、远期利率协议及信用风险缓释等工具。二是债券总体规模不断扩大,截至2021年5月末,债券市场托管余额为122.2万

---

③数据来源:产业信息网,2021年7月13日

亿元。其中,国债托管余额为20.5万亿元,地方政府债券托管余额为26.9万亿元,金融债券托管余额为29.0万亿元,公司信用类债券托管余额为28.9万亿元,信贷资产支持证券托管余额为2.3万亿元,同业存单托管余额为12.5万亿元[④]。三是投资主体不断扩大,截至2018年年末,银行间债券市场投资者已达到2.5万家,包括商业银行、证券公司、基金公司、保险公司等境内外的金融机构及非金融机构。

股票市场快速有序地发展。股票市场的全流通,为资本市场优化资源配置奠定了基础,使我国资本市场在市场基础制度层面与国际市场接轨。截至2018年年末,沪、深两个证券交易所共有上市公司3 583家,股票总市值达48.59万亿元,相当于国民生产总值的53.97%,在世界上已位居第四位,位列新兴市场第一[⑤]。现在的中国股市起到了经济"晴雨表"的作用。

资本市场的发展,不仅扩大了直接融资规模,优化了融资结构和资源配置,也拓宽了居民投资渠道,丰富了居民投资品种,除股票、债券外,还为居民提供了证券投资基金、权证、期货等多种理财工具。截至2019年2月底,我国共有各类证券投资基金5 730只,资产总规模超过14.29亿元[⑥]。

外汇市场取得长足发展。随着我国外汇管理体制改革和汇率形成机制的完善,外汇市场初步形成了外汇零售和银行间批发市场相结合,竞价和询价交易方式相补充,覆盖即期、远期和掉期等类型外汇交易工具的市场体系,为稳定人民币汇率起到基础性作用。2003年以来,伴随着涉外经济规模的不断扩大,我国外汇市场取得了长足发展,特别是2005年7月21日完善人民币汇率形成机制改革以来,外汇市场进入加速发展阶段。一是外汇市场交易日渐活跃,人民币汇率弹性不断增强。二是外汇市场产品日益丰富。近年来,外汇衍生品从无到有且品种逐步增多,先后推出了人民币外汇远期、人民币外汇掉期、人民币外汇货币掉期等品种,更好地满足了市场主体的避险需求。三是参与主体日益增多。

黄金市场是国内发展较完善、与国际金融市场联系较紧密的金融市场。我国黄金市场主要包括现货市场(上海黄金交易所)、期货市场(上海期货交易所)以及商业银行柜台市场,有现货及纸黄金、延期交割、期货、期权等衍生产品。金融机构及产金、用金企业可以利用黄金延期交割、黄金期货、黄金期权套期保值来规避价格波动带来的风险。我国国内黄金市场价格与国际金融市场紧密联动,行情走势基本一致,国内外价差不断缩小。

期货市场是资本市场的重要组成部分,它的创新与发展扩大了我国金融市场的广度和深度,为我国经济金融稳定发展提供了避险机制。2006年9月8日,中国金融期货交易所在上海成立,标志着我国金融衍生品市场诞生,是我国金融市场发展过程中的又一个里程碑。我国有三大商品期货交易所,即上海商品交易所、大连商品交易所和郑州商品交易所,交易品种涵盖了农产品、金属、能源、化工等四大领域,期货市场的交易规模不断扩大,现有交易品种的价格发现功能和套期保值功能得到了有效发挥。2021年全国期货市

[④] 数据来源:经济日报,2021年6月20日
[⑤] 资料来源:新浪财经,2019年9月27日
[⑥] 资料来源:国际金融报,2019年4月13日

场累计成交量约为 75.14 亿手,累计成交额约为 581.20 万亿元,同比分别增长 22.13% 和 32.84%[⑦]。

21 世纪以来,随着市场化深入改革,我国金融市场发展迅猛,形成了全方面、多层次、多元化的市场体系。但与完善的金融市场相比仍存在许多可以改进的地方。如金融各层次市场尤其是货币市场和资本市场的功能并没有完全发挥出来,导致金融结构失衡;各层次市场之间缺乏有效的沟通渠道。无论是货币市场与资本市场之间,还是货币市场与资本市场本身,都缺乏有效的沟通渠道;市场监管严重不足,缺少严格规范,金融市场监管效率低下、监管界限不明确,甚至出现了真空监管和重复监管的现象[⑧]。合理严格的监管能使金融市场朝着健康的方向发展,缺少合理有效的监管,金融市场将会失去秩序。总体来说,我国的金融市场虽然在不断快速发展,但是发展也伴随着许多严峻的问题,这阻碍着我国金融市场的整体健康地发展。因此,只有完善各层次市场的功能、建立各层次市场之间沟通的渠道、规范市场、完善监管体系、加强投资者教育,才能一定程度上推动金融市场的健康发展。

问题思考

1. 股票、债券的发行和流通都是如何进行的?
2. 如何监控我国证券自营业务的风险?我国证券公司从事代理业务应遵守哪些规定?
3. 结合当前黄金价格的波动,分析黄金价格的变动受哪些因素的影响。

金融视野

多举措深化资本市场投资端改革

在需求收缩、供给冲击、预期转弱三重压力下,中央经济工作会议强调要稳字当头、稳中求进,坚持创新驱动发展,正确认识和把握资本的特性和行为规律,防范化解重大风险。近年来围绕创新驱动发展,资本市场发挥风险共担、利益共享机制,在改善社会融资结构、提升资源配置效率上发挥了重要作用。围绕"建制度、不干预、零容忍",资本市场推进系统性改革,注册制的成功试点、资管新规的统一规范、金融市场的双向开放以及市场法制体系的日益完善,为资本市场发展带来了新机遇。"十四五"时期在新发展理念的引领下,资本市场发展面临两大重要任务:一是资本市场要在总结前期发展经验和重大成就的基础上,为下一阶段改革创新寻求方向,要解决市场面临的结构性失衡难题,加快推进中国特色资本市场体系建设。二是应对百年未有之大变局,资本市场要加大对国家战略的服务支持,更好地发挥资本市场在推进科技创新、绿色转型、产业数字化及共同富裕建设上的重要作用。

[⑦]资料来源:光明网,2022 年 1 月 6 日
[⑧]资料来源:东方财富网,吴荀海,2018 年 08 月 10 日

推进共同富裕建设是社会主义的本质要求，资本市场作为推进要素资本化及影响要素分配的重要市场，在优化要素分配结构、增强人民财产性收入、缩小贫富差距上要发挥更加重要的作用，这是资本市场服务共同富裕建设的重要举措，也是资本市场"人民性"的重要体现。过去我国资本市场改革较多侧重在融资端，2020年以来资本市场加快推进投资端改革，打造投融资并重的资本市场体系。2022年资本市场投资端改革将持续推进，预计将从三方面寻求重点突破：

一是以公募基金投顾试点和证券公司账户管理试点为基础，推进投资顾问业务大发展。2021年公募基金投顾试点的主体范围扩大，证券公司账户管理试点的开启，为证券财富管理业务的进一步发展奠定基础。我国将在遵循证券法有关全权委托规定的基础上，加快完善中国特色的投资顾问制度，逐步扩充投资顾问业务覆盖的资产种类和客户类型，加强培育专业投资顾问人才队伍，制定行业最佳实践标准，引导投资顾问机构规范化发展。

二是进一步完善资管行业细则，引导各类专业投资机构差异化发展。2021年年末资管新规延长后的过渡期截止，2022年将是完全实施资管新规的元年。资管新规的发布，使资管行业朝着统一监管的大方向迈出坚实的一步，预计2022年将在资管新规基础上加速同类资管业务和资管产品的统一监管，并且将同时推动不同类型的资管机构实现差异化发展。比如，公募基金重点加强权益类产品的管理能力，银行理财侧重在大类资产配置方面发挥优势，保险资管重点在发挥长期资金的优势，优化资金配置结构。

三是引导专业机构投资价值化、长期化。近两年来，机构投资者的持股占比和市场影响力显著提升，但是机构投资者持股比重的上升尚未显著改善资本市场投资风格。2022年加快培育机构投资者的工作可能围绕两个方面展开。第一，要完善个人养老保险体系，加快推动养老金入市。我国当前养老金体系第一支柱市场化投资比例较低，截至2021年第三季度委托投资到账1.1万亿元；第二支柱员工参与率低且区域差异大；第三支柱发展严重滞后，截至2020年年末，试点税延养老险业务累计实现保费收入4.3亿元，参保人数4.9万人，实际发展不及预期。近期中央全面深化改革委员会审议通过了《关于推动个人养老金发展的意见》，推动发展适合我国国情、政府政策支持、个人自愿参加、市场化运营的个人养老金体系，预计未来个人养老金体系将得到快速发展，第三支柱将与基本养老保险、企业年金相衔接，成为我国养老金体系及资本市场长期资金的重要来源。第二，要积极引导公募基金等机构投资者投资价值化、长期化。包括鼓励保险资金提升股票及证券基金的配置比例，当前保险资金配置权益资产的比重约为15%，较30%的上限还存在较大的提升空间；减少由于基金业绩短期排名引发的市场波动，引导各类资管机构逐步构建以中长期考核为主的激励机制。

资料来源：节选自《上海证券报》上证观察家：申万宏源证券，杨成长 龚芳 袁宇泽，2022年1月7日

项目结论

金融市场是资金供应者和资金需求者双方通过各种金融工具进行交易而融通资金的市场,按交易的标的物,可划分为货币市场、资本市场、外汇市场、黄金市场和保险市场。本项目从认识金融市场出发,介绍了金融市场的构成要素、类型,分析了金融市场的功能及金融市场各组成部分的构成。在了解金融市场基本知识的基础上,进一步阐述了股票、债券的发行和流通,我国证券公司的自营业务和代理业务及外汇、黄金和保险市场有关交易的知识,以掌握金融市场的业务运作。

项目训练

一、判断题

❶ 金融市场上的交易活动必须有固定的空间和设施。   (　　)
❷ 金融市场历来被称为国民经济的"晴雨表"。   (　　)
❸ 黄金的成色可以用阿拉伯数字表示,如 99 表示千足金。   (　　)
❹ 货币市场一般是指经营期限在 1 年以上的中长期资金市场。   (　　)
❺ 目前世界上交易量大且有国际影响的外汇市场有伦敦、纽约、巴黎、法兰克福、苏黎世、东京、卢森堡、香港、新加坡、巴林、米兰、蒙特利尔和阿姆斯特丹等。   (　　)

二、不定项选择题

❶ 金融市场的参与者,一般包括(　　)。
A.政府   B.企业
C.金融机构   D.居民个人

❷ 按金融交易的程序划分,金融市场可分为(　　)。
A.发行市场   B.货币市场
C.流通市场   D.资本市场

❸ 股份有限公司申请股票上市,公司股本总额不少于人民币(　　)万元。
A.4 000   B.3 000
C.2 000   D.5 000

❹ 我国证券自营业务面临的风险主要包括(　　)。
A.法律风险   B.市场风险
C.非系统性风险   D.经营风险

❺ 按照保险标的不同,可以将保险分为(　　)四种。
A.财产保险   B.人身保险
C.责任保险   D.信用证保险

❻ 远期外汇交易的基本目的有(　　)。
A.套期保值   B.投机
C.投资   D.转移风险

❼ 按照发行对象的不同,债券的发行方式可以分为(　　)。
A.拍卖发行　　　　　　　　　B.招标发行
C.公募发行　　　　　　　　　D.私募发行

三、技能实训

❶ 运用所学知识分析金融市场是国民经济"晴雨表"这一说法。

❷ 从网上下载股票交易软件,通过软件模拟 A 股买卖,要求开立资金和股票账户,自主选择股票进行委托买卖,考核标准为正确叙述股票流通市场中股票的交易程序。

❸ 上网搜集相关资料,了解当前我国黄金市场的交易品种,并运用所学知识对黄金价格的变化进行分析。

❹ 能运用所学知识为身边的亲人及朋友进行保险产品的介绍。

项目三
认知金融机构和金融体系

知识链接

金融机构体系是指金融机构的组成及其相互联系的统一整体。在市场经济条件下，各国金融体系大多数是以中央银行为核心来进行组织管理的，因而形成了以中央银行为核心、商业银行为主体、各类银行和非银行金融机构并存的金融机构体系。通过本项目的学习，学生能够掌握和理解金融机构和金融体系的概念及分类，从而掌握金融机构的构成情况，明确不同性质金融机构的特点及其主要业务构成。

能力塑造

能分析中央银行在现代经济活动中发挥的作用；
能分析商业银行在我国国民经济中的地位和作用；
能对保险公司基本业务进行处理；
能对证券公司、信托投资公司及金融租赁公司的主要业务进行分析、处理。

素质培养

培养学生诚实守信、同心协力、敬业爱业的职业素养；
具有较强的责任感与踏实细致的工作作风；
培养学生自主思考、勇于创新的精神；
培养学生的风险防范意识；
培养学生自觉遵守行业法规、规范和企业规章制度的职业道德。

案例导入

2021年机构观察：金融机构稳步发展大年

对公募和私募基金来说，2021年是发展大年。公募管理规模突破25万亿元，基金数量超9 000只；私募基金规模突破19.7万亿元，百亿元私募达到104家。规模提升的同时，行业口碑不断得到投资者认可。2021年，公募、私募基金管理能力持续提升，创新产品不断涌现。北京证券交易所主题权益类基金产品诞生、首只由外资独资公募基金公司发行的权益类产品正式成立。

对于券商来说,资产管理业务成为公司经营新的增长点。带有互联网性质的东方财富,市值首次超过中信证券,新的变革正在深度影响证券公司的未来。

截至2021年12月31日,沪深两市41家A股上市银行整体平均市净率仅为0.83倍,有33家银行股价跌破每股净资产,银行股股价表现虽不尽人意,但银行在推进数字化、普惠金融等方面的成绩有目共睹,上市银行业绩表现稳健,这也是银行高层管理人员不断增持银行股的原因。

2021年,保险业上市公司也遭遇了股价下跌、业绩下滑的情况,但保险机构积极探寻、挖掘新的增长点,从大趋势来看,未来车险业务的增量将集中在新能源车险。面对这种发展趋势,保险公司必须尽早重视和布局。

数字人民币是影响金融发展的重要创新产品。2021年,数字人民币试点范围、试点领域不断扩大,已开立个人钱包1.4亿个,试点城市扩大至"10+1"。展望未来,随着数字人民币应用场景加速落地,完善数字人民币生态体系建设、提升数字人民币普惠性和可得性成为重点。

(资料来源:人民网—人民咨询,2022年1月14日)

> **请思考** 资料中涉及哪些金融机构?其分别取得了哪些发展成就?

任务一　了解金融机构和金融体系的基本知识

一、了解金融体系

1.金融体系

现实中,由于各国的金融体系不同,所以没有统一的模式进行概括,但从不同国家的金融市场与金融中介的重要性来看,主要有三种模式:首先是以德国为代表的金融体系模式,即几家大银行起支配作用,金融市场的作用并不十分重要;其次是以美国为代表的金融体系模式,其特点是金融市场的作用很大,而银行的集中程度很小;最后是介于这两者之间的金融体系模式。

无论一国金融体系的构成模式如何,其任务都是吸收社会闲散资金并将其引导至生产和投资发展等领域,完成资金在盈余单位和需求单位之间的流动,以合理配置和有效利用社会资源。一般来说,金融体系是资金流动工具、市场参与者和交易方式等各要素的综合体,它是经济体中资金流动的基本框架,其中政府管制框架也是金融体系中不可缺少的组成部分。总之,金融体系包括金融调控、金融机构、金融监管、金融市场和金融环境等方面。

2.金融体系的基本功能

(1)执行清算和支付并降低交易成本功能

在经济货币化日益加深的情况下,建立高效、可靠、适应性强的清算和支付系统是金融系统满足社会需求的基本功能。只有这样才能充分降低成本、提高效率,促进经济社会的快速稳定发展。

(2)聚资和融资功能

金融体系的融资功能主要体现在通过金融市场和银行中介,有效聚集社会闲散资金并提供科学合理的投资渠道,以发挥资源的规模效应并减少个别投资风险,同时向资金的供应者提供较高的利益回报。该功能为不断调整和改进社会资源配置提供了有利条件。

(3)风险调控与管理功能

风险调控与管理功能要求金融体系为资本投资的风险进行交易和定价,提供分散或转移风险的手段及途径,并形成风险共担的机制。

(4)促进资源有效配置功能

资源的科学、合理配置对经济发展起着非常重要的作用。实践中,金融体系不仅能为资金的供求者提供中介服务,提供经济资源跨时间、跨地域和跨产业的转移,而且能够根据有效信息的传递进行资源的合理整合与配置,以提高资源使用效率,促进企业有效经营,分散市场经营风险。

(5)信息传递功能

金融市场参与者和金融监管部门通过金融市场获取所需的信息,为其投资、融资和管理决策找到资料数据和其他依据。

3.了解金融机构的含义和特点

金融机构是指专门从事货币信用活动的中介组织,不仅包括所有从事金融活动的金融组织,还包括金融市场的监管者。

金融机构一般具有如下特点:首先,金融机构是企业,它与一般经济单位相同,要依法经营、承担风险并自负盈亏;其次,其经营对象是货币资金,经营内容是货币的收付、借贷及与之相联系的各种金融业务,它与客户间的关系主要是借贷与投资或受托代理关系;再次,金融机构的经营遵循安全性、流动性和盈利性三项原则,发挥着金融机构作为信用中介、支付中介、信用创造和金融服务四项重要职能。按照是否属于银行系统,可将金融机构划分为银行金融机构和非银行金融机构。

二、了解银行金融机构体系

现代金融机构体系通常以中央银行为核心,由以经营信贷业务为主的银行机构、以提供各类融资服务的非银行金融机构和以负责监督管理的金融监管机构三部分共同构成。

近年来,在商业银行信贷业务和投资银行业务日益融合的条件下,严格的金融机构分类已经成为十分困难的事情。但是不同的金融机构仍具有鲜明的特点:一般以存款、放款、汇兑、结算为核心业务的金融机构就是银行,如商业银行、储蓄银行、开发银行等;非银行机构一般泛指除银行以外的其他各种金融机构,包括保险、证券、信托、租赁和投资机构等。

按照现代各类银行在金融和经济中的地位、功能和作用的不同,银行金融机构可以分为中央银行、商业银行、储蓄银行、投资银行、信用合作社、抵押银行和进出口银行。

(1)中央银行

中央银行是制定和执行货币政策,监督金融业和规范金融秩序,防范金融风险和维护金融稳定,为政府和普通金融机构提供金融服务,调控金融和经济运行的宏观管理机构。中央银行是管理全国金融事务的国家政府机构,并不从事真正的货币信贷活动,与此同时,中央银行在保持金融稳定、促进经济发展方面发挥着重要作用。中央银行与一般金融机构的不同点见表3-1。

表 3-1　　　　　　　　　　　中央银行与一般金融机构的不同点

不同点	中央银行	一般金融机构
经营目标	不以营利为目的,经营目标是进行宏观经济调控	以营利为目的
经营对象	商业银行和其他金融机构及特定政府部门	工商企事业单位和个人
职能作用	调节货币信用和监管金融业	充当流通中的信用中介
所处地位	享有管理者的权利	是竞争中谋求不断发展,取得经济效益的经济实体
享受权利	享受国家赋予的各种特权	无特权,彼此间平等竞争
履行职能手段	可并用法律、行政、经济手段	只能通过业务活动

(2)商业银行

商业银行是以经营存款、贷款和金融服务为主要业务,以营利为经营目标的金融企业。与其他金融机构相比,吸收活期存款、创造信用货币是商业银行最明显的特征。商业银行吸收的活期存款是其货币供给和交换媒介的重要组成部分,也是其信用扩张的重要源泉。因此,人们通常称商业银行为存款货币银行。除此之外,商业银行又具有信用中介、支付中介、信用创造和金融服务的职能。

(3)储蓄银行

储蓄银行是专门吸收居民储蓄存款,将资金主要投资于政府债券和公司股票、债券并为居民提供其他金融服务的金融机构。储蓄银行汇集起来的储蓄存款较为稳定,主要用于长期投资(如发放不动产抵押贷款、投资于政府债券和公司股票、债券等),以获得贷款利息和投资收益,或者转存于商业银行,以赚取利息差额。储蓄银行的具体名称在各国有所差异,如在其他国家被称为互助储蓄银行、住房储蓄银行、国民储蓄银行、储蓄贷款协会、邮政储汇局等。

(4)投资银行

投资银行是以从事证券投资为主要业务的金融机构。与其他经营某一方面证券业务的金融机构相比,投资银行几乎包括了全部资本市场业务。投资银行的名称通用于美国等国家,在英国被称为商人银行,在日本被称为证券公司,还有的国家称其为实业银行、金融公司或投资公司等。投资银行与商业银行的不同点见表3-2。

表 3-2　　　　　　　　　　　投资银行与商业银行的不同点

不同点	投资银行	商业银行
市场定位	资本市场的核心	货币市场的核心
业务重心	证券承销、公司并购与资产重组	吸收存款和发放贷款
收益来源	以手续费或佣金收入为主	以存贷利差收入为主

(续表)

不同点	投资银行	商业银行
服务功能	服务于直接融资和长期投资	服务于间接融资和短期投资
监管部门	证券监管机构	中央银行和银监会

(5)信用合作社

信用合作社是城乡居民聚资合股而形成的合作金融组织，是为合作社社员办理存、放款业务的金融机构。其资金主要来源于社员缴纳的股金和存入的存款，放款对象主要是本社的社员。

新中国成立后在农村普遍建立信用合作社，目前城市信用合作社已经改革为城市商业银行，农村信用社有的也已转变为农村合作银行或者农村商业银行。

(6)抵押银行

抵押银行全称为"不动产抵押银行"，是指专门从事以土地、房屋和其他不动产为抵押品，办理长期贷款业务的银行。在该贷款业务下，当借款人到期不能偿还贷款时，由银行对抵押品进行处理，以收回贷款。目前，商业银行正大量涉足不动产抵押贷款业务，而不少抵押银行也开始经营一般商业银行业务。这种"混营"的业务模式已出现并呈不断增长的趋势。

(7)进出口银行

进出口银行是专门从事与对外贸易有关的信贷活动的银行，这类银行的经营业务内容主要是提供出口信贷和提供国内外投资贷款的担保等。目的主要是增强一国出口商品的竞争能力，推动出口国生产技术能力的发展。

三、了解非银行金融机构

非银行金融机构是以某种方式吸收资金，运用资金并从中获利的金融机构，包括信托机构、保险公司、证券公司、财务公司和租赁公司等。他们是整个金融机构体系中非常重要的组成部分，其发展状况是衡量一国金融机构体系是否成熟的重要标志。非银行金融机构最初多与商业银行有着密切的联系。第二次世界大战后，非银行金融机构逐步形成独立的体系，并日益趋向综合化。

1.信托机构

信托机构是从事信托业务、充当受托人的法人机构。其职能是财产事务管理，即接受客户委托，代客户管理、经营、处置财产，可概括为"受人之托、为人管业、代人理财"。信托公司是经营现代信托业务的主要形式。

信托公司以代人理财为主要经营内容，以受托人的身份按委托人的意愿经营信托业务。其主要业务可分为两大类：一是货币信托类，包括信托存款、信托贷款、养老金信托、有价证券信托投资、养老金投资基金信托、其他货币信托；二是非货币信托类，包括有价证券信托、债权信托、不动产信托、公益事业信托、担保权信托等。

2.保险公司

保险公司是指依法设立的专门从事经营商业保险业务的企业，它是非常重要的非银行金融机构之一。保险公司主要以投保人缴纳保险费的形式建立保险基金，对那些因发生自然灾害或意外事故而造成经济损失的投保人予以经济补偿。保险公司所筹集的资金除保留一部分应付赔偿所需外,其余部分作为长期性资金主要投资于政府债券和公司股票、债券,以及发放不动产抵押贷款、保单贷款等。

为明确保险公司与投保人之间的权利、责任和义务,双方必须签订保险合同。保险合同是经济合同的一种,也是民事法律协议。

3.证券公司

证券公司是依照公司法规设立,并经国务院证券监督管理机构审查批准而成立的,专门经营有价证券业务,具有独立法人地位的金融机构。通常证券公司就是为投资人买卖股票提供通道的机构。

证券经营公司就是狭义的证券公司,是指经主管机关批准并领取营业执照后,专门经营证券业务的机构。它具有证券交易所的会员资格,可以承销发行、自营买卖、自营或兼营代理买卖证券业务。证券经营公司按其功能划分,可分为证券经纪商、证券自营商和证券承销商。

4.财务公司

财务公司又称金融公司,是经营部分银行业务的非银行金融机构。在发达国家,财务公司多是商业银行的附属机构。我国的财务公司是隶属于大型集团的非银行金融机构。财务公司是在20世纪初兴起的,分为企业附属财务公司和非企业附属财务公司,主要有美国模式和英国模式两种类型,见表3-3。

表3-3　　　　　　　　美国模式与英国模式财务公司的比较

不同点	美国模式财务公司	英国模式财务公司
设立	依附于大型制造商,多为其设立的受控子公司,属于企业附属财务公司	依附于商业银行,但不属于商业银行,不受银行有关规定的限制,属于非企业附属财务公司
目的	促进企业产品生产和销售服务,但服务范围并不完全局限于本企业	规避政府对商业银行的监管、实现金融创新,弥补银行的不足
分布	美国、加拿大和德国等国	英国、日本等国

5.租赁公司

租赁是指拥有资产所有权人(出租人)将资产的使用权让渡给需要人(承租人),由其在一定时期内使用资产并支付一定费用的一种融资方式。租赁公司是通过融物形式达到融资目的的金融机构。其租赁业务范围广泛,涉及领域较广。租赁的种类包括融资租赁、经营租赁、杠杆租赁和其他租赁等。

银行类金融机构和非银行类金融机构都是金融企业,具有金融企业的基本特征,即以信用形式吸收资金,并以信用形式进行资金运用,同时获取经营利润。两者在社会经济运行中发挥着重要的作用。银行类金融机构与非银行类金融机构的不同点见表3-4。

表3-4　　　　　　　银行类金融机构与非银行类金融机构的不同点

不同点	银行类金融机构	非银行类金融机构
金融机构体系中的作用	主导作用	补充、丰富,满足多样化需求
吸收资金方式	以吸收存款为主	因业务不同,方式多样化
业务方式及其所处地位	以存贷业务为主,吸收资金时为债务人,贷出资金时为债权人	多样化(因业务方式不同、公司性质不同,所处地位也不同)
信用创造功能	较强	较差

四、我国金融机构体系的现状

我国目前的金融机构体系是以中央银行为核心,国有商业银行为主体,多种金融机构并存的格局。

1.金融机构体系的构成

目前,我国的金融中介机构主要包括商业银行、政策性银行、证券机构、保险公司、金融资产管理公司、农村信用社、信托投资公司、财务公司、金融租赁公司和小额贷款公司等。改革开放以来,我国金融机构体系已逐步发展成为多元化的金融机构体系。我国的金融机构按其地位和功能可分为四大类:货币当局,即中央银行(中国人民银行);银行,包括政策性银行、商业银行等;非银行金融机构,包括国有及股份制的保险公司、证券公司和财务公司等;在境外开办的外资、侨资和中外合资金融机构。

以上各种金融机构相互补充,构成了一个完整的金融机构体系。由中国人民银行、中国证券监督管理委员会、中国银行保险监督管理委员会为最高金融管理机构,对各类金融机构实行分业监管,我国的金融机构体系如图 3-1 所示。

```
我国金融机构体系
├── 金融中介机构
│   ├── 货币当局(中国人民银行)
│   ├── 银行
│   │   ├── 商业银行
│   │   │   ├── 国有商业银行
│   │   │   │   ├── 中国银行
│   │   │   │   ├── 中国工商银行
│   │   │   │   ├── 中国建设银行
│   │   │   │   ├── 中国农业银行
│   │   │   │   └── 交通银行
│   │   │   ├── 股份制商业银行
│   │   │   │   ├── 平安银行
│   │   │   │   ├── 中信银行
│   │   │   │   ├── 中国光大银行
│   │   │   │   ├── 上海浦东发展银行
│   │   │   │   ├── 华夏银行
│   │   │   │   └── …
│   │   │   └── 城市商业银行
│   │   └── 政策性银行
│   │       ├── 国家开发银行
│   │       ├── 国家进出口银行
│   │       └── 中国农业发展银行
│   ├── 其他金融机构
│   │   ├── 金融资产管理公司
│   │   ├── 证券公司
│   │   ├── 信托投资公司
│   │   ├── 保险公司
│   │   ├── 金融租赁公司
│   │   └── …
│   └── 外资、合资商业银行
└── 金融监管机构
    ├── 中国人民银行
    ├── 中国银行保险监督管理委员会
    ├── 中国证券监督管理委员会
    └── 金融机构行业自律组织
```

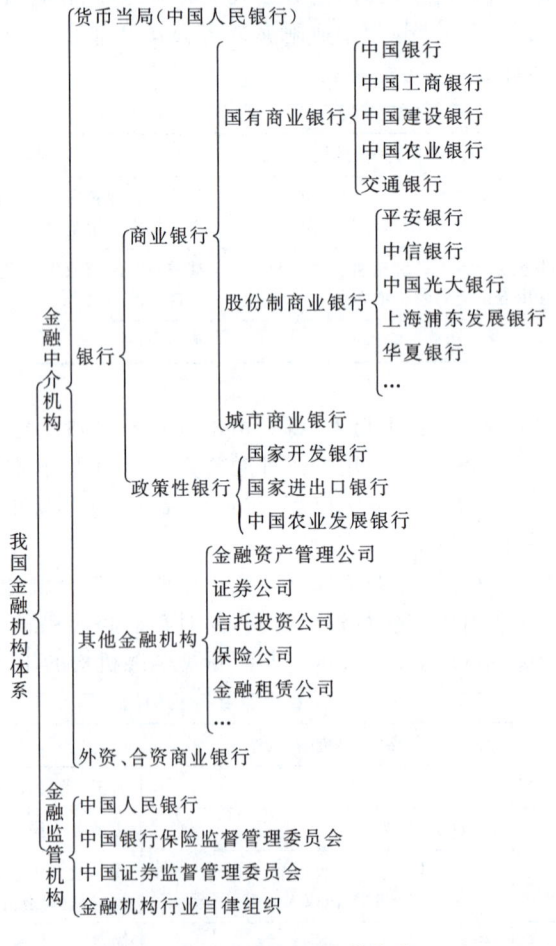

图 3-1 我国的金融机构体系

2.金融机构体系的性质和职能

在我国的金融机构体系中,商业银行是主体,以银行信贷为主的间接融资在社会总融资中占主导地位。目前,我国的金融机构体系分为以下几个方面:

(1)中国人民银行

中国人民银行是1948年12月1日在华北银行、北海银行、西北农民银行的基础上合并组成的。1983年9月,国务院决定由中国人民银行专门行使国家中央银行职能。1995年3月18日,第八届全国人民代表大会第三次会议通过了《中华人民共和国中国人民银行法》,至此,中国人民银行作为中央银行以法律形式确定下来。按照《中华人民共和国中国人民银行法》规定,中国人民银行在人民币发行与流通、支付清算、反洗钱、存款准备金、外汇收支以及货币市场等方面,对于金融机构执行有关规定的情况具有监管职能。2003年3月,第十届全国人民代表大会第一次会议决议将银行监管职能从中国人民银行中分离出来,单独设立中国银行监督管理委员会,对银行、金融资产管理公司、信托投资公司及其他存款类金融机构实施监督管理。中国人民银行在分离了监管职能后,在国务院的领导下,将主要履行制定和执行货币政策,防范和化解金融风险,维护金融稳定等职能。

视频:中央银行

(2)国家控股的五大商业银行

国家控股的商业银行体系是从国家专业银行演变而来的,包括中国银行、中国工商银行、中国建设银行、中国农业银行和交通银行。其原来的分工是:中国银行主要经营外汇业务;中国工商银行主要承担城市工商信贷业务;中国建设银行主要承担中长期投资信贷业务;中国农业银行以开办农村信贷业务为主;交通银行主要承担扶助农矿工商的职责。随着金融改革的不断深化,这五家银行的传统分工已逐渐被打破。目前这五家银行的国有股份占绝大多数,成为国家控股的大型商业银行。

①中国银行,全称中国银行股份有限公司。其业务范围涵盖商业银行、投资银行和保险领域,旗下有中银香港、中银国际、中银保险等控股金融机构,在全球范围内为个人和公司客户提供全面和优质的金融服务。

②中国工商银行,全称中国工商银行股份有限公司。其业务范围包括各类存款与贷款、贸易融资、汇款、清算、工商业贷款、银团贷款、出入口押汇、中国业务咨询及融资、证券业务及黄金买卖经纪服务以及保险代理等。

③中国建设银行,是一家以中长期信贷业务为特色的国有商业银行,主要经营领域包括公司银行业务、个人银行业务和资金业务,多种产品和服务(如基本建设贷款、住房按揭贷款和银行卡业务等)在中国银行业居于市场领先地位。

④中国农业银行,是国内网点最多、业务辐射范围最广的国有商业银行。其业务领域已由最初的农村信贷、结算业务,逐步发展成为品种齐全,本外币结合,能够办理国际、国内通行的各类金融业务。

⑤交通银行,始建于1908年,是中国历史悠久的银行之一,也是近代中国的发钞行之一。其业务范围涵盖商业银行、离岸金融、基金、信托、金融租赁、保险、境外证券、债转股和资产管理等。

(3)股份制商业银行

随着金融体制改革的不断深化,我国陆续组建了一批股份制商业银行。主要包括平安银行、中信银行、中国光大银行、华夏银行、招商银行、广东发展银行、兴业银行、上海浦东发展银行、中国民生银行、浙商银行、恒丰银行、渤海银行 12 家。股份制商业银行在组建开始就按照商业银行的运行机制开展经营,呈现较强的经营和发展势头。

股份制商业银行采取股份制的企业组织形式,股本来源除了国家投资外,还包括境内外企业法人投资和社会公众投资。目前,股份制商业银行在全国的主要中心城市都设有分支机构。

(4)政策性银行

政策性银行是由政府出资创立、参股或保证的,以配合、贯彻政府社会经济政策或意图为目的,在特定的业务领域内,规定特殊的融资原则,不以营利为目的的金融机构。政策性银行的投资领域往往是商业金融机构不愿意进入的,因为这些领域往往具有风险高、投资期限较长、规模较大的特点,如基础设施建设、农业开发项目以及进出口业务等。政策性金融机构具有一些特征:政策性,即服从或服务于政府的某种特殊产业或社会政策目标意图;优惠性,即以比商业银行更优惠的利息率、期限、担保等条件提供贷款;融资性、有偿性,即在一定期限内有条件让渡资金使用权的资金融通活动。

政策性银行的基本职能与一般金融中介机构相同,如支付中介、信用中介等职能。但是政策性银行的资金来源主要是财政拨款、借款和发行债券,而不吸收任何形式的存款。

我国于 1994 年年初设立了三家政策性银行,即国家开发银行、中国进出口银行、中国农业发展银行。三家政策性银行成立以来,在支持国家重点建设、促进对外经济贸易和推动农业农村发展等方面发挥了积极作用。

①国家开发银行

国家开发银行成立于 1994 年,是直属国务院领导的政策性金融机构。2008 年 12 月改制为国家开发银行股份有限公司。2015 年 3 月,国务院明确国家开发银行定位为开发性金融机构。2017 年 4 月,"国家开发银行股份有限公司"名称变更为"国家开发银行",组织形式由股份有限公司变更为有限责任公司。国家开发银行是全球最大的开发性金融机构,中国最大的中长期信贷银行和债券银行,主要通过开展中长期信贷与投资等金融业务,为国民经济重大中长期发展战略服务。

②中国进出口银行

中国进出口银行成立于 1994 年 4 月,是由国家出资设立、直属国务院领导、支持中国对外经济贸易投资发展与国际经济合作、具有独立法人地位的国有政策性银行。依托国家信用支持,积极发挥在稳增长、调结构、支持外贸发展、实施"走出去"战略等方面的重要作用,加大对重点领域和薄弱环节的支持力度,促进经济社会持续健康发展。

③中国农业发展银行

中国农业发展银行成立于 1994 年,是由国家出资设立、直属国务院领导、支持农业农村持续健康发展、具有独立法人地位的国有政策性银行。其主要任务是以国家信用为基础,以市场为依托,筹集支农资金,支持"三农"事业发展,发挥国家战略支撑作用。经营宗旨是紧紧围绕服务国家战略,建设定位明确、功能突出、业务清晰、资本充足、治理规范、内控严密、运营安全、服务良好、具备可持续发展能力的农业政策性银行。

3.其他金融机构

我国的其他金融机构主要包括金融租赁公司、保险公司、证券公司、信托投资公司和财务公司等。这些金融机构的职能和具体业务详见"任务 3.2 处理金融机构业务"。

4.我国的金融监管机构

监管机构是指根据法律规定对一国的金融体系进行监督管理的机构。其职责包括按照规定监督管理金融市场；发布有关金融监督管理和业务的命令和规章；监督管理金融机构的合法合规运作等。2018 年 4 月 8 日，中国银行保险监督管理委员会正式挂牌。我国目前的金融监管机构包括"一行两会"，即中国人民银行、中国银行保险监督管理委员会和中国证券监督管理委员会。

(1)中国人民银行

中国人民银行(简称央行)除承担货币政策职能外，更多担负起宏观审慎管理、系统重要性机构监管、金融基础设施建设、基础法律法规体系健全及全口径统计分析和预警等工作。主要负责统筹资产管理产品的数据编码和综合统计工作，会同金融监督管理部门拟定资产管理产品统计制度，建立资产管理产品信息系统，规范和统一产品标准、信息分类、代码、数据格式，逐只产品统计基本信息、募集信息、资产负债信息和终止信息。完善货币政策框架，强化价格型调控和传导，发挥金融价格杠杆在优化资源配置中的决定性作用；继续完善宏观审慎政策框架，将更多金融活动、金融市场、金融机构和金融基础设施纳入宏观审慎政策的覆盖范围；完善货币政策和宏观审慎政策治理架构，推进金融治理体系和治理能力的现代化。

(2)中国证券监督管理委员会

1992 年 10 月，国务院证券委员会和中国证券监督管理委员会(简称中国证监会)成立。依照法律、法规和国务院授权，中国证监会统一监督管理全国证券期货市场，维护证券期货市场秩序，保障其合法运行。

依据有关法律法规，中国证监会的主要职责是：统一管理证券期货市场，按规定对证券期货监督机构实行垂直领导；监督股票、可转换债券、证券投资基金的发行、交易、托管和清算；批准企业债券的上市；监管上市国债和企业债券的交易活动；监管上市公司及其有信息披露义务股东的证券市场行为；管理证券期货经营机构、证券投资基金管理公司、证券登记清算公司、期货清算机构、证券期货投资咨询机构；负责监管境外机构到境内设立证券机构、从事证券业务；监管证券期货信息传播活动，负责证券期货市场的统计与信息资源管理；依法对证券期货违法违规行为进行调查、处罚；管理证券期货行业的对外交往和国际合作事务等。

(3)中国银行保险监督管理委员会

中国银行保险监督管理委员会(简称：中国银保监会或银保监会)成立于 2018 年，是国务院直属事业单位，根据国务院授权履行行政职能，依照法律法规统一监督管理银行业和保险业，维护银行业和保险业合法、稳健运行，防范和化解金融风险，保护金融消费者合法权益，维护金融稳定。

中国银保监会的主要职责是：依法依规对全国银行业和保险业实行统一监督管理，维护银行业和保险业合法、稳健运行，对派出机构实行垂直领导；对银行业和保险业改革和监管的有效性开展系统性研究；依据审慎监管和金融消费者保护基本制度，制定银行业和保险业审慎监管与行为监管规则；依法依规对银行业和保险业机构及其业务范围实行准入管理，审查高级管理人员任职资格；对银行业和保险业机构的公司治理、风险管理、内部控制、资本充足状况、偿付能力、经营行为和信息披露等实施监管；对银行业和保险业机构实行现场检查与非现场监管，开展风险与合规评估，保护金融消费者合法权益，依法查处违法违规行为；负责统一编制全国银行业和保险业监管数据报表，按照国家有关规定予以发布，履行金融业综合统计相关工作职责；建立银行业和保险业风险监控、评价和预警体系，跟踪分析、监测、预测银行业和保险业运行状况；会同有关部门提出存款类金融机构和保险业机构紧急风险处置的意见和建议并组织实施；依法依规打击非法金融活动，负责非法集资的认定、查处和取缔以及相关组织协调工作；根据职责分工，负责指导和监督地方金融监管部门相关业务工作；参加银行业和保险业国际组织与国际监管规则制定，开展银行业和保险业的对外交流与国际合作事务；负责国有重点银行业金融机构监事会的日常管理工作；制定融资租赁公司、商业保理公司、典当行业务经营和监管规则。

（4）金融机构行业自律组织

金融机构行业自律组织，通过制定同业公约、提供行业服务、加强相互监督等方式，实现金融行业的自我约束、自我管理，保护行业的共同利益，促进各家会员企业按照国际经济、金融政策的要求，努力提高管理水平，优化业务品种，完善金融服务。我国的金融行业自律组织主要有中国银行业协会、中国证券业协会、中国期货业协会和中国保险行业协会等。

问题思考

1. 什么是金融机构？证券公司和保险公司属于金融机构吗？
2. 我国金融机构体系由哪些部分构成，各有什么特点？
3. 金融监管部门有哪些，它们是如何管理和规范金融市场的？

任务二　处理金融机构业务

一、处理中央银行业务

1. 中央银行的性质和职能

中央银行是管理全国金融事务的国家政府机构，并不从事真正的货币信贷活动，它是货币的发行银行，是银行的银行，是国家的银行，是调控宏观经济的银行。

（1）中央银行的性质

中央银行是一国金融体系的核心，处于一国金融业的领导地位。它是特殊的金融机构，不以营利为目的。其业务服务对象是商业银行等金融机构，中央银行负责货币发行、管理货币流通、集中存款准备金、维护支付清算系统的正常运行、代理国库、管理国家黄金外汇储备等工作;它是宏观经济运行的调控中心,是保障金融稳健运行、调控宏观经济的国家行政机构,对金融业的监督管理和对宏观经济运行发挥着重要的作用。

(2)中央银行的职能

中央银行的职能从其业务活动的特征分析,主要有发行的银行、银行的银行、国家的银行等职能。

①发行的银行

所谓发行的银行是指中央银行垄断了货币发行权,是一国唯一的货币发行机关,这是中央银行的基本职能,是其发挥全部职能的基础,为其调节金融活动和全社会货币总量及信用总量、稳定货币、保障充分就业、保持国际收支平衡和促进经济增长提供重要保障。中央银行根据货币政策目标要求,根据经济运行对货币的客观要求,在与商业银行等金融机构的业务往来过程中,具体行使货币发行职能。中央银行发行货币的目的是执行货币政策,使得货币政策"保持货币币值稳定"的基本目标得以实现,在发行货币的过程中必须遵守垄断发行原则、信用保证原则和弹性发行原则。

②银行的银行

银行的银行是指中央银行只与商业银行及其他金融机构发生业务关系,充当"最后贷款人"的角色。该职能主要体现在以下三个方面:

a.集中存款准备金。中央银行通常规定,商业银行和其他金融机构必须依法向中央银行缴存一部分存款准备金,这样做一方面可以保证存款机构的清偿能力,保证存款人的资金安全和金融机构的安全,另一方面有利于中央银行调节信用规模和控制货币供应量。由于存款准备金制度是现代中央银行——商业银行二级银行体制下信用货币创造的基础之一,中央银行通常掌握确定法定存款准备金率和相关事项的权力,从而使存款准备金制度成为现代中央银行制度下货币政策的一项重要操作工具。

b.最终贷款人。最终贷款人是指中央银行负有维护金融稳定的责任,可以根据情况向出现流动性问题的商业银行和金融机构提供资金援助,避免由于支付链条中断而引起的金融危机。中央银行通过将商业银行持有的票据办理再贴现、再抵押或直接取得贷款的方式向商业银行提供资金援助。因此,中央银行可以采取提高或降低再贴现率、规定再贴现票据的种类等方法来调节商业银行的信贷能力,从而保证货币政策目标的实现。

c.组织全国清算。商业银行每天都要受理大量的票据,面对各银行间发生的债务债权关系,中央银行采取各银行每日清算差额的方法,大大提高了资金清算的效率。

③国家的银行

国家的银行是指中央银行代表国家贯彻执行财政政策和货币政策,代理国库收支,以及为国家提供各种金融服务。中央银行作为国家的银行的职能,主要体现在以下几个方面:

a.代理国库。代理国库业务是指政府收入与支出均通过财政部在中央银行开立的账户进行,具体包括按国家预算要求协助财政、税务部门收缴库款,根据财政支付命令向单位划拨经费,随时反映经办预算收上缴下拨过程中的预算执行情况。

b.代理国家债券的发行。中央银行通常代理国家发行债券及债权到期时的还本付息事宜。

c.对国家给予信贷支持。中央银行作为国家的银行,在国家财政出现收不抵支的情况下,一般有提供信贷支持的义务。这种信贷支持采取多种方式:一是直接给国家财政贷款,这主要用于解决财政先支后收等暂时性问题,各国中央银行一般不能向财政提供长期贷款。二是购买国家公债。中央银行在一级市场上购进国家公债,资金直接形成财政收入,流入国库;如果在二级市场上购买,资金间接流向财政。无论以哪种方式,只要中央银行持有国债,就表明对国家进行了融资。

d.经营管理外汇、黄金等国际储备。中央银行通过为国家经营管理黄金和外汇储备,以及根据国内国际情况适时适量购进、卖出外汇和黄金储备,可以起到稳定货币和汇率、调节国际收支、保证国际收支平衡的作用。

e.制定并监督执行有关金融管理法规。作为政府的金融业务管理部门,中央银行通过制定一系列的法律、规章制度对商业银行等金融机构进行监督管理。具体包括对金融机构的市场准入、市场运营、市场退出等各方面进行管理监督,确保金融市场的稳健和安全。具体内容包括:金融机构的设立、业务范围的确定、风险管理制度的制定及其执行情况等。同时,中央银行拥有对商业银行的经济和行政处罚权力,包括罚款、警告、通报、停业整顿、停办部分业务等。

f.代表政府参与国际金融活动。作为国家的银行,代表政府参加国际金融组织,出席各种国际金融会议,在国内外经济金融活动中充当政府的金融顾问,提供经济、金融情报和决策建议。

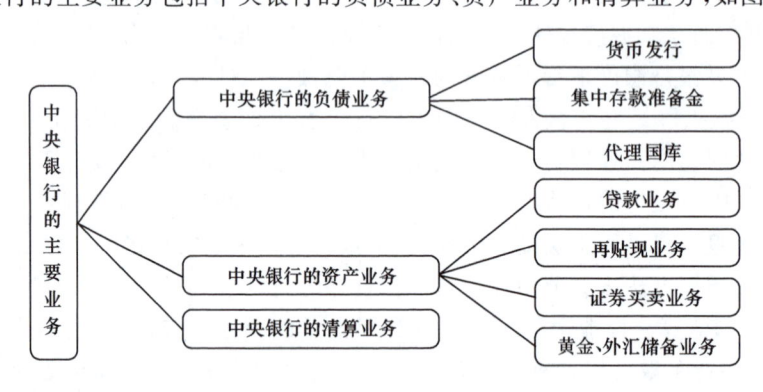

2.中央银行的主要业务

中央银行的主要业务包括中央银行的负债业务、资产业务和清算业务,如图3-2所示。

图 3-2 中央银行的主要业务

(1)中央银行的负债业务

中央银行的负债是指社会集团和个人持有的对中央银行的债权,其业务主要包括货币发行、集中存款准备金和代理国库。

①货币发行业务。货币发行是中央银行主要的负债业务,是中央银行与一般商业银行不同的重要标志。中央银行依据货币法系制度,遵循垄断发行、信用保证和弹性发行的原则,通过再贴现、贷款、购买证券、收购金银外汇等渠道投入市场形成流通中的纸币,以满足经济发展对货币的需要。

②集中存款准备金业务。中央银行集中商业银行与其他金融机构的存款准备金,旨在满足流动性与清偿能力要求。调控信贷规模和货币供给量、便利资金清算以维护金融体系的安全与稳定,而这一最大的存款资金是中央银行充当最后贷款人、实施货币政策的基础。

③代理国库业务。中央银行凭借财政部开设于中央银行的专门账户代理财政收入支出,履行代理国库职责,财政金库存款即成为中央银行的重要资金来源之一。

(2)中央银行的资产业务

中央银行的资产是指中央银行在一定时点上所拥有的各种债权,主要包括贷款,再贴现,证券买卖,黄金、外汇储备。中央银行的资产业务对其制定实施货币政策、调控金融运行具有重要作用。

①贷款业务。贷款业务是中央银行主要资产业务之一,它充分体现了中央银行作为"最后贷款人"的职能作用。贷款业务是指中央银行对商业银行和其他金融机构发放贷款,主要解决其临时性资金不足问题,弥补头寸的临时性短缺和紧急情况下保证商业银行的最后清偿能力,防止出现金融恐慌,维护金融体系的安全。

②再贴现业务。再贴现业务是商业银行和其他金融机构持有已贴现的商业汇票,向中央银行进行票据再转让的一种行为。再贴现是一种特殊的放款形式,也是中央银行传统的货币政策工具之一。再贴现主要用于解决一般金融机构由于办理贴现业务引起的暂时性资金困难。再贴现的实付金额等于再贴现承兑汇票面额扣除再贴现利息。再贴现的期限,从再贴现之日起至票据到期日止,一般为3个月,最长不超过6个月。

③证券买卖业务。中央银行经营证券业务,即在金融市场买卖各种有价证券,主要是政府债券的活动,其目的不在于营利。因为中央银行负有调节和管理宏观经济的职责,根据市场银根松紧,调节资金供应。中央银行通过买进或卖出证券就可以达到调节市场资金供求的目的。可见,证券买卖是中央银行的调控手段之一,也是一项经常性的资产业务。

④黄金、外汇储备业务。中央银行为保证国际收支平衡、汇率稳定及本国货币币值的稳定,要统一掌握和负责管理国家的黄金、外汇储备。需要黄金、外汇者可向中央银行申请购买,中央银行也通过买卖黄金、外汇来集中储备,调节资金结构,保持汇率稳定。

(3)中央银行的清算业务

资产清算是中央银行主要的中间业务,也是一项传统业务。这类业务可以划分为:

①集中办理票据交换。票据交换工作一般在票据交换所进行,参与票据交换所交换票据的银行均是"清算银行"或"交换银行",它们只有依据票据交换所有关章程的规定承担一定的义务(如缴纳一定的交换保证金、在中央银行开立往来存款账户用以结算交换差额、分摊交换所有费用),才能拥有入场交换票据的权利。

②结算交换差额。中央银行开立有往来存款账户的清算银行,其票据交换所得最后差额即由该账户上资金的增减来结清。

③办理异地资金转移。中央银行的资金清算工作既可以通过其分支机构组织同城票据交换与资金清算,也可办理全国范围内的异地资金转移业务。办理异地资金转移的方式一般有两种:一是先由各金融机构内部联行系统处理,然后各金融机构的总行通过中央

银行总行办理转账结算；二是将异地票据统一集中传递到中央银行总行办理轧差转账。目前中央银行清算的手段有自动化清算系统和手工操作的计算机处理等。

金融视野

货币政策要在"稳"字上下功夫

中央经济工作会议强调，2022年经济工作要稳字当头、稳中求进，稳健的货币政策要灵活适度，保持合理的流动性。2022年之所以强调"稳"，是基于当前的国内外形势。国内看，我国经济韧性强，长期向好的基本面不会改变，但在需求收缩、供给冲击、预期转弱的三重影响下，短期面临下行压力，必须稳定宏观经济大盘。国际上，外部环境更趋复杂化和不确定，维护内外部均衡的难度进一步增大，这也要求我国更要以稳定的经济环境和政策环境来应对各种外部不确定性。

今年以来，中国人民银行坚持以我为主、稳字当头，货币政策的前瞻性、有效性、精准性进一步提升，金融对实体经济支持力度进一步加大。货币信贷和社会融资规模合理增长，信贷结构进一步优化，普惠小微贷款已经支持超过4 200万户小微经营主体。同时，综合融资成本稳中有降，今年企业贷款平均利率已经在5%以下，为统计以来新低。

2022年，中国人民银行将认真贯彻落实中央经济工作会议精神，进一步增强金融服务实体经济的能力。具体来说，主要体现为三个"稳"：一是货币信贷总量稳定增长。保持货币供应量和社会融资规模增速同名义经济增速基本匹配。二是金融结构稳步优化。精准施策，引导金融机构加大对实体经济特别是小微企业、科技创新、绿色发展的支持，支持高质量发展。三是综合融资成本稳中有降。

(资料来源：节选自《经济日报》，2021年12月29日)

请思考 上述案例中央行采用哪些措施来保证货币政策的稳定？

视频：商业银行及经营原则

二、处理商业银行业务

商业银行是市场经济发展的产物，是为适应市场经济发展和社会化大生产而形成的一种金融组织，是现代金融体系的主要组成部分。

1. 商业银行的性质和职能

（1）商业银行的性质

从商业银行产生和发展的历史过程来看，商业银行是以追逐利润为目标，以经营金融资产和负债为对象，综合性、多功能的金融企业。

①商业银行具有一般企业的基本特征，是社会经济的重要组成部分。商业银行具有从事业务经营所需的自有资本，依法经营，照章纳税，自负盈亏，以追逐利润为目标，从这些特点来看，它与工商企业并无差别。

②商业银行以金融资产和金融负债为经营对象，经营的是特殊商品——货币和货币

资本,经营内容包括货币的收付、借贷及各种与货币运动有关的金融服务,这是商业银行区别于其他企业的重要特点。

③与专业银行和其他金融机构相比,商业银行的业务更综合,功能更全面,为客户提供所有的金融服务。随着各国金融管制的放松,专业银行和其他金融机构的业务经营范围也在不断扩大,但是与商业银行相比,仍相差甚远。商业银行在业务经营上的优势,使其业务扩张更为迅速。

(2)商业银行的职能

商业银行作为金融企业,有如下特定的职能:

①信用中介职能。信用中介是商业银行最基本、最能反映其经营活动特征的职能。商业银行通过其负债业务,把社会上的闲散货币资金集中起来,通过资产业务投向社会经济的各个部门。商业银行通过信用中介的职能实现资本在盈余和短缺之间的融通。

②支付中介职能。商业银行通过存款在账户上的转移,代理客户支付,在存款的基础上,为客户兑付现款等,成为工商企业、团体和个人的货币保管者和支付代理人和债权债务关系与支付的中心。支付中介职能的发挥大大减少了现金的使用,节约了流通费用,提高了结算和货币资本周转的效率,促进了社会再生产的扩大。

③信用创造功能。商业银行在信用中介职能和支付中介职能的基础上产生了信用创造功能。商业银行利用其吸收的存款发放贷款,在支票流通和转账结算的基础上,贷款又转化为存款,在这种存款不提取现金或不完全提现的情况下,增加了商业银行新的资金来源,最后在整个银行体系形成了数倍于原始存款的派生存款。商业银行创造信用的功能受到法定存款准备金率、现金漏损率、超额准备金率的制约。

④金融服务职能。由于银行联系面广,信息比较灵通,特别是电子计算机在银行业务中的广泛应用,使其具备了为客户提供信息服务的条件。在激烈的业务竞争压力下,各商业银行不断开拓服务领域,借以建立与客户的广泛联系,通过金融服务业务的发展,进一步促进资产负债业务的扩大。在现代经济生活中,金融服务已经成为商业银行的一项重要职能。

2.商业银行的主要业务处理

商业银行的主要业务包括负债业务、资产业务和中间业务,如图3-3所示。

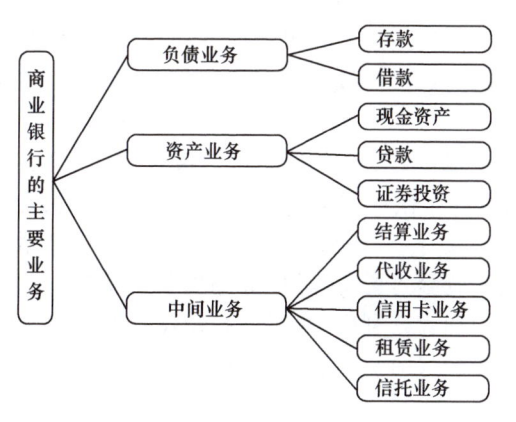

图3-3 商业银行的主要业务

(1)商业银行的负债业务

负债业务是商业银行资金来源的业务,是商业银行资产业务和中间业务的基础。负债业务主要包括吸收存款、向中央银行借款、向其他银行和货币市场拆借以及从国际货币市场借款等,其中以吸收存款为主。

①存款业务

a.活期存款。活期存款是指那些可以由存户随时存取的存款。这种存款无确定的期限规定,银行也无权要求客户在取款前事先书面通知。这种存款在使用时须使用银行规定的支票,因此也称为支票存款。开立这种存款账户的目的是通过银行进行各种支付结算,同时作为商业银行主要资金来源的活期存款具有派生能力强、流动性大的特点。

b.定期存款。定期存款是指客户与银行预先约定存款期限,银行对此支付较高利息的存款。存期通常为5年、3年、1年或6个月不等。利息率根据期限长短不同而存在差异,但都要高于活期存款。定期存款对客户来说,由于定期存款利率高、风险小,因而是一种收入稳定而风险很小的投资方式;对商业银行而言,定期存款按规定客户不能提前支取,因此是银行稳定的资金来源。

c.储蓄存款。储蓄存款主要是针对个人积蓄货币和为取得一定利息收入而开立的存款。储蓄存款也可分为活期存款和定期存款两类,由银行发给存户存折,以此作为存款和取款的凭证。各国对经营储蓄存款业务的商业银行有严格的管理规定,要求银行对储蓄存款负有无限清偿责任,有些国家只准许专门的金融机构经营储蓄存款业务,不允许商业银行以及其他金融机构经营此项业务。

②借款业务

商业银行除了通过吸收存款获得资金外,还可以向中央银行、其他商业银行、企业、海外金融市场借款。根据商业银行对外借款时间的长短,可分为短期借款和长期借款。

a.短期借款。短期借款是指期限在1年以内(含1年)的债务,包括同业借款、向中央银行借款和其他短期借款渠道。

同业借款,是指金融机构之间的短期资金融通,主要用于支持日常性的资金周转,它是商业银行为解决短期余缺,调剂法定准备金头寸而融通资金的重要渠道。

中央银行借款,是中央银行向商业银行提供的信用,主要通过再贴现和再贷款两种形式完成。再贴现是经营票据贴现业务的商业银行将其买入的未到期的票据向中央银行再次申请贴现,也叫间接借款;再贷款是中央银行向商业银行提供的信用放款,也叫直接借款。再贴现和再贷款不仅是商业银行筹措短期资金的重要渠道,也是中央银行重要的货币政策工具。

其他短期借款渠道还包括转贴现、回购协议、大额定期存单和欧洲货币市场借款等。

b.长期借款。长期借款是指偿还期限在1年以上的借款。商业银行的长期借款主要采取发行金融债券的形式。发行金融债券具有如下特点:发行金融债券是为了增加长期资金来源和满足特定用途的资金需要;金融债券的发行是集中、有限额的主动型负债;金融债券的利率一般要高于同期存款利率,对客户有较强的吸引力,因而具有较高的筹资效率;金融债券一般不记名,有较好的流通性,具有比存款更高的转让性。

(2)商业银行的资产业务

商业银行的资产业务是指将银行通过负债业务所聚集的货币资金加以运用的业务,

是商业银行取得收益的主要途径。商业银行所积聚的资金除了必须保留一部分现金和在中央银行存款以应付客户提现外,其余部分主要以贷款和证券投资等方式加以运用。这里主要介绍资产业务中两个最重要的内容:贷款业务与证券投资业务。

①贷款业务

贷款是商业银行作为贷款人按照一定的贷款原则和政策,以还本付息为条件,将一定数量的货币资金提供给借款人使用的一种借贷行为。贷款是商业银行主要的资产业务,也是商业银行取得利润的主要渠道。商业银行贷款的种类很多,可按照不同的标准划分。

a.按归还期限划分,可分为短期、中期和长期贷款业务。短期贷款规定在1年之内归还,用于满足企业短期流动资金需求或季节性资金需求;中期贷款期限为5～7年,通常在贷款期限内分期偿还本息;长期贷款一般指归还期限在10年以上,主要是由银行发放的不动产抵押贷款。

b.按有无担保划分,可分为抵押贷款与信用贷款。抵押贷款需要一定的担保物品,目的是尽可能减少银行的风险。担保物品可以是库存货物、土地、建筑物、有价证券等;信用贷款主要发放给那些信用等级高,并且银行对其资金状况十分了解的客户,这类贷款有利于银行与客户之间保持良好的关系,进一步拓展各类业务。

c.按费用定价方法划分,可分为固定利率与浮动利率贷款。固定利率贷款,是客户还本付息时根据与银行商定的利率付息;浮动利率贷款是对资信状况良好又与银行有长期合作关系的客户实行优惠利率,即在银行贷款标准利率的基础上向下浮动。

d.按贷款的偿还方式划分,可分为一次性偿还贷款和分期偿还贷款。一次性偿还贷款,是指贷款到期日一次性偿还本金,其利息可以分期支付,也可以在贷款到期日一次性付清;分期偿还贷款,是指借款人按规定的期限分次偿还本金和支付利息的贷款。中长期贷款大都采用分期偿还方式。例如,住房贷款一般为分期偿还贷款,又称按揭。

e.按贷款的质量划分,可分为正常贷款、次级贷款、可疑贷款和损失贷款。正常贷款,是指借款人能够履行合同,没有足够理由怀疑贷款本息不能按时足额偿还的贷款;次级贷款,是指借款人的还款能力出现明显问题,完全依靠其正常营业收入无法足额偿还贷款本息的贷款;可疑贷款,是指借款人无法足额偿还贷款本息,即使执行担保也肯定要造成较大损失的贷款;损失贷款,是指在采取所有可能的措施或一切必要的法律程序之后,本息仍然无法收回,或只能收回极少部分的贷款。

②证券投资业务

商业银行的投资主要指的是证券投资。证券投资与贷款相比具有较强的主动性、独立性。由于证券的流动性较强,加上购买时银行不是唯一债权人,风险较小,因而商业银行乐于进行证券投资。商业银行投资的证券主要有以下几大类:

a.政府债券,即国债,由中央银行发行,具有信用风险低、流动性强、收益较高的特点,也可以作为中央银行再贷款的抵押,所以很受商业银行的欢迎。

b.政府机构债券,是中央政府以外的其他政府部门或有关机构发行的债务凭证。一般来说,政府提供担保,因而该债券具有较好的信誉,商业银行也愿意接受。

c.地方政府债券,又称市政债券,是由地方政府发行的,为发展地方经济筹集资金的债券,由于其免征国家所得税与地方所得税,所以税后利润很高,很受商业银行的重视。

d.公司证券,包括公司债券与公司股票,对于公司股票,不同国家有不同的规定,多数国家禁止商业银行投资公司股票,我国《商业银行法》规定商业银行不得从事股票业务。

e.金融债券,是商业银行为贷款筹集资金而发行的债务凭证,同业间可以互相持有。我国商业银行发行金融债券须经批准。

(3)商业银行的中间业务

中间业务是指商业银行以中介人的身份代客户办理各种委托事项,并从中收取手续费的业务,主要包括结算业务、代收业务、信用卡业务、租赁业务和信托业务等。中间业务不构成商业银行表内资产、表内负债,但形成银行的非利息收入。按通行的会计准则,由于这类业务不列入商业银行的资产负债表内,不影响其资产负债总额,因而也称为表外业务。

①结算业务

结算业务是各经济单位之间因交易、劳务、资金转移等而引起的货币收付行为。按照结算地点的不同可分为同城结算和异地结算。同城结算是指收款人与付款人在同一城市或地区的结算,主要通过支票进行结算;异地结算是指收款人与付款人不在同一地区的结算,异地结算可分为汇兑、托收和信用证结算三种方式。

②代收业务

在国际贸易的支付过程中,卖方开出汇票,委托银行向买方收取货款的行为称为托收,对于银行在这一过程中的行为就是代收。代收业务的对象还包括支票、票据、有价证券等。代收支票款项是客户收到其他银行的支票,委托自己的开户行代为收款;票据代收业务是指银行接受客户委托,负责收取票据款项;有价证券代收业务是客户把有价证券交存银行,委托银行代收利息与股息等。

③信用卡业务

信用卡是银行发放的一种消费信贷的工具。发卡银行为消费者提供"先消费、后付款"的便利,并允许一定额度的善意透支。消费者在商店购买物品或接受服务以后,由计算机系统提供清算,银行汇总向顾客收款。这样大大方便了消费者,也减少了现金流通的数量。

④租赁业务

租赁业务是指以收取租金为条件而出让物品使用权的经济行为。可分为经营性租赁与融资性租赁两类。经营性租赁是出租人将物件反复出租给承租人并收取租金的行为;融资租赁则是由银行或租赁公司根据企业要求,筹措资金购买企业设备,租给企业并收取租金,待租赁期满后再将物件作价出售给企业。这是一种带有融资目的的租赁活动,商业银行一般介入的都是这种融资性租赁。

⑤信托业务

信托业务是指商业银行接受个人、企业或社会机构的信任委托,代为其管理、运营和处理受托资产,并为其谋利的活动。信托业务涉及信托贷款与信托投资,银行只是通过信托业务收取相关手续费,而经营收入归委托人或指定的受益人。目前世界上多数国家的商业银行都设有信托部,介入信托业务。

近年来,虽然我国商业银行的中间业务有所发展,但总体上仍以传统银行业的直接存贷为主，中间业务还比较落后，中间业务收入占全部收入的比重非常少。由此可以预见，我国商业银行的中间业务在今后将有巨大的发展潜力。

> **金融视野**
>
> **理财业务已经成为商业银行零售业务的核心板块**
>
> 1月16日，全球财富管理论坛举行"全球共同复苏下的经济金融新图景"主题峰会。建信理财负责人在会上表示，资管新规过渡期在2021年顺利结束，资产管理与财富管理由转型向发展转换。近3年以来，理财业务经历了平稳且脱胎换骨的巨变：
>
> 一是巨大规模的净值化改造。彻底告别资金池与刚性兑付，期限错配、高杠杆与多层嵌套。市场规模在切换和巨变中平稳增长，已经超过29万亿，净值化比例接近90%，11家大型机构理财规模占总规模比重超过50%。
>
> 二是理财业务已经成为商业银行零售业务的核心板块。超过8 100万持有理财的客户，形成了商业银行零售业务的核心客户群。以理财为代表的轻型银行业务对于商业银行经营能力迭代进化和估值提升发挥新的关键作用。
>
> 三是理财行业经受住了过渡期多重整改考验。保持总量平稳增长，对实体经济和资本市场发挥着增量支撑作用。理财是债券市场最大的投资机构，持有债券超过17万亿，为债券市场做出了突出贡献。
>
> 四是理财公司作为新型金融机构，确立了市场地位。理财公司在理财总量中的占比超过80%，在整个资管市场中，成为公募基金、信托后第三大子类。
>
> 在未来相当长的时期，理财公司需提升投资投研能力，走高质量发展道路，坚持"稳字当头，稳中求进"的主基调。
>
> （资料来源：中国网，2022年1月16日）

三、处理保险机构业务

视频：保险公司

《中华人民共和国保险法》将保险的定义表述为："保险是指投保人根据合同约定，向保险人支付保险费，保险人对合同约定的可能发生的事故因其发生所造成的财产损失承担赔偿保险金责任，或者当被保险人死亡、伤残、疾病或者达到合同约定的年龄、期限时承担给付保险金责任的商业保险行为。"

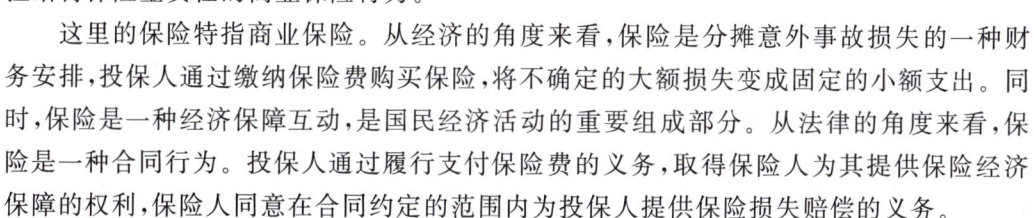

这里的保险特指商业保险。从经济的角度来看，保险是分摊意外事故损失的一种财务安排，投保人通过缴纳保险费购买保险，将不确定的大额损失变成固定的小额支出。同时，保险是一种经济保障互动，是国民经济活动的重要组成部分。从法律的角度来看，保险是一种合同行为。投保人通过履行支付保险费的义务，取得保险人为其提供保险经济保障的权利，保险人同意在合同约定的范围内为投保人提供保险损失赔偿的义务。

1. 保险机构的性质及主要险种

（1）保险机构的性质特点

第一，保险具有经济性。保险是一种经济保障活动。保险的经济保障活动是整个国民经济活动的一个有机组成部分,其保障对象的财产和人身都直接或间接属于社会再生产中的生产资料和劳动力两大经济要素;其实现的保障手段,最终都必须采取支付货币的形式进行补偿或给付。

第二,保险具有商品性。保险体现了一种等价交换的经济关系,也就是商品关系。这种商品经济关系直接表现为个别保险与个别投保之间的交换关系,间接表现为在一定时期内全部保险人与全部投保人之间的交换关系,即保险人出售保险、投保人购买保险的关系。

第三,保险具有互助性。保险具有"一人为众,众为一人"的互助特性。保险在一定条件下,分担了个别单位和个人所不能承担的风险,从而形成了一种经济互助关系。

第四,保险具有契约性。从法律的角度看,保险是一种契约行为。保险双方当事人要建立保险关系,其形式是保险合同。要履行其权利和义务,其依据也是保险合同。

第五,保险具有科学性。现代保险经营以大数法则和概率论等科学的数理统计为基础。保险费率的厘定、保险准备金的提存等都是以精密的数理计算为依据的。

(2)保险公司的主要险种

保险公司是收取保费并承担风险补偿责任,同时拥有专业化风险管理技术的机构组织。保险费是投保人为获得赔付权利所付出的代价,通常根据保险标的的危险程度、损失概率、保险期限、经营费用等因素来确定。在满足日益增长的保险需求的过程中,保险公司的业务种类越来越多,范围越来越广,下面介绍几种主要的保险险种:

①财产保险

财产保险是指以各类物质财产及其相关利益或责任作为保险标的的一种保险。财产保险的范围不仅包括客观实体的"物",也包括与财产有关的利益、费用、责任等无形的财产。

财产损失保险是狭义的财产保险,以有形财产为保险标的的保险,主要包括企业财产保险、家庭财产保险、机动车辆保险、船舶保险、货物运输保险、工程保险、农业保险等。

a.企业财产保险。企业财产保险是我国财产保险的主要险种,在保险业务经营中占有十分重要的地位。财产基本险和综合险是在火灾保险的基础上演变和发展而来的,主要是承保火灾以及其他自然灾害和意外事故造成的保险财产的直接损失。

b.家庭财产保险。凡城乡居民自有的家庭财产以及代他人保管或与他人共有的财产都可以投保家庭财产保险。随着经济形势的发展和人民生活水平的提高,目前我国保险公司开办的家庭财产保险的险种也越来越多。

c.机动车辆保险。机动车辆保险是我国财产保险中的第一大险种。机动车辆保险承保各种汽车、挂车、无轨电车、农用运输车、摩托车、拖拉机和专用机械车等因遭受自然灾害或意外事故造成的车辆本身及相关利益的损失和采取施救保护措施所支付的必要合理费用,以及被保险人对第三者人身伤害、财产损失依法应负的民事赔偿责任。机动车辆保险按照保险标的的不同分为车辆损失保险和第三者责任保险两大类。

d.船舶保险。船舶保险是以航行于海洋、江河、湖泊的各类船舶为保险标的的一种保险,是运输工具保险的主要险种之一。保险人所承保的船舶,大部分为从事远洋和沿海内河运输的船舶。船舶保险的保障范围主要包括船舶的物质损失、船舶的有关利益和第三者责任三个方面。

e.货物运输保险。货物运输保险起源于海上保险,是最古老的险种之一。货物运输保险以各种运输货物为保险标的,当保险货物遭到保险责任范围内的自然灾害或意外事故而造成损失时,由保险人承担经济赔偿责任。货物运输保险有公路、铁路、水路和航空等多种运输保险险种。

f.工程保险。工程保险是以建设工程作为承保对象,以与在建工程相关的经济利益作为保险标的的一种综合性保障险种。工程保险起源于20世纪初期,发展于第二次世界大战后,是保险领域的新产品。虽然起源和发展的时间远远迟于海上保险,但工程保险已经成为具有相当规模和影响力的保险险种。

g.农业保险。农业保险是对种植业和养殖业在生长、哺育、成长过程中可能遭受到自然灾害或意外事故所造成的经济损失提供经济保障的一种保险。农业保险具有地域性、制约性、复杂性和政策性等特点。

②人身保险

人身保险是以人为对象,以人的寿命和身体为保险标的的保险。人身保险的投保人按照合同的约定向保险人支付保险费,保险人根据合同约定,当被保险人死亡、伤残、疾病或者达到合同约定的年龄、期限时承担给付保险金的责任。人身保险按照保障范围不同可以分为人寿保险、人身意外伤害保险和健康保险。

a.人寿保险。人寿保险是以人的寿命为保险标的,以人的生存或死亡为保险事件的一种人身保险,即当被保险人死亡或达到合同约定的年龄、期限时,保险人向被保险人或其受益人给付保险金。

b.人身意外伤害保险。人身意外伤害保险是指保险人以被保险人因意外伤害事故而造成死亡、残废为给付保险金条件的一种人身保险。人身意外伤害保险中所称的意外伤害,是指在被保险人没有预见到或违背被保险人意愿的情况下,突然发生的外来致害物对被保险人的身体明显、剧烈侵害的客观事实。

c.健康保险。健康保险是以人的身体为保险标的,当被保险人因意外事故或疾病造成残疾、死亡、医疗费用支出以及丧失工作能力而使收入损失时,由保险人给付保险金的一种人身保险。健康保险所承保的疾病风险必须符合三个条件:第一,必须是由明显的非外来原因造成的;第二,必须是由非先天性的原因造成的;第三,必须是由非长期存在的原因造成的。

③责任保险

责任保险是指以被保险人的民事损失赔偿责任为保险标的的保险。不论企业、团体、家庭或个人,在从事各项生产经营业务活动或日常生活中,由于过失等行为造成其他人的损失或损害,根据法律或契约应对受害方承担经济赔偿责任的,都可以根据实际情况投保相关的责任保险,由保险公司实施具体的经济损害赔偿。随着国家法律制度的逐步完善,责任保险的产品种类不断增加,责任保险在保障公众利益、维持社会稳定等方面逐渐发挥越来越重要的作用。

④信用保证保险

信用保证保险是由债权人作为被保险人，以债务人的信用为保险标的，当债务人不能履行给付或拒绝偿付债务而使债权人受到经济损失时，由保险人负责赔偿的一种保险。信用保险通常分为出口信用保险和国内信用保险。

2.保险公司的经营

保险公司的经营是建立在科学分析和专业操作基础上的，其经营的基本原则是大数法则和概率论所确定的原则，保险公司的客户越多，承保范围越大，风险就越分散。只有这样才能做到保险保障范围的扩大和保险公司自身经营的稳定和扩张。在保险公司业务经营的一般过程中，最主要的是把握好保险展业、核保和承保、保险理赔三个主要环节。

（1）保险展业

保险展业是保险公司进行市场营销，向客户推销保险商品和服务的活动。其内容主要包括：认真调查分析保险市场，精心设计保险品种，以适应不同客户的投标要求；进行广泛有效的保险宣传，让更多人了解保险商品和保险公司的服务内容，最大限度地挖掘潜在客户；对投保人提供周到、优质的售后服务，树立保险公司的良好形象，巩固和扩大市场份额等。保险公司的展业活动，既可通过自身的业务人员去直接进行，也可通过保险代理人或保险经纪人进行。保险代理人为投保人提供保险咨询服务，制定风险管理方案和选择适当的保险人，并承接办理投保手续、代交保费、索取保险赔款等事宜。

（2）核保和承保

核保是保险人对投保人或被保险人的投保要求进行审核、判断，然后决定是否接受投保的过程，是控制保险业务质量的最主要环节。核保是对被保险人与保险内容有关的所有情况进行调查核实的过程。经核保后，保险人认为投保人提出的保险请求符合条件，同意接受其投保并签发保险单，即为保险承保。保险人一旦承保，则按保险条款承担保险标的所发生的在保险合同责任范围内的经济损失的赔偿或给付责任，而被保险人则获得了索赔的权利。保险人在承保过程中，需与被保险人明确保险标的、保险费率、保险金额、保险责任、保险期限等必要内容。

（3）保险理赔

保险理赔是保险人处理有关保险赔偿责任的程序及工作。当保险标的发生事故造成损失时，保险人即开始理赔程序。一般程序为：①受理损失通知，立案编号，现场勘查；②损失核赔，即通过整理分类，核实保险标的的实际损失程度和数额，明确赔偿责任，准确计算应赔金额；③处理损余物资，核查施救费用，确定实际赔款金额；④处理纠纷和疑难案件，对应由第三者负担赔偿责任的损失，保险人享有代位求偿权；⑤保险人按照理赔结果向被保险人给付赔偿金。保险理赔是保险的经济补偿功能和保险人信誉的体现，也是对承保工作质量的检验。

金融视野

保险业高质量发展需加强科技支撑

历经40余年的发展,我国保险业市场主体不断丰富,市场规模显著扩容,发展水平持续提升,已经进入高质量发展阶段。

如何实现保险业高质量发展?银保监会近期召开的推动保险业高质量发展座谈会提到,积极推动差异化发展和错位竞争,顺应数字化转型趋势,提升发展质量。所谓数字化转型,就是企业借助大数据、人工智能、云计算、区块链等一系列数字技术的应用与创新,实现对业务模式等的升级改造,最终大幅提升服务效能。由此来看,顺应数字化转型趋势,提升科技应用水平,不仅是保险业符合经济社会发展趋势的必然选择,也是保险业通往实现高质量发展的必由之路。

截至2020年年底,保险行业平均承保自动化率55.77%,核保自动化率64.71%,平均理赔自动化率21.48%。从这组数据不难看出,"十三五"期间,科技已经在保险业务价值链中发挥了重要作用。

但与此同时,保险行业在推进科技运用方面仍然存在一些问题。例如,从科技应用层次来看,相比于深度应用科技手段来创新产品与服务,保险机构似乎更加偏爱新兴渠道带来的流量,即"是营销而不是产品与服务"得到了市场主体的更多青睐。

保险业要实现高质量发展,需要回归本源,应充分发挥保险的保障功能,进一步丰富产品供给,拓展保险责任对于风险的覆盖范围,为人民群众的生产生活织密保障网。科技应用正是实现这一愿景的支撑点。得益于先进技术的应用,保险公司可以拥有更多可分析利用的数据,从而使保险公司摆脱传统保险产品开发方式的桎梏,为丰富保险产品种类、拓展保险可保范围提供巨大的可能性。例如,受制于无法获取有效财务信息或监控保险标的状态,长期以来,针对艺术品的保险保障一直存在较大空白,但通过物联网、区块链等技术手段的应用,保险公司的信息获取能力和风险管理能力有了显著提升,可以将以往不敢承保的此类风险纳入保险责任范围。

实现保险业高质量发展,不仅需要进一步丰富完善保险产品体系,还需要建设以客户为中心的服务运营体系。同时,提升保险服务能力与水平,更需要加强科技支撑。以车险产品为例,保险公司通过借助智能影像扫描诊断、药品信息追踪等科技手段,对伤人案件通过远程视频进行探视,无须接触伤者即可获取伤者治疗进展,对应产生的医疗费用直接赔付至医院,从而实现高频次预付赔款,极大地提升了客户的理赔服务体验。

推动保险业实现高质量发展,需要充分发挥科技赋能作用。在通往实现高质量发展的道路上,保险业需要持续推动保险与科技的深度融合,以此来不断提升保险服务水平,实现保险业高质量发展。

(资料来源:金融时报-中国金融新闻网,钱林浩,2022年1月17日)

> 请思考
> 1. 什么是保险？保险机构的主要业务是什么？
> 2. 结合材料谈谈科技的发展为保险业带来了哪些发展。

四、处理证券机构业务

证券机构是指为证券市场参与者提供中介服务的机构，主要包括证券交易所、证券公司、证券登记结算公司、证券投资咨询公司、基金管理公司等。

1.证券交易所的特点和种类

证券交易所是依据国家有关法律规定，经政府证券主管机关批准设立的集中进行证券交易的有形场所。证券交易所创造了公开、公平的市场环境，为证券市场参与者提供便利条件，从而保证证券交易的正常运行。1905年设立的"上海众业公所"是中国最早的证券交易所。1990年和1991年上海和深圳相继设立证券交易所。2021年9月3日北京证券交易所注册成立，是经国务院批准设立的我国第一家公司制证券交易所，受中国证监会监督管理。

（1）证券交易所的特点

①证券交易所的设立必须经国家批准

证券交易所的设立必须经国家有关部门批准，各国对此都有严格的规定。如我国设立证券交易所，须由国务院证券管理委员会审批，报国务院批准。

②证券交易所是一种非营利法人组织

证券交易所不同于证券经营机构，它专门组织和管理证券交易活动，但自身并不从事证券买卖业务，不以营利为目的。绝大多数证券交易所都是以会员制形式存在的非营利性机构，交易所的会员主要由证券商组成，只有会员和享有特许权的经纪人，才有从事交易活动的资格。

③证券交易所的最高权力机构是会员大会

会员大会是证券交易所的最高权力机构，它决定证券交易所的基本方针；理事会是由理事长及若干名理事组成的协议机构，制定具体方法和各种规章制度。

（2）证券交易所的种类

证券交易所分为公司制和会员制两种。这两种证券交易所既可以是政府或公共团体出资经营的（称为公营制证券交易所），也可以是私人出资经营的（称为民营制证券交易所），还可以是政府与私人共同出资经营的（称为公私合营的证券交易所）。

①公司制证券交易所

公司制证券交易所是以营利为目的，提供交易场所和服务人员，以便利证券商的交易与交割的证券交易所。从股票交易实践可以看出，这种证券交易所要收取发行公司的上市费与证券成交的佣金，其主要收入来自一定比例的买卖成交额。而且，经营这种交易所的人员不能参与证券买卖，从而在一定程度上可以保证交易的公平。

在公司制证券交易所中，总经理负责证券交易所的日常事务。董事会负责核定重要章程及业务、财务方针；拟定预算决算及盈余分配计划；核定投资；核定参加股票交易的证券商名单;核定证券商应缴纳的营业保证金、买卖经手费及其他款项的数额;核议上市股票的登记、变更、撤销、停业及上市费的征收;审定向股东大会提出的议案及报告;决定经理人员和评价委员会成员的选聘、解聘及核定其他项目。监事负责审查年度决算报告、监察业务和检查一切账目等。

②会员制证券交易所

会员制证券交易所不以营利为目的,由会员自治自律、互相约束,参与经营的会员可以参加股票交易中的股票买卖与交割。这种交易所的佣金和上市费用较低,从而在一定程度上可以放置上市股票的场外交易。但是,由于经营交易所的会员本身就是股票交易的参加者,所以在股票交易中难免出现交易的不公正性。同时,因为参与交易的买卖方只限于证券交易所的会员,新会员的加入一般要经过原会员的一致同意,这就形成了一种事实上的垄断,不利于保证服务质量和降低收费标准。

在会员制证券交易所中,理事会的职责主要有:决定政策,并由总经理负责编制预算,送请成员大会审定;维持会员纪律,对违反规章的会员给予罚款,停止营业与除名处分;批准新会员进入;核定新股票上市;决定如何将上市股票分配到交易厅专柜等。

2.证券交易所的成员和主要职责

(1)证券交易所的成员

①会员,包括股票经纪人、证券自营商及专业会员。

股票经纪人,主要是指与证券公司签订协议,为证券公司开发客户进而为客户提供专业咨询信息服务,并且与证券公司进行佣金分成的经纪人。交易所规定只有会员才能进入大厅交易股票,而非会员投资者就必须通过经纪人才能在交易所买卖股票。

证券自营商,是指在股票买卖中,由自己买卖股票而不是代理他人买卖的个人或公司,是证券交易市场的三大法人之一。证券自营商是证券业内以本金买卖而非代理买卖证券的个人或公司,其利润或损失来自于同一证券的买卖价差。在不同时期,同一个人或公司可能会分别充当经纪商或自营商的角色。

专业会员,是指在交易大厅专门买卖一种或多种股票的交易所会员。在股票交易实践中,专业会员可以以经纪人或自营商身份参与股票的买卖业务,但不能同时身兼二职参与股票买卖。

②交易人,交易人进入交易所后,分为特种经纪人和场内经纪人。

特种经纪人,又称专业经纪人,是在交易所内具有特殊身份,又固定从事特种证券交易的经纪人。他们的主要职责有:充当其他股票经纪人的代理人;直接参与交易;在大宗股票交易中扮演拍卖人的角色,负责对其他经纪人的出价进行评估;负责本区域交易,促其成交等。

场内经纪人,主要有佣金经纪人和独立经纪人。佣金经纪人即为上述股票经纪人。独立经纪人主要是指一些独立的个体企业家。在实践中独立经纪人都会竭力按照公司要求进行股票买卖,以获取良好的信誉和丰厚的报酬。

(2)证券交易所的主要职责

证券交易所的职责主要包括提供股票交易的场所和设施;制定证券交易所的业务规则;审核批准股票的上市申请;组织、监督股票交易;提供和管理证券交易所的股票市场信息等。

金融视野

纽约证券交易所

纽约证券交易所（New York Stock Exchange，NYSE）是世界上第二大证券交易所。它曾是最大的交易所，直到1996年它的交易量被纳斯达克超过。2005年4月末，NYSE收购全电子证券交易所，成为一个营利性机构。

纽约证券交易所经营对象主要为股票，其次为各种国内外债券。除节假日外，交易时间每周五天，每天五小时。自20世纪20年代起，它一直是国际金融中心，这里股票行市的暴涨与暴跌，都会在其他资本主义国家的股票市场产生连锁反应，引起波动。从1953年起，交易所的成员限定为1 366名。只有营利250万美元（税前）、最低发行售出股票100万股、给普通股东以投票权并定期公布财务的公司，其股票才有资格在交易所挂牌。美国政府、公司和外国政府、公司及国际银行的数千种债券都是在纽约证券交易所上市交易的。

3. 证券公司的主要业务

证券公司是指依照《公司法》规定设立的，并经国务院证券监督管理机构审查批准而成立的专门经营证券业务、具有独立法人地位的金融机构。通常，证券公司就是为投资人买卖股票提供通道的机构。普通投资者都可以在证券公司开户并通过证券公司中介买卖股票。证券公司主要有证券经营公司、证券登记公司、证券投资咨询服务机构、证券结算登记机构和证券金融公司。

（1）证券经营公司

证券经营公司是狭义的证券公司，是经主管机关批准并到有关工商行政管理局领取营业执照后专门经营证券业务的机构。它具有证券交易所的会员资格，可以承销发行、自营买卖或自营兼代理买卖证券。按证券经营公司的功能分，可分为证券经纪商、证券自营商、证券承销商和综合类证券商。

①证券经纪商，即证券经纪公司，是代理买卖证券，接受投资人委托、代为买卖证券，并收取一定手续费（佣金）的证券机构。

②证券自营商，即综合型证券公司，是除了证券经纪公司的权限外，还可以自行买卖证券的证券机构，它们资金雄厚，可直接进入交易所为自己买卖股票。

③证券承销商，是依照规定有权包销或代销有价证券的证券经营机构，是证券一级市场上发行人与投资者之间的媒介。其作用是接受发行人的委托，寻找潜在的投资公众，并通过广泛的公关活动，将潜在的投资人引导成为真正的投资者，从而使发行人募集到所需要的资金。

④综合类证券商，即同时经营以上三种业务的证券公司。

证券公司还参与企业间的兼并收购行为，向客户提供信息咨询业务，代理债券的还本付息业务和代为发放股票的股息、红利业务等。随着证券市场的发展和证券品种的增多，证券公司的业务范围还将不断拓展、创新。另外，一些经过认证的创新型证券公司，还具有创设权证的权限。

(2)证券登记公司

证券登记公司是证券集中登记过户的服务机构,是证券交易不可缺少的部分,并兼有行政管理性质,须经主管机关审核批准方可设立。

(3)证券投资咨询服务机构

证券投资咨询服务机构是指在证券市场上专门为市场参与者提供信息和决策服务或进行证券信用等级评估的机构,可分为证券投资咨询机构和证券评级机构。前者的主要业务是为投资者提供各种对投资有价值的信息,进行信息分析和投资决策论证等,充当投资者的投资顾问,如帮助投资者获得并分析宏观经济运行的各种指标,有关产业发展的特点和结构变化的资料,有关发行公司的业绩及其证券的收益性、成长性、财务稳定性的情况等,使投资者了解市场、明确投资价值和投资方向。后者的主要业务是对参加证券投资活动的机构和证券的资信等级进行评定。

(4)证券结算登记机构

证券结算登记机构是专门办理证券登记、存管、过户和资金结算交收业务的证券服务机构。证券交易活动必然会引起证券所有权转移和资金流动,因此,结算登记业务是确保证券市场正常运行不可缺少的环节。一个健全和完善的证券市场必须具备有序和高效的证券结算登记系统,如美国国家证券结算公司、日本证券托管中心、中国证券登记结算公司、中国香港中央结算公司等。有些证券结算登记机构是单个证券交易所的结算系统,如中国香港中央结算公司,有些则为多个证券交易所或市场的结算系统,如美国国家证券结算公司就承担着纽约证券交易所、美国证券交易所等市场的证券托管和结算业务,日本证券托管中心为日本的八大交易所承办证券结算业务。

(5)证券金融公司

证券金融公司是指在信用交易制度下为从事证券信用交易的机构进行融资融券活动的机构。其主要业务是吸收证券公司、交易所或其他证券机构的资金和证券,向愿意以信用交易方式买卖证券的机构贷出资金和证券。证券金融公司进行融资融券活动的意义在于活跃证券市场的交易,但这种机构目前尚不普遍,大多数信用交易的融资融券活动是通过交易者之间的借贷行为完成的。我国现行的证券法规尚不允许从事证券信用交易,因而也没有证券金融公司这种机构形式。

五、处理信托和金融租赁业务

目前我国信托机构开展的业务种类很多,既有传统的委托业务,又有适合我国国情的代理业务、租赁业务和咨询业务等。

1.信托的含义和特点

(1)信托的含义

信托是指委托人基于受托人的信任,将其财产权委托给受托人,由受托人按委托人的意愿以自己的名义,为受益人的利益或者特定的目的而进行管理或者处置的行为。简言之，信托是一种财产管理制度，是由财产所有人将财产移转或委托于管理人，使管理人为财产所有人的利益或目的，管理或处置财产。我国的信托投资公司是一种以受托人身份，代人理财的非银行金融机构，具有财产管理和运用、融通资金、提供信息及咨询、社会投资等功能。

(2)信托的特点

信托是一种信用业务，与银行信用相比，有其自身的特点：

①财产所有权的转移

签订了信托合同，财产所有权即转移到受托人手中，但受托人行使财产所有权受信托目的的限制。受托人接受了信托，就应当忠诚、谨慎、尽职地处理信托事务，管理和处置信托财产。

②资产合作的他主性

信托是受托人按照委托人的意愿和要求，为了受益人的利益而非自己的利益去处理和管理财产，是代人理财。如果信托投资公司违反信托目的，必须予以赔偿，否则不能请求给付报酬。

③收益分配的实际性

受托人按经营的实际效果计算信托收益，根据实际盈利水平进行分配，故受益人的利益通常是不固定的。

2.信托机构的含义和主要业务

(1)信托机构的含义

信托机构是从事信托业务、充当受托人的法人机构，其职能是财产事务管理，即接受客户委托，代客户管理、经营、处置财产，可概括为"受人之托、为人管业、代人理财"。信托公司和信托投资公司是经营现代信托业务的两种形式。

(2)信托机构的主要业务

信托业务是指商业银行信托部门接受客户的委托，代替委托单位或个人经营、管理或处理货币资金或其他财产，并从中收取手续费的业务。信托业务是以信用委托为基础的一种经济行为，即掌握资金(或财产)的部门(或个人)，委托信托机构代其运用或管理，信托机构遵从其议定的条件与范围，对其资金或财产进行管理并按时归还。

①委托业务

信托机构作为受托人，按照约定的条件和目的，为委托人或受益人管理财产、处理与财产管理有关的一切经济事务。主要类型有资金信托、财产信托和其他信托。我国规定，投资公司接受由其代为确定管理方式的信托资金时，信托期限不少于1年，单笔信托资金不低于人民币5万元。

②代理业务

代理业务是信托机构接受顾客委托，代为办理财产保管、资金收付、监督合同执行、执行保险及会计事务以及受托代发国债、政策性银行债券、企业债券等各类经济业务。

③租赁业务

租赁是出租人将财物出租给承租人使用并按规定收取租金的一种信用形式。信托机构开展的金融租赁业务有以下两类：

信托机构自营租赁业务，是指信托机构根据客户申请，用所吸收的资金或经营的结余资金购入客户选定的设备，出租给客户使用，并分期收取租金。

代理租赁业务，是指信托机构根据委托人要求，用委托人存入的信托资金购入客户选定的设备，出租给客户使用，并代委托人分期收取租金；或者将委托人委托出租的设备租给客户使用并收取租金。

④咨询业务

金融咨询业务是第二次世界大战后迅速发展起来的金融服务业务。改革开放以来，我国各类金融机构也纷纷开展各种形式的金融咨询服务业务。

市场咨询，是信托机构根据委托人要求，对某种产品市场的产供销情况和趋势以及其他市场信息进行调查，并将信息反馈给委托人的一种咨询业务。

信用咨询，是信托机构根据委托人的要求，对有关单位的资金、信用、支付能力等情况进行调查，并将调查信息反馈给委托人的一种咨询业务。

融资咨询，是信托机构根据委托人要求，对融资对象的资信、项目、市场、技术、设计及成本效益情况进行调查、分析和预测，并将可行性报告反馈给委托人的一种咨询业务。

技术咨询，是信托机构根据委托人要求，对特定产品、设备、工艺的技术资料和情报进行调查、收集并向委托人反馈的一种咨询业务。

⑤投资基金业务

信托投资公司可以受托经营投资基金业务，即委托人将资金事先存入信托投资机构作为投资基金，委托信托机构向指定的联营或投资单位进行投资，并对资金的使用情况、投资单位的经营状况及利润分红等进行管理和监督。信托投资公司也可以作为投资基金或者基金管理公司的发起人从事投资基金业务。

⑥公益信托业务

公益信托业务是信托投资公司经营的以扶贫、救灾、助残或为发展科教文卫事业、保护环境及发展社会公益事业为目的的信托业务。企业往往采用捐赠的形式树立公众形象，如果采用公共信托的方式，例如设立教育信托基金，用基金收益捐助失学儿童，可以长久保持企业的公众形象。

> **金融视野**
>
> **融资类业务持续压降 2021年信托业转型成效显现**
>
> 2021年是资管新规过渡期收官之年。2021年信托业机构进一步夯实受托人定位，主动谋求转型发展，融资类业务持续压降，以证券投资业务为新发力点的标准化投资快速发展，以开拓服务、信托为主的本源业务成为新的发展动力，全行业业务结构明显改善，业务转型取得积极进展。
>
> 据中国信登信托登记系统数据显示，2021年全年新增各类型信托登记申请139 105笔，环比上升28.90%。其中，报送初始登记申请38 239笔，环比上升35.84%；

涉及募集金额 68 613.47 亿元,环比上升 3.51%。从 2021 年新增初始登记数据看,呈现出以下几个特点:

融资类规模压降成效显著。每月新增融资类信托规模自 2020 年 10 月起快速回落后,2021 年以来总体保持低位水平,当年每月新增融资类信托规模平均值为 885.43 亿元、占当月新增规模比重平均值的 13.97%,较上年平均值分别下降 959.22 亿元、20.1 个百分点。

标品信托发展势头强劲。信托公司不断提升资产配置与财富管理能力,完善标品信托投资体系,一方面加大与经中国证券投资基金业协会备案的私募基金管理人之间的合作深度和广度;另一方面加大主动投研能力,开发主动配置类 TOF/FOF 产品。2021 年,标品信托保持快速增长,尤其是投向债券,规模大幅增长。当年每月新增投向标品信托规模为 867.98 亿元,占当月新增资金信托规模的 26.05%,较上年平均值分别增长 375.42 亿元,上升 11.28 个百分点。

服务信托场景更加丰富。2021 年,信托公司结合自身资源禀赋优势,不断强化服务信托领域创新发展。资产支持票据业务实现较快增长,每月新增资产支持票据业务规模较上年度平均值增长近 100 亿元。保险金信托保持良好发展势头,2021 年新增保险金信托规模较上年增长一倍多。慈善信托目的更加精准多元,除扶贫、教育等传统领域外,在抗疫救灾、乡村振兴、科技创新、文化保护等方面也积极发挥作用。此外,以服务信托模式参与涉众型预付资金管理、碳排放权流转、养老服务领域均有创新案例。

(资料来源:金融时报—新浪财经,2022 年 1 月 17 日)

3.金融租赁公司的含义和主要业务

(1)金融租赁公司的含义

金融租赁公司是专门经营租赁业务的专业金融机构。1986 年 11 月,中国第一家金融租赁公司——中国对外贸易租赁公司成立。金融租赁公司是租赁设备的物主,通过提供租赁设备而定期向承租人收取租金。金融租赁公司开展业务的过程是:租赁公司根据企业的要求,筹措资金,提供以"融物"代替"融资"的设备租赁;在租期内,作为承租人的企业只有使用租赁物件的权利,没有所有权,并要按租赁合同规定,定期向租赁公司交付租金。租期届满时,承租人向租赁公司交付少量的租赁物件的名义价值(象征性的租赁物件残值),双方即可办理租赁物件的产权转移手续。

(2)金融租赁公司的主要业务

为促进我国金融租赁业的健康发展,规范金融租赁公司的经营业务,依据《中华人民共和国合同法》《中华人民共和国信托法》《中华人民共和国担保法》和《金融租赁公司管理办法》等法律法规,中国银监会授权中国金融学会金融租赁专业委员会负责监督金融租赁公司的业务活动。

金融租赁公司的主营业务是融资租赁业务,具体分为公司自担风险的融资租赁业务、公司同其他机构分担风险的融资租赁业务以及公司不承担风险的融资租赁业务三大类。

①公司自担风险的融资租赁业务

公司自担风险的融资租赁业务包括直接融资租赁业务、转租式融资租赁业务、售后回租式融资租赁业务和回转租式融资租赁业务四个类别。

a.直接融资租赁业务

直接融资租赁业务是指金融租赁公司以收取租金为条件，按照用户企业确认的具体要求、向该用户企业指定的出卖人购买固定资产并出租给该用户企业使用的业务，可分为直接购买式和委托购买式两类。

对于直接购买式直接融资租赁业务，金融租赁公司以买受人的身份按照用户企业确认的条件同出卖人订立以用户企业指定的货物为标的物的买卖合同，同时，金融租赁公司以出租人的身份同作为承租人的用户企业订立以相关买卖合同的货物为租赁物的融资租赁合同。同融资租赁合同关联的买卖合同可以是一个，也可以是多个。在相关的买卖合同中应该考虑列入以下内容的条款："出卖人知悉买受人购买本合同货物，是为了以融资租赁方式向本合同货物的最终用户出租"；"出卖人同意，本合同的货物装运单证及发票的正本在向买受人提交的同时，还应向本合同货物的最终用户提交"；"出卖人同意，本合同货物的最终用户同买受人一样，有在交付不符时向出卖人追索的权利。双方约定，买受人与本合同货物的最终用户不得同时行使上述对出卖人的追索权"。

对于委托购买式直接融资租赁业务，用户企业所指定的标的物不是由金融租赁公司自行购买而是由金融租赁公司委托别的法人企业购买。这时，金融租赁公司以委托人的身份同作为其代理人的该法人机构订立委托代理合同。该法人机构则以买受人的身份按照用户企业确认的条件同出卖人订立以用户企业指定的货物为标的物的买卖合同。该法人机构可以由金融租赁公司指定，也可以由用户企业指定。融资租赁合同的订立同直接购买式相同。

b.转租式融资租赁业务

转租式融资租赁业务是指以同一固定资产为租赁物的多层次的融资租赁业务。在转租赁过程中，上一层次的融资租赁合同的承租人同时是下一层次的融资租赁合同的出租人，在整个交易中称转租人。第一层次的融资租赁合同的出租人称第一出租人，最后一层次的融资租赁合同的承租人称最终承租人。各个层次的融资租赁合同的租赁物和租赁期限必须完全一致。在转租赁中，租赁物由第一出租人按照最终承租人的具体要求、向最终承租人指定的出卖人购买。购买方式同直租一样，既可以是直接购买，也可以是委托购买。金融租赁公司可以是转租赁中的第一出租人。这时，作为转租人的法人机构无须具备经营融资租赁的资质。金融租赁公司也可以是转租赁中的转租人。这时，如果第一出租人是境内法人机构，则后者必须具备经营融资租赁的资质。在上一层次的融资租赁合同中必须约定，承租人有以出租人的身份向下一层次的融资租赁合同的承租人转让自己对租赁物的占有、使用和获利的权利。

c.售后回租式融资租赁业务

售后回租式融资租赁业务是指出卖人和承租人是同一人的融资租赁。在回租中，金融租赁公司以买受人的身份同作为出卖人的用户企业订立以用户企业的自有固定资产为标的物的买卖合同或所有权转让协议。同时,金融租赁公司又以出租人的身份同作为承租人的该用户企业订立融资租赁合同。

d.回转租式融资租赁业务

回转租式融资租赁业务是回租和转租赁的结合,即金融租赁公司购买了用户企业自有的固定资产后不是直接出租给该用户企业,而是通过融资租赁合同出租给另一企业法人,由后者通过同该用户企业之间的融资租赁合同将该固定资产作为租赁物出租给该用户企业使用。

②公司同其他机构分担风险的融资租赁业务

a.联合租赁

联合租赁是指多家有融资租赁资质的租赁公司对同一个融资租赁项目提供租赁融资,由其中一家租赁公司作为牵头人。无论是相关的买卖合同还是融资租赁合同都由牵头人出面订立。各家租赁公司按照所提供的租赁融资额的比例承担该融资租赁项目的风险和享有该融资租赁项目的收益。各家租赁公司同作为牵头人的租赁公司订立体现资金信托关系的联合租赁协议。牵头人同出卖人之间的买卖合同以及同用户企业之间的融资租赁合同与自担风险的融资租赁业务中的同类合同毫无差别。

b.杠杆租赁

杠杆租赁是指某融资租赁项目中的大部分租赁融资是由其他金融机构以银团贷款的形式提供的,但是,这些金融机构对承办该融资租赁项目的租赁公司无追索权,同时,这些金融机构按所提供的资金在该项目的租赁融资额中的比例直接享有回收租金中所含的租赁收益。租赁公司同这些金融机构订立无追索权的银团贷款协议。租赁公司同出卖人之间的买卖合同以及同用户企业之间的融资租赁合同与自担风险的融资租赁业务中的同类合同毫无差别。

③公司不承担风险的融资租赁业务

公司不承担风险的融资租赁业务是指融资租赁项目中的租赁物或用于购买租赁物的资金是一个或多个法人机构提供的信托财产。租赁公司以受托人的身份同作为委托人的这些法人机构订立,由后者将自己的财产作为信托财产委托给租赁公司以融资租赁方式运用和处置的信托合同。该融资租赁项目的风险和收益全部归委托人,租赁公司则依据该信托合同的约定收取由委托人支付的报酬。该信托合同受《中华人民共和国信托法》管辖。租赁公司同出卖人之间的买卖合同以及同用户企业之间的融资租赁合同与自担风险的融资租赁业务中的同类合同毫无差别。

> **问题思考**

1.简述中央银行的性质和基本职能,并简述中央银行在维护金融稳定时,应如何与其他部门进行合作与协调。

2.结合所学金融机构和金融体系的相关知识,对自己身边的某个金融现象和金融问题进行分析论述。

金融视野

银行业：2021年第三季度末，我国银行业金融机构本外币资产339.4万亿元，同比增长7.7%。商业银行累计实现净利润1.7万亿元，同比增长11.5%。商业银行贷款损失准备余额为5.6万亿元，较上季末增加198 891亿元；拨备覆盖率为196.99%，较上季末上升3.76个百分点；贷款拨备率为3.44%，较上季末上升0.05个百分点。商业银行正常贷款余额159.4万亿元，其中正常类贷款余额155.6万亿元，关注类贷款余额3.8万亿元。商业银行不良贷款余额2.8万亿元，较上季末增加427亿元；商业银行不良贷款率1.75%，较上季末下降0.01个百分点。

(资料来源：人民网—人民资讯，2021年11月16日)

证券业：2020年证券行业实现营业收入和净利润分别为人民币4 468亿元和人民币1 549亿元(母公司财务报表口径，下同)，较2019年分别上升了24%和30%。证券公司各业务条线收入较上年均有增长。从收入结构角度分析，自营业务占证券行业总收入的比例为33%，虽较上年度下降6个百分点，但仍为证券公司第一大收入来源。得益于二级市场的火热行情，经纪业务收入占比为29%，较2019年增加6个百分点。2020年投资银行业务收入也获得颇为亮眼的成绩，其占营业收入比重为15%，较上年增加2个百分点。资管业务收入占比较上年无重大变化。

(资料来源：人民网人民科技—人民咨询，2021年8月31日)

保险业：2021年下半年，河南省遭受特大强降雨，造成郑州、新乡、鹤壁等16市受灾，引起社会广泛关注。根据银保监会数据，此次河南强降雨，保险业预计赔付超124亿元，占直接经济损失的比例超过了11%，创下了自然灾害事故保险赔付比例的新纪录。截至2021年12月1日，保险业已赔付案件50.1万件，支付赔款97.04亿元。灾情发生后，保险业迅速响应，排查承保情况，设立理赔绿色通道，简化理赔流程和手续，应赔尽赔、早赔快赔，充分发挥了保险风险管理、防灾减损的功能，不仅有力填补了风险保障缺口，还帮助政府和企业提升了风险管理能力。

(资料来源：中国银行保险报，2021年12月31日)

信托业：2018年年末中国信托业年会上，中国银保监会首次提出服务信托的概念。自此之后，服务信托涉及的业务类型不断被延伸，比如在涉众性社会资金管理中引入信托机制。2021年，中航信托、万向信托在物业领域的创新为信托公司参与涉众性社会资金管理开创了新的领域。此外，平安信托、建信信托、国民信托等近年来开始加快布局和拓展破产服务信托。根据公开信息，建信信托在业内首创破产重整服务信托后，累计中标总金额近3 000亿元，平安信托的破产重组服务信托规模也达320亿元(不包含方正项目)。

(资料来源：新浪财经—金融界，2022年1月14日)

证监会：2021年，中国证监会启动调查案件323起，重点打击了以市值管理为名、行市场操纵之实等市场各方面比较关注的恶性违法行为，会同公安机关查获多起操纵市场重大案件,向公安机关提供涉嫌犯罪案件线索 177 起,移送犯罪嫌疑人 419 人。

(资料来源:证券日报,2022 年 1 月 9 日)

银保监会:银保监会将持续完善银行业保险业资管业务的监管规则,逐步形成贯穿监管机构经营主线的监管法规体系,全面覆盖公司治理、投资运作、销售消保、风险内控等关键环节。此外,银保监会还会加大现场调查、现场检查力度和频度,综合运用监管提示、监管通报、行政处罚等手段,对违规行为保持高压震慑。

(资料来源:投资快报,2022 年 1 月 17 日)

请思考

1. 我国的金融机构体系是如何构成的?银行、非银行金融机构在金融事务中的地位和作用如何?
2. 材料中,保险业发挥了什么作用?
3. 在我国的金融活动中,规范和监管金融市场操作的部门有哪些?它们的职能分别是什么?

项目结论

1. 现阶段我国的金融机构体系以中央银行为核心,政策性银行、商业银行为主体,非银行金融机构、外资银行为补充,形成一个多形式、多功能的金融机构体系,呈现出银行业、证券业和保险业三足鼎立的局面。

2. 中央银行是经济、社会发展的特定产物,适应了统一银行券发行、统一全国票据清算、商业银行最后贷款人以及金融业监督管理的需要。中央银行是一国金融体系的核心,其基本职能可以归纳为发行的银行、银行的银行和国家的银行。

3. 商业银行作为以追求利润为目标、以经营金融资产和负债为对象的综合性金融企业,既具有与一般企业相同的经营特征,又具有其自身的特色。作为金融企业,商业银行具有信用中介职能、支付中介职能、信用创造功能与金融服务功能。

4. 非银行类金融机构是指不通过吸收存款筹集资金的金融机构,主要包括信托机构、保险机构、证券机构、政策性金融机构等。目前我国的非银行金融机构也有广泛的发展,是我国金融体系的重要组成部分。

项目训练

一、判断题

❶ 中央银行从性质上看与其他商业银行无本质区别。( )

❷ 中央银行是不以营利为目的的金融管理部门,按照自愿、有偿的原则吸收法定存款准备金。( )

❸ 信用创造是商业银行所特有的职能,也是区别于其他金融机构的重要特征。( )

❹ 同一保险人一般不允许兼营财产保险业务和人身保险业务这两类保险业务。( )

❺ 人身保险的保险标的是人的身体或者生命,完全可以用货币计量。 （   ）
❻ 代理业务中的受托人可以随意处置委托人的财产。 （   ）
❼ 保险价值就是保险金额。 （   ）

二、不定项选择题

❶ 下列中央银行业务中,属于负债业务的有(   )。
　A.货币发行　　　　　　　　B.贷款
　C.集中存款准备金　　　　　D.经理国库

❷ 下列不属于中央银行服务对象的有(   )。
　A.政府　　　　　　　　　　B.城市商业银行
　C.居民　　　　　　　　　　D.国有商业银行

❸ 人民银行为其他金融机构提供的主要清算业务有(   )。
　A.办理异地资金转移　　　　B.为商业银行提供贷款
　C.集中办理票据交换　　　　D.集中商业银行存款准备金

❹ 在我国,主要体现中央银行"银行的银行"职责的业务有(   )。
　A.集中存款准备金　　　　　B.最终贷款人
　C.组织全国清算　　　　　　D.代理国库

❺ 商业银行的基本职能包括(   )。
　A.调节经济　　　　　　　　B.信用中介
　C.支付中介　　　　　　　　D.信用创造

❻ 商业银行区别于其他金融机构最明显的特征是(   )。
　A.创造信用货币　　　　　　B.不以营利为目的
　C.金融监管　　　　　　　　D.吸收活期存款

❼ 金融宏观调控和金融监管机构所包括的"一行三会"指的是(   )。
　A.中国人民银行　　　　　　B.中国银监会
　C.中国证监会　　　　　　　D.中国保监会

❽ 非银行类金融机构主要包括(   )。
　A.证券公司　　　　　　　　B.保险机构
　C.金融资产管理公司　　　　D.信用合作机构

❾ 在非银行金融机构中,证券公司的主要业务有(   )。
　A.办理代理业务　　　　　　B.推销政府债券、股票
　C.买卖已上市流通的有价证券　D.参与企业收购、兼并

三、技能实训

❶ 选择一家保险公司如中国人寿保险股份有限公司、中国平安保险股份有限公司、新华人寿保险公司等进行实地走访调研,根据调查结果,结合本项目所学知识,谈一谈保险公司是如何开展工作,处理业务,发挥其职能的。

❷ 实地考察一家证券公司,了解证券公司的特点、性质和业务工作流程和内容,并跟

踪一只股票进行模拟交易。结合所学知识写出心得体会，并进行分组讨论。

❸ 深刻认知我国金融机构体系。通过实地调研，网络搜索等方法，理解中国人民银行、商业银行、其他非银行金融机构和金融监管机构的性质特点、工作职能和主要业务，结合所学知识，谈一谈在稳定金融市场，促进经济发展方面，各金融机构是如何发挥其重要作用的。

项目四 认知金融现象

知识链接

金融现象是金融学基础核心内容之一，通过本项目的实施，学生能够认识到货币需求和供给是由哪些因素决定的，了解到货币的供求均衡或者失衡又会对一国经济发展产生什么样的影响。学生还能掌握货币乘数是如何出现的，其作用是什么，通货膨胀和通货紧缩是如何产生的，需要如何治理等。

能力塑造

能通过实例说明货币均衡的实现机制；
能根据社会发展的具体情况分析通货膨胀和通货紧缩的形成原因；
能提出通货膨胀和通货紧缩的治理办法。

素质培养

培养学生客观、严谨、诚实、守信的工作作风；
培养学生科学严谨、求真务实的学习态度；
培养学生勤勉认真、爱岗敬业的劳动素养；
培养学生的民族责任感和民族自豪感。

案例导入

失控！委内瑞拉疯狂印钱酿可怕恶果

近年来，委内瑞拉的货币危机持续恶化，目前年通货膨胀率超过百分之八万，物价每四周翻一倍。委内瑞拉的食品、药品严重短缺，通货膨胀使面粉、蔬菜这些原来的生活必需品瞬间变成高端奢侈品，大部分物品都要到黑市购买，一些贫困的居民要靠捡垃圾填饱肚子。

委内瑞拉的超级通货膨胀愈演愈烈，2018 年，一只鸡的售价为 1 460 万玻利瓦尔，一份厕纸卷的售价为 260 万玻利瓦尔，甚至在有的餐厅内，人们使用玻利瓦尔来充当餐巾纸。报道称，委内瑞拉的餐馆老板不提供印有价格的菜单，而超市货架上的价格也被撤下。许多人用信用卡购买商品而不是现金。

委内瑞拉的一些公司已经开始提供不同寻常的薪酬方案,比如用鸡蛋支付奖金。稳定的外国货币和比特币在委内瑞拉也开始被大量使用。由于人们需要更多的钱来支付,银行和提款机经常出现现金短缺和排长队的情况。

自从石油价格从150美元下跌到40美元以后,委内瑞拉就陷入了一个严重的危机,由于石油出口的收入下降,国家的财政支出出现了严重困难,便开始采用一种印钞票的方式来维持自己的生存。

但是货币多了,人们购买的能力强了,就会造成一种严重的通货膨胀。在2018年的3月之前,通胀大概是10 000%,从2018年3月以后,通货膨胀直线上升。2018年的前半年,即6月份之前上升最快,从原来的大概一百倍上升到了三四百倍,然后又从三四百倍上升到了五百倍。通货膨胀严重到10万块钱只能买半个鸡蛋,也就是20万块钱只能买一个鸡蛋的程度!

资料来源:搜狐理财

> **请思考** 委内瑞拉通过增印钞票的方式改善经济状况是否合理?什么是通货膨胀?什么原因导致这种金融现象的产生?

任务一 了解和金融现象相关的基本知识

一、货币供求和货币均衡

1. 货币需求

(1) 货币需求的含义

在现代经济社会中,货币具有购买与支付能力,因此,社会各部门(个人、企业和政府)都需要在手中持有一定的货币,才能进行商品购买、费用支付、债务偿还以及投资等各种经济行为,由此,就产生了对货币的需求。所谓货币需求,指一定时期内,社会各经济主体(如个人、企业)能够并愿意持有货币的行为。这里的需求与一般意义上的需求有很大的区别,货币需求指有效需求,它不单纯是一种心理上的欲望,而是一种能力与愿望的统一体。也就是说,如果你仅仅是想拥有100万元而没有实际获取100万元的能力,那么显然这100万元无法构成社会的货币需求。

(2) 货币需求的决定因素

货币出现之后,更多学者不可避免地思考这样的问题:人们为什么要持有货币?人们如何决定自身的货币持有数量?在这样的思考下,货币需求理论应运而生。整个货币需求理论的发展过程中,产生较深影响的理论众多,包括有以费雪、马歇尔和庇古为代表的货币数量论、凯恩斯的货币需求理论以及以弗里德曼为首的西方经济学家提出的现代货币数量论等。在说明影响货币需求的决定因素之前,有必要对货币需求理论有一个简单认识。考虑到实用性问题,这里主要介绍凯恩斯的货币需求理论。

凯恩斯认为,人们总是想要在手中保有一定数量的货币,以应付日常的、临时的和投机的需要。因此,凯恩斯提出,人们的货币需求是由三个动机决定的。

首先是交易动机,即由于收入和支出时间的不一致,人们必须持有一定数量的货币,以满足日常生活以及各种交易活动的需要,也就是所谓的"生活所需"。

其次是预防动机,即人们为应付随时可能遇到的意外支出而持有货币。这也是合理的,当今社会,风险无处不在,既然是意外,那么就无计划可循。事实上,当意外发生时,货币往往是帮助人们渡过难关的最佳工具。

最后是投机动机,由于未来利率的不确定性,人们愿意持有一部分货币,以便在有利的时机购买证券进行投机来获得盈利。简单来说,利率较高时,投资其他产品更具吸引力(如存款),则债券市场需求下降,债券价格下降,也就是说,利率与债券价格成反比。在利率过低时,人们预期利率会上升,即预期债券价格将要下降,此时,人们会愿意在手中持有一部分货币,以便在债券价格真正下跌时,低买高卖,获得利润。

从凯恩斯的货币需求理论可以看出,影响三大动机的因素均可视为影响货币需求的因素,主要包括收入状况、市场利率、消费倾向、物价水平以及人们的预期和偏好等,其中,收入状况与市场利率为最主要因素。

①收入状况。在众多因素中,收入状况为最重要的一个因素。一般情况下,收入水平决定着总财富的规模以及支出水平。收入越高,总财富越大,生活水平上升,在量入为出原则下的支出水平自然上升,则由交易动机引起的货币需求也就越高,即收入水平与货币需求成正比。

②市场利率。市场利率是指由资金市场上供求关系决定的利率。正常情况下,利率越高,人们预期利率将要下降,即预期债券价格将要上升,因此,出于投机动机而持有货币的数量就越低;反之亦然。市场利率与货币需求成反比。

③消费倾向。消费倾向指消费占收入的比例。消费倾向越大,说明居民日常花费占收入的比例越高,则货币需求上升;反之,货币需求下降。

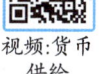

④物价水平。物价水平与货币需求成正比。物价上升,货币需求增加;物价下降,货币需求减少。

⑤人们的预期和偏好。预期市场利率与货币需求成正比,预期物价水平与货币需求成反比;预期投资收益率与货币需求成反比,人们对纸币的偏好与货币需求成正比。

2.货币供给

(1)货币供给的含义

货币供给是指一国经济体系中货币的投入、创造和扩张(或收缩)的过程。其数量表现即为货币供给量。所谓货币供给量,是一个国家在一定时点上流通中的现金和存款货币的总和。研究货币供给的目的,是使社会实际提供的货币量能够和商品流通与经济发展对货币的需求量相一致,所以,研究货币供给更重要的是研究合理的货币供给量而不是实际的货币供给量。

（2）货币供给的类型

货币具有各种不同形式，除现金外，还包括活期存款、储蓄存款、定期存款等银行存款，有些国家把国库券、商业票据等一些流动性较强的短期金融工具也纳入货币的范畴。因而，为方便中央银行对货币流通进行分别管理、重点控制，人们将不同形式的货币按照流动性的不同划分为不同层次。这里的流动性是指除现金以外的其他货币形态（如银行存款或商业票据等短期金融工具）转化为现金所需要的时间和成本。显然，现金与活期存款是流动性最强的货币，可随时用来购买和支付，通常被列为第一层次；储蓄存款和银行定期存款变现能力也较强，但成本相对较高，流动性次之，因而在第一货币层次上加入该两项存款，形成货币的第二层次；另外一些短期金融工具流动性虽然差于上述货币，但支付少量成本后也能顺利变现，因而将其列入第三货币层次。

各国中央银行对货币层次的划分不尽相同，以我国为例，根据流动性的不同，我国把货币划分为以下几个层次：

M_0＝流通中的现金；

M_1＝M_0＋企业活期存款＋机关团体部队存款＋农村存款＋个人持有的信用卡类存款；

M_2＝M_1＋城乡居民活期存款＋企业存款中具有定期性质的存款＋外币存款＋信托类存款；

M_3＝M_2＋金融债券＋商业票据＋大额可转让定期存单。

其中，M_1是通常所说的狭义货币供给量，M_2是广义的货币供给量，M_2-M_1是准货币，M_3是考虑到金融不断创新的现状而增设的。

上述货币层次可用公式表述为

$$M_1=C+D$$
$$M_2=M_1+D_s+D_t$$
$$M_3=M_2+L$$

其中，D_s表示储蓄存款；D_t表示定期存款；C表示现金，也称为通货，包括钞票和辅币；D表示活期存款；L为其他短期金融工具。

2021年1—11月货币供给量见表4-1。

表4-1　　　　　　　　2021年1—11月货币供应量

时间	货币和准货币(M_2) 数量（亿元）	同比增长	货币(M_1) 数量（亿元）	同比增长	流通中的现金(M_0) 数量（亿元）	同比增长
2021年01月	2 213 047.33	9.39%	625 563.81	14.67%	89 625.24	−3.89%
2021年02月	2 236 030.26	10.10%	593 487.46	7.38%	91 924.60	4.24%
2021年03月	2 276 488.45	9.40%	616 113.17	7.14%	86 543.64	4.24%
2021年04月	2 262 107.12	8.05%	605 421.89	6.19%	85 803.37	5.30%
2021年05月	2 275 538.07	8.35%	616 828.72	6.14%	84 177.72	5.61%
2021年06月	2 317 788.36	8.56%	637 479.36	5.49%	84 346.97	6.15%
2021年07月	2 302 153.82	8.31%	620 367.05	4.93%	84 717.56	6.07%
2021年08月	2 312 267.68	8.21%	626 658.69	4.22%	85 059.20	6.27%

(续表)

时间	货币和准货币(M_2)		货币(M_1)		流通中的现金(M_0)	
	数量(亿元)	同比增长	数量(亿元)	同比增长	数量(亿元)	同比增长
2021年09月	2 342 829.70	8.26%	624 645.68	3.71%	86 867.09	5.46%
2021年10月	2 336 160.48	8.67%	626 082.12	2.77%	86 085.78	6.23%
2021年11月	2 356 012.76	8.47%	637 482.04	3.05%	87 433.41	7.16%

注:2018年1月,中国人民银行完善货币供应量中货币市场基金部分的统计方法,用非存款机构部门持有的货币市场基金取代货币市场基金存款(含存单)。

数据来源:根据中国人民银行统计数据整理

3.货币均衡

(1)货币均衡的含义

研究货币供给与货币需求的目的是实现货币均衡。货币均衡是指货币供给与货币需求在总量上基本保持一致的货币流通状态。若以 M_d 表示货币需求, M_s 表示货币供给,则货币均衡可表示为

$$M_d = M_s$$

货币均衡是在一定利率水平下的货币供给同货币需求之间相互作用后所形成的一种状态,是一个由均衡到失衡,再由失衡恢复到均衡的不断运动的过程。

社会对货币的需求量是随时变动的,因此,货币均衡的实现具有相对性。也就是说,所谓货币均衡是货币供给与货币需求的基本适应,而不是绝对的货币供给与货币需求的数量相等。

(2)检验货币均衡的标准

市场经济条件下,判断货币是否均衡主要看该经济体是否符合以下两个条件:第一,不存在由于货币过少,致使商品、设备等资源的闲置与浪费情形,即"无钱可买、无钱可投"的发生;第二,不存在由于货币过多、商品相对不足从而造成物价水平的持续明显上涨,即"无货可卖、无处可投"的现象。

综合以上条件,在市场经济条件下,判断货币是否均衡主要看一国利率、汇率、物价等指标是否有明显波动。若波动幅度不大,则说明货币供求基本均衡;反之,则说明货币供求出现失衡。

(3)货币失衡

不管出于什么原因,只要在货币流通过程中,货币供给偏离货币需求,就出现了货币失衡现象。其基本存在条件可以表示为

$$M_s \neq M_d$$

货币失衡大致可分为三种类型:一是货币不足,即 $M_s < M_d$;二是货币过多,即 $M_s > M_d$;三是货币供求结构性失衡。流通中货币投放不足,直接表现为商品或资源的相对过剩,也就是面对众多的商品和投资机会,却"无钱可买、无钱可投"。在这种失衡下,商品市场与资本市场的萧条易引起工资、价格和利率的下降,引发通货紧缩。货币过多也就是流通中的货币供给过多,商品、资源相对供应不足,当社会公众(个人和企业)手中持有大量货币却"无货可卖、无处可投"时,自然会引起物价上涨和强迫储蓄,最终引发通货膨胀。货币供求结构性失衡则是指货币供给与货币需求在总量上大体保持一致,却由于货币供

给结构与需求结构不相适应,导致部分商品和生产要素供过于求,另一部分商品和生产要素则供不应求。

二、了解基础货币和货币乘数

1.基础货币

现代信用货币制度下,货币主要由银行供给,而在实行中央银行控制国家货币供给的制度下,货币是通过中央银行创造基础货币和商业银行创造存款货币这两种途径注入社会流通的。也就是说,货币供给的形成机制由两个层次构成:第一个层次是中央银行提供基础货币;第二个层次是商业银行创造存款货币。

基础货币又称高能货币,原因在于基础货币的投放能够使货币供应总量成倍地放大或收缩。基础货币是社会流通中公众所持有的现金以及银行所持有的存款准备金(包括法定存款准备金和超额准备金)的总和。

因而,基础货币由现金和商业银行存款准备金两部分构成。社会公众手中持有的现金都是从银行中提取的,流通中现金的增加意味着公众在银行存款的减少。

那么,什么是银行存款准备金呢?储户在不同时间、不同地点将钱存入银行,虽然活期存款可随时提取,但很少出现所有储户在同一时间取走全部存款的现象。因此,银行不必将所有存款闲置等待提取,它可以将绝大部分的存款用来从事贷款或其他投资活动,而只需留下少部分存款作为满足储户提款需求的存款准备金就行了。这种银行经常保留的供支付储户提取存款用的款项就是银行存款准备金。存款准备金在存款中所占的比率是存款准备金率。通常,准备金在存款中应占的比率是由一国中央银行规定的,即法定存款准备金率。目前,多数国家采取法定存款准备金制度。该制度下,一国商业银行在其中央银行的存款准备金可分为两个部分:一部分是根据国家规定的法定存款准备金率的要求计提的法定存款准备金;另一部分是商业银行根据自身经营决策存入中央银行的超过法定存款准备金的那部分存款,即超额准备金。

现金是中央银行对公众的负债,存款准备金是中央银行对商业银行的负债,所以,基础货币直接表现为中央银行的负债。

既然基础货币直接表现为中央银行的负债,那么,首先来了解中央银行的负债包括哪些内容。表 4-2 为高度简化的西方中央银行资产负债表。

表 4-2　高度简化的西方中央银行资产负债表

资产	负债
国外净资产	流通中货币
对政府债券净额	存款准备金
对商业银行债权	
其他项目净值	
资产合计	负债合计

从表 4-2 中可知,基础货币的增减变化,通常取决于四个因素,即国外净资产、对政府债券净额、对商业银行债权和其他项目净值,其中,以对商业银行的债权变化最为重要。

中央银行投放基础货币的渠道主要有三条:一是直接发行通货;二是变动黄金、外汇储备;三是实行货币政策。由基础货币的投放渠道,我们可以看出,基础货币的决定因素主要有：中央银行在公开市场上买进证券；中央银行收购黄金、外汇；中央银行对商业银行再贴现或再贷款；财政部发行通货；中央银行的应收未收款项；中央银行的其他资产；政府持有的通货；政府存款；外国存款；中央银行在公开市场上卖出证券；中央银行的其他负债等。其中前六项为增加基础货币因素，后五项为减少基础货币因素。

2. 货币乘数

（1）商业银行与存款货币

存款货币是以商业银行活期存款的形式存在的那部分货币，是货币供给量最大的组成部分。除了中央银行提供的基础货币以外，商业银行的信用业务是改变货币供给量的另一重要途径。那么，商业银行是如何创造存款货币的呢？

商业银行创造存款货币不是由一家商业银行单独完成的，而是通过一个完整的银行体系完成的。商业银行创造存款货币存在两个前提条件，分别为存款准备金制度和非现金结算制度。考虑到很少会出现所有储户在同一时间取走全部存款的现象，商业银行在接收到客户以现金形式存入的原始存款后，可以把绝大部分存款用于贷款及投资等业务，只需要留一小部分存款作为准备金就可以了。在存款准备金制度下，商业银行按照法定存款准备金率提取的法定存款准备金存放在其中央银行的存款账户上。非现金结算制度是指银行发放贷款不需用现金形式支付，而是把贷款转入借款企业的银行存款账户，而后企业通过转账支付的方式使用贷款。因此，商业银行不断吸收存款、发放贷款、形成新的存款额，最终使银行体系存款总量增加，这就是商业银行创造存款货币的过程。

现假定法定存款准备金率为10%。再假定银行客户会将其一切货币收入以活期存款形式存入银行，并且银行会将扣除法定存款准备金后的全部存款贷出。那么，假设A企业将100万元现金存入甲商业银行，银行系统因此增加了100万元的存款。甲银行按法定存款准备金率提取10万元作为法定存款准备金存入其中央银行账户，将其余90万元全部贷给B厂商。B厂商将所得90万元贷款全部存入其在乙银行的存款账户，乙银行得到这90万元存款后同样留下9万元作为法定存款准备金存入中央银行后，将剩余的81万元全部贷给C企业。得到这笔贷款的C企业又会把所得81万元贷款存入丙银行，丙银行将同样提取8.1万元法定存款准备金存于中央银行而将剩余的72.9万元贷出。依次循环反复，各银行存款总和为

$$100+90+81+72.9+\cdots$$
$$=100\times(1+0.9+0.9^2+0.9^3+\cdots+0.9^{n-1})$$
$$=100/(1-0.9)$$
$$=1\ 000(万元)$$

从以上例子可见，存款总和（D）与原始存款（R）及法定存款准备金率（r_d）的关系可用下式表示为

$$D=R/r_d$$

在最初100万元存款的基础上，通过银行体系的借款行为，整个银行体系的存款额增加到1 000万元，放大了10倍，也就是$1/r_d$倍。$1/r_d$被称为货币创造乘数，即货币乘数。

（2）货币乘数

从前面的分析我们看到，在货币供给过程中，基础货币量的增加会引起整个银行体系

存款货币即社会货币供给量的成倍增加,这就是所谓的乘数效应。而货币供给量对基础货币的倍数关系,即基础货币每增加或减少一个单位所引起的社会货币供给量增加或减少的倍数,就是货币乘数。那么,上述分析所得式子 $1/r_d$ 是否就是现实经济社会中的货币乘数呢?

我们看到,$1/r_d$ 作为货币乘数是有条件的,即银行客户会将其一切货币收入以活期存款形式存入银行,并且银行会将扣除法定存款准备金后的全部存款贷出。事实上,在现实经济中,甲商业银行一般不会也不可能将扣除法定存款准备金后的90万元原始存款全部用于发放贷款,银行总会出现找不到可靠的贷款对象或是厂商因预期利润率太低而不愿意贷款等情况。而得到贷款的企业一般不会也不可能将所得贷款全部存入其银行账户用于购买,总会有些其他用途,由此会产生现金流失。这种情况下,货币乘数公式又应该是什么呢?

首先,我们考虑第一种情况,甲银行由于各种因素没有将剩余90万元存款全部贷出。这部分没有贷出的款项就形成了超额准备金,亦即超过法定存款准备金要求的准备金(ER)。超额准备金占全部活期存款的比率就是超额准备金率(r_e)。超额准备金越多,可贷资金就越少,商业银行的存款派生能力就越弱;超额准备金越少,可贷资金就越多,商业银行的存款派生能力就越强。可见,超额准备金与存款派生能力之间是反方向变动关系。

其次,B厂商为购买办公用品而留取少量现金,并未将所贷的90万元全部存入乙银行,从而使部分现金流出银行系统,出现所谓的现金漏损。现金漏损额与银行存款总额的比率被称为现金漏损率(r_c)。这种现象的出现同样是合理的。因为现金漏损额减少了客户存款,银行可用于发放贷款的资金相应减少,派生的存款也会减少,所以,这些漏损的现金不再参与存款的创造。也就是说,现金漏损率上升,银行的可贷资金就减少,商业银行的存款派生能力随之降低,现金漏损额同样与存款派生能力呈反方向变动关系。

现在将上述几种因素综合考虑,仍以前面A企业的例子加以说明。假定法定存款准备金率为10%,超额准备金率为5%,现金漏损率为5%。则甲银行获得100万元原始存款后的存款扩张过程就会大致见表4-3。

表 4-3　　　　　　　　　商业银行存款扩张过程　　　　　　　　单位:万元

银行体系	原始存款	派生存款	贷　款	法定存款准备金 (10%)	超额准备金 (5%)	现金漏损额 (5%)
甲银行	100		80.00	10.00	5.00	5.00
乙银行		80.00	64.00	8.00	4.00	4.00
丙银行		64.00	51.20	6.40	3.20	3.20
丁银行		51.20	40.96	5.12	2.56	2.56
…						
总计	100	400	400	50	25	25

由表4-3可知,经过商业银行体系的业务活动,每100万元原始存款,可使总存款增加到500(100+400)万元。此时,存款扩张的倍数为5倍。在有超额准备金与现金漏损的情况下,货币乘数为:$k=1/(r_d+r_e+r_c)$(仅把活期存款当作货币供给)。

如果用 C 表示非银行部门持有的通货,用 R_d 表示法定存款准备金,用 R_e 表示超额准备金,用 H 表示基础货币,则有:$H=C+R_d+R_e$。这是商业银行借以扩张货币供给的基础。由于货币供给为通货与活期存款的总和,$M=C+D$,则

$$M/H=(C+D)/(C+R_d+R_e)$$

将上式中右端的分子、分母都除以 D,则整理得

$$M/H=(r_c+1)/(r_c+r_d+r_e)$$

其中,M/H 就是货币创造乘数。之所以与上述货币创造乘数 $k=1/(r_d+r_e+r_c)$ 不同,是因为上述例子仅把活期存款总和当成货币供应量,而这里已把活期存款和通货合在一起当成货币供应量。

当然,上述银行存款的多倍扩大连锁效应也会发生相反的作用。例如,若上例中,A 企业不是存入甲银行 100 万元,而是取走 100 万元的话,其中 10 万元可由原有的存款准备金抵消,但为了弥补其中的 90 万元,银行必须收回贷款 90 万元,这样 B 企业为了偿付 90 万元的贷款,需要从乙银行取出 90 万元存款,以此类推,整个银行体系缩小的存款总额为 1 000 万元。

金融视野

为何基础货币下降 流动性却合理充裕

2018 年以来,中国人民银行先后 3 次定向降准,并增加中期借贷便利(MLF)投放,增大中长期流动性供应,保持流动性合理充裕。但与此同时,从 6 月末我国基础货币较年初则减少了 3 400 亿元。

为何基础货币下降,流动性却能够保持合理充裕?中国人民银行在 2018 年第二季度货币政策执行报告中对此进行了解释。报告认为,我国基础货币并不等同于银行体系流动性。随着货币政策调控框架从数量型向价格型逐步转型,观察银行体系流动性宜从"量""价"两方面着手。从"量"上要看银行体系超额准备金水平,而不是简单看基础货币数量;从"价"上要看货币市场利率尤其是银行间的资金价格。

据介绍,基础货币包括现金、法定存款准备金和超额存款准备金,其中法定存款准备金是交存央行并被冻结的,只有超额存款准备金才可由商业银行用于支付清算并支持资产扩张,构成所谓的银行体系流动性。

数据显示,6 月末,我国金融机构超额准备金率为 1.7%,较 3 月末高 0.4 个百分点,较上年同期高 0.3 个百分点。可见,上半年,我国银行体系流动性保持合理充裕。

4 月,人民银行下调部分金融机构存款准备金率并置换其借用的 MLF。报告称,下调存款准备金率 1 个百分点,并不改变基础货币总量,只是一部分法定准备金转换成超额准备金,由此会增加约 1.3 万亿元超额准备金;而降准后商业银行用降准资金来偿还 9 000 亿元 MLF,会使基础货币和超额准备金同步减少 9 000 亿元。上述操作完成后,虽然基础货币减少了 9 000 亿元,但银行体系流动性实际上净增加约 4 000 亿元。

除货币政策操作外,春节前提现、财政存款变动等其他因素也会对基础货币和银行体系流动性产生影响,月度间的波动可能会相对较大,但对全年整体影响有限。

(资料来源:东方财富网)

请思考 根据实际情况,请思考基础货币变动的原因和目的。

三、了解通货膨胀与通货紧缩

1. 通货膨胀

(1) 通货膨胀的含义

通货膨胀是货币失衡中较为常见的问题,主要指大多数商品和劳务的物价普遍、持续上涨。要理解这一含义,至少要把握以下三点:第一,"物价"是一般物价水平,或者说是物价总水平,个别商品的价格上涨不是通货膨胀;第二,这里的"上涨"过程是指物价的持续的、长期的上涨趋势,商品偶尔的或间歇性的涨价不是通货膨胀;第三,物价水平的上涨需达到一定量的界限才能被视为通货膨胀。

(2) 通货膨胀的度量

度量通货膨胀的程度,世界上大多数国家采取的标准主要包括消费者物价指数、批发物价指数以及国内生产总值平减指数三种。

消费者物价指数,是一种用来测量各个时期内城乡居民所购买的生活消费品价格和服务项目价格平均变化程度的指标。它反映了与居民生活密切相关的消费品的价格变动情况,其异常波动易给社会经济生活带来巨大的不稳定影响。消费者物价指数通常被视为衡量通货膨胀水平的重要指标。2008—2020年我国消费者物价指数见表4-4。

表 4-4　　2008—2020 年消费者物价指数

年 份	总指数	城 市	农 村
2008	106.3	105.6	106.5
2009	99.3	99.1	99.1
2010	103.3	103.2	103.6
2011	105.4	105.3	105.8
2012	102.6	102.7	102.5
2013	102.6	102.6	102.8
2014	102.0	102.1	101.8
2015	101.4	101.5	101.3
2016	102.0	102.1	101.9
2017	101.6	101.7	101.4
2018	102.1	—	—
2019	102.9	102.8	103.2
2020	102.5	102.3	103.0

数据来源:根据各年中国统计年鉴整理

批发物价指数是根据制成品和原材料的批发价格编制而成的物价指数。批发价格是在商品进入零售、形成零售价格之前,由中间商或批发企业决定的价格,其水平取决于出厂价格或收购价格,对零售价格有决定性影响。其优点是对商业循环更为敏感,但由于没有将劳务价格包括在内,因而适用范围比消费者物价指数更为狭窄。

国内生产总值平减指数,指按当年价格计算的国民生产总值与按不变价格计算的国民生产总值的比率,反映全部生产资料、消费品和劳务费用的价格的变动程度。显而易见,用该指数衡量通货膨胀能较为全面地反映一般物价水平的变动情况。但相对的,该指标的编制需要收集大量资料,难度较大,并且公布次数通常为一年一次,不能及时反映一国的通货膨胀程度。

(3)通货膨胀的分类

①开放型和抑制型通货膨胀

通货膨胀按照市场机制作用不同分为开放型通货膨胀和抑制型通货膨胀。开放型通货膨胀是指在无政府干预、物价可自由浮动的条件下,货币供应量过多,导致货币贬值,通过物价直接、持续的上升表现出来的通货膨胀,通常意义上的通货膨胀都是开放型通货膨胀。抑制型通货膨胀则是指由政府的计划统筹、物资配给、物价管制等导致货币供给量过多但不能完全由物价上升表现出来的通货膨胀。在这种情况下,公众往往看不到物价水平的普遍上涨,但是却明显感到在具有正常物价水平的市场上无法购买到所需物品,原因可能是政府物价管制造成的物资短缺,甚至使得黑市盛行。但是物价水平的暂时抑制并不能解决货币供给过多的问题,物资的短缺最终使得物价迂回曲折地缓慢上升,所以抑制型通货膨胀又被称为隐蔽型通货膨胀。

②温和的、奔腾的和超级的通货膨胀

按照价格上涨速度不同,分为温和的通货膨胀、奔腾的通货膨胀和超级的通货膨胀。在温和的通货膨胀下,每年物价上升比例即年通胀率在10%以内。奔腾的通货膨胀年通胀率为10%～100%。超级的通货膨胀年通胀率在100%以上。一般认为,适度的通货膨胀可以刺激经济发展,但是过度的通货膨胀会使正常的经济秩序遭到破坏,甚至可能致使货币体系和价格体系完全崩溃。

金融视野

20世纪20年代的德国经历了一场历史上最为严重的通货膨胀。1923年初,1马克能兑换2.38美元,而到了夏天,1美元能换4万亿马克。早上能买一栋房子的钱,傍晚只能买一个面包。1923年,德国街头的一些儿童在用大捆大捆的纸币马克玩堆积木的游戏;一位妇人用手推车载着满满一车的马克,一个小偷趁她不注意,掀翻那一车纸币,推着手推车狂奔而逃;一位家庭主妇正在煮饭,她宁愿不去买煤,而是烧那些可以用来买煤的纸币。到了发工资的时候,领到工资就以百米冲刺的速度冲到商店,跑得稍微慢一点,物价就涨一大截⋯⋯

③预期的和非预期的通货膨胀

按照人们的预料程度不同加以区分,可分为预期的通货膨胀和非预期的通货膨胀。预期的通货膨胀指人们已认识到通货膨胀的存在和发展,并认为其将长期存在下去,因而在各种交易、合同、投资中都要把未来预期的通货膨胀率计算在内,从而无形中加重了通货膨胀压力,导致通货膨胀进一步加剧。例如,如果某国的物价水平每年都按5%的水平上涨。人们习以为常,则自发地将每年5%的物价水平上涨率核算到日常生活中。所有的商品出售者出售商品时均会在每一时期的价格水平上上涨5%。生活成本的习惯性上升自然引起工资水平的习惯性上升,所以劳务价格自然上涨5%。因而,预期的通货膨胀有自我维持的特点。非预期的通货膨胀是指与心理因素无关,只由实际因素引起的通货膨胀。

④需求拉动、成本推进和混合型通货膨胀

这是按照通货膨胀成因不同进行划分的。需求拉动型通货膨胀指总需求过度增长，超过了社会总供给的增长幅度，导致商品和劳务供给不足、物价持续上涨的通货膨胀。成本推进型通货膨胀是指在总需求不变的情况下，由生产要素价格上涨而导致物价总体水平持续上涨。混合型通货膨胀则是由需求拉动型通货膨胀与成本推动型通货膨胀共同作用，导致物价总体水平上升。这一分类是最为常用的分类方法，将在下一任务中详细讨论。

2.通货紧缩

(1)通货紧缩的含义

通货紧缩是与通货膨胀相对的一个概念，具体表现为商品价格的持续下降。但是，与通货膨胀定义不同，多数经济学家将通货紧缩与经济衰退联系在一起，认为不仅仅是物价水平的下跌。理解通货紧缩的含义应注意以下两点：首先，通货紧缩是一种货币失衡现象，货币供给量增长偏慢，社会有效需求不足，使得流通中的货币量低于商品和劳务量，引起价格持续下跌。需要强调的是，这里的下跌，同样是一般物价水平的持续下降，短期的、局部的或是季节性的物价下降并不是通货紧缩。其次，通货紧缩发生后，往往还伴随着经济的衰退。

问题思考

通货紧缩是好还是坏

通货紧缩的发生同样会引起关注，但其结果的好坏却不能一概而论。

一个经济体处于充分就业的均衡状态时，总需求与总供给平衡。如果总需求遭受巨大的负面冲击，"坏"的通货紧缩就会随着价格下跌和产出减少而发生。它将引起严重的周期性衰退、资产价格泡沫的破裂以及过分紧缩的政策。民众信心的下降与降价预期的恶化可能形成恶性循环，加剧最初冲击。

与需求冲击相对应的是积极的供给冲击。技术创新、生产率提高、进口商品价格大幅下降导致的贸易条件改善，或是对政治经济长期稳定的预期增强等因素将供给曲线推高，使得价格下降但产出增加，促使社会福利增加。

(2)通货紧缩的度量

既然通货紧缩与通货膨胀相反，具体表现为价格总水平的持续下跌，那么，与通货膨胀一样，通货紧缩也可使用消费者物价指数、批发物价指数、国内生产总值平减指数等物价水平指标来衡量。但是，除此之外，由于通货紧缩往往伴随着经济的衰退，所以衡量通货紧缩还有两个重要指标，即经济增长率和失业率。

通过经济增长率的变化可以从总体上把握通货紧缩的程度。但是，单纯依靠经济增长率的变化难以确定是否出现通货紧缩，原因在于通货紧缩归根到底是种货币现象，并且经济增长不仅仅取决于货币供给，而且还取决于多种重要因素。

失业率也与通货紧缩有较高的相关性。通货紧缩导致经济增长率下降甚至为负值，经济增长率的下降必然要导致失业率的上升。但是,需要注意的是,失业率同样不能单独作为衡量通货紧缩的指标。

任务二　分析金融现象

一、分析货币均衡和社会总供求均衡

1.社会总供求均衡的含义

社会总供求是社会总供给和社会总需求的合称。商品经济条件下,社会总需求表现为一定时期内社会的全部购买力支出,社会总供给表现为一定时期内社会的全部收入或总收入。

关于社会总供求均衡的含义,可以从以下几个方面把握:第一,货币总需求与总供给的均衡是一种货币均衡,而不是实物均衡;第二,社会总需求与总供给的均衡是货币市场与商品市场的总体均衡;第三,社会总需求与总供给的均衡是动态的均衡,是现实的社会总需求与短期内可能形成的总供给的平衡,而不是现实的社会总需求与现实的社会总供给的绝对均衡。

2.社会总供求均衡与货币均衡的关系

从形式上看,货币均衡不过是货币领域内因货币供给等于货币需求而导致的一种货币流通状态,但从实质上说,则是社会总供求平衡的一种反映。

经济体系中货币的需求量,取决于有多少商品和劳务需要货币流通去实现,货币均衡与社会总供求平衡不过是一个问题的两个方面。以 S 代表社会总供给,以 D 代表社会总需求,M_d 代表货币需求,M_s 代表货币供给,箭头表示其主导性作用,它们之间的关系如图 4-1 所示。

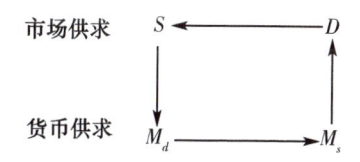

图 4-1　货币均衡与社会总供求的均衡

图 4-1 包含了几层含义:一是市场供给 S 决定了一定时期的货币需求 M_d。在商品货币经济条件下,任何商品都需要用货币来衡量其价值量的大小,因此有多少市场供给,必然就需要相应的货币量与之对应。二是货币需求 M_d 决定了货币供给 M_s。因为客观经济过程的货币需求是基本前提条件,货币供给需以货币需求为基础,中央银行控制货币供给的目的就是使货币供给与货币需求相适应。三是货币供给 M_s 形成了市场需求 D,因为任何需求都是有支付能力的需求,也就是说,需求指的不仅仅是想要,而且是能够得到。四是市场需求 D 对市场供给 S 有决定性影响。

需要指出的是,图 4-1 中箭头所示的只是一种主导性关系,事实上,四要素之间的作用是相互的。并且占主导地位的决定关系也绝非是等量的,经常会发生偏大或偏小的情况。因此,均衡的实现总是相对的。

3. 货币均衡的实现机制

在完全的市场经济条件下,货币均衡的实现是通过利率机制完成的。在其他因素不变的情况下,市场利率对货币供给量和货币需求量双方都具有调节作用。利率是货币均衡实现的基本手段。

从货币供给方面看,若排除中央银行的政策干预行为,当市场利率升高时,银行贷款的收益必然增加,银行自然会选择尽量减少超额准备金来扩大贷款规模,从而增加了社会货币供给量;同时,市场利率的升高使得储蓄存款的吸引力加大,社会公众会尽量减少手中货币的持有数量,减少现金提取,使现金漏损率减少,从而扩大货币乘数,增加货币供给量。因此,一般来说,利率越高,货币供给量就越多;反之,利率越低,货币供给量就越少。这说明利率与货币供给量之间存在着同方向变化关系。这种关系可用货币供给曲线表示,即图 4-2 中的 M_s。

从货币需求方面看,利率越高,持币成本就越大,人们会增加对金融工具和金融资产的需求而减少对货币的需求,导致货币需求减少;反之,利率越低,货币需求量就会增大。利率同货币需求呈反方向变动关系。这种关系可用货币需求曲线表示,即图 4-2 中的 M_d。

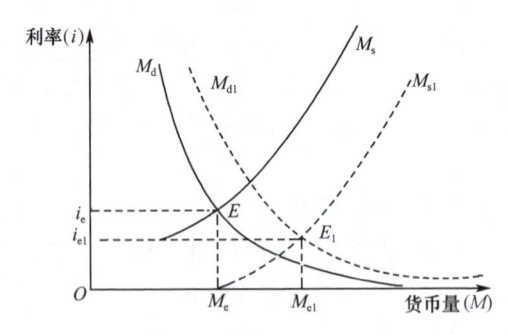

图 4-2 利率决定的货币均衡机制

货币市场上,当货币供给与货币需求相等时,市场达到均衡,货币供给曲线与货币需求曲线的交点(E)即为均衡点,此点决定的利率(i_e)称为均衡利率,此点决定的货币量(M_e)称为均衡货币量。然而市场利率是经常变化的,因而上述均衡货币量也会随之变化。如图 4-2 所示,如果供给曲线 M_s 移至 M_{s1},在供大于求的情况下利率下降,由于利率与货币需求呈反方向变动,利率下降必然引起货币需求相应上升,使需求曲线 M_d 移到 M_{d1},这样,货币供给与货币需求又会重新实现均衡。由此可见,货币市场上的货币均衡主要是通过利率机制实现的。

二、通货膨胀和通货紧缩的成因分析

1. 通货膨胀的成因分析

(1)需求拉动型通货膨胀

这里的需求指社会总需求。需求拉动论认为,当需求超过一个经济体系的生产能力的时候,物价就开始上涨。经济体系的生产能力是由一国充分就业水平限定的。当所有想要工作的人都能以自己愿意的报酬找到工作时,就达到了充分就业的状态。在充分就业的水平下,真实的资源都被最优地利用。假若经济尚未达到充分就业水平,整个社会资源未被得到充分利用,例如有厂房设备闲置却无人使用,有大量的原材料堆积却无人购买用于生产等,这种情况下,社会总需求的增加只会使更多的人为了满足需求获得利润而设法利用闲置的资源,从而带来总产出的增加,此时,需求的扩张只能提高产出和就业水平,而不会引起价格上涨。当经济已经达到充分就业,货币供应量的增加会引起社会总需求增加,但由于各种生产资源已无剩余,社会总供给没有进一步增加的余地,这样,过多的需求就会拉动商品价格随着货币供应量的增加而同比例上涨,最终形成通货膨胀。正如20世纪60年代的美国,当时战后的美国军事支出急剧增加,最大化产出是其政府的首要目标,在相当长的一段时间里,美国劳动力市场和产品市场极端趋紧。军事支出的增加提高了美国社会货币供给,社会需求的上涨远远超出其充分就业的正常水平,虽然当时政府采取了实物配给和价格控制等一系列措施,但是超额需求所引起的通货膨胀依然在20世纪60年代末期加以恶化,通胀率最高曾接近20%。

(2)成本推动型通货膨胀

与需求拉动论不同,成本推动论侧重于从供给和成本方面来解释通货膨胀产生的原因。该理论认为,通货膨胀并非源于需求过度,而是由总供给方面生产成本上升引起的,即使在对商品和劳务的需求没有出现过度的情况下,如果商品生产成本增加,物价也会被推进上涨。一般来说,引起成本增加的原因主要归结于两个方面:一是劳动者工资的增加;一是垄断企业为取得垄断利润而制定过高的垄断价格。因此,成本推进型通货膨胀又分为工资推进型通货膨胀和利润推进型通货膨胀。由于成本推进型通货膨胀主要强调的是工资推进型通货膨胀而非利润推进型通货膨胀,所以我们将对工资推进型通货膨胀进行进一步的分析。

工资推进型通货膨胀的产生以存在强大的工会组织和不完全竞争的劳动力市场为前提。这在西方国家是现实的,特别是在欧洲。将工资视为劳动力价格,在完全竞争的劳动力市场中,工资的高低完全取决于劳动力的供求情况,供大于求,工资下降,反之,则工资上升,工资的提高不会引起通货膨胀。而在不完全竞争的劳动力市场下,由于工会组织的存在,工资已不再是竞争工资,而是由工会和雇主双方议定。强大的工会组织代表众多劳动力的利益,其议定的结果往往会高于由市场供求竞争决定的工资。如果工资的增长率超过了劳动生产率,企业就会因人力成本的加大而提高产品价格,以维持自身的盈利水平,从而导致了一般价格水平的上涨。这就是所谓的"工资推动型通货膨胀"。而物价的上涨自然导致工人生活成本上升,强大的工会组织必然会要求工资的进一步提高,再度引发物价上涨,从而形成"工资—物价"的螺旋式上升。欧洲大多数国家在1970年初经历的通货膨胀即为典型的工资推动型通货膨胀。在当时的联邦德国,工时报酬的年增长率从1968年的7.5%上升到1970年的17.5%,远远高于当时劳动生产率的增长水平。

成本推动论从另一个角度解释了物价上涨的原因,它与需求拉动论的区别在于:成本推动更多的是在生产领域中形成物价上涨压力;需求拉动则更多的是在流通领域直接增加有效需求,形成通货膨胀。

(3) 混合型通货膨胀

混合型通货膨胀从供给与需求两个方面来阐述通货膨胀的成因,认为通货膨胀是由于需求拉动和成本推动两者共同作用而形成的。物价上涨的根源究竟是需求拉动还是成本推动的问题,就像讨论鸡和鸡蛋谁先谁后的问题一样难以说清。因此,他们认为通货膨胀的原因是"拉中有推,推中有拉"。

如果通货膨胀由需求过度引起,则需求过度引起的物价上涨又会引发工资的提高,工资的提高则会进一步推进物价上涨,如此螺旋式反复上升。同样,如果通货膨胀由成本开始,成本提高导致物价上涨,物价上涨则会引发工资提高,货币工资的提高引发需求增加,进而导致物价和成本的进一步上涨,同样也会形成螺旋式反复上升。因此,混合型通货膨胀论认为长期持续性的通货膨胀是由需求和供给两方面因素共同作用的结果。

2. 通货膨胀的治理

既然通货膨胀的成因各有不同,那么通货膨胀的治理也需"对症下药",主要对策概括起来有以下几种:

(1) 需求管理政策

需求管理政策主要是利用财政政策或货币政策,改变全社会的总支出,减少总需求,以实现治理通货膨胀的目的。需求管理政策包括紧缩性货币政策和紧缩性财政政策,主要用来治理非预期通货膨胀和需求拉动型通货膨胀。

紧缩性货币政策:中央银行通过减少流通中的货币量来减少总需求进而抑制物价上涨。具体实施手段包括提高法定存款准备金率,提高再贴现率,在公开市场上出售有价证券,减少基础货币供给,抬升利率等。

紧缩性财政政策:财政政策是指国家通过改变一国财政的税收与支出情况来调节社会总需求。紧缩性的财政政策包含两个方面的内容:第一,增加税收。社会需求由消费需求、投资需求和政府需求构成,造成通货膨胀的原因通常是社会需求大于社会供给,那么减少总需求则是治理通货膨胀的良方。例如,政府通过提高所得税税率的方式来增加税收,从而减少居民可支配收入与企业利润,收入的减少与利润的下降自然会降低个人与企业的消费需求和投资需求。第二,减少政府支出。政府需求是社会需求的重要组成部分,减少政府支出同样可以控制社会需求。

总之,财政政策通过直接影响政府支出和个人消费支出来实现对总需求的调控;货币政策则是通过调节货币供应量来影响总需求。需求管理政策虽然有较高的实用性,但其效果却会受到公众的理性预期和宏观经济政策的滞后性的影响。任何政策从制定到实施,再到最后发生成效,都需要一个时间过程,即所谓的时滞。在此过程中,通货膨胀问题可能已经好转,也可能发生恶化,或者性质转变,从而使得需求管理政策并不一定会实现预期目标,而且紧缩性政策常伴随着短期内的失业上升和产量下降,导致经济滑坡。

(2) 收入政策

收入政策指通过控制工资的增长来控制收入和产品成本的增加,进而控制物价水平。收入政策可采取以下几种形式:

第一,制定"工资—物价"指导线。政府根据统计的劳动生产率的平均增长率来确定工资和物价的增长标准,并通过"权威性劝说"要求各部门将"工资—物价"的增长幅度控制在这一标准之内。该指导线原则上政府不能直接干预,其效果取决于劳资双方能否通力合作。

第二,强制措施。政府颁布法令对工资和物价进行管制,硬性规定工资和物价的上涨幅度,甚至暂时将工资和物价冻结在某一既定水平上,即"价格管制"。价格管制由于其强制性,在实施的短期内是行之有效的,但是,对于价格管制的使用,各个国家却都特别谨慎,原因在于价格管制一旦放开,就会发生报复性反弹,管制时间越长,反弹幅度越大。因为价格管制必然带来商品的短缺和"黑市"盛行,短缺导致供求结构失衡,在市场商品极度短缺的状态下,"黑市价格"必然以扭曲的形态流行于市。美国在1970年初的严重通货膨胀时期,政府就曾经两次实施价格管制,第一次在1971年,冻结工资物价四个月,第二次则是在国际油价飙升的1973年6月到8月,尼克松在1973年实施价格管制的两三个月内,价格水平控制在5%以内,但是价格放开之后的几个月内就飙升到了12%以上。

第三,以税收为基础的收入政策。政府以税收作为奖励和惩罚的手段来限制"工资—物价"的增长。如果工资和物价的增长保持在政府规定的幅度内,政府就以减少个人所得税和企业所得税作为奖励;反之,就以增加税收作为惩罚。

(3)增加商品有效供给的政策

增加商品的有效供给,是治理通货膨胀的另一个重要方法。一般来说,增加有效供给的手段包括降低成本,减少消耗,提高经济效益,提高投入产出比例,同时调整产业和产品结构,支持短缺商品的生产。

增加供给不能单纯依靠增加投资,而应在提高经济效益的基础上合理地增加投入,只有这样才能治理通货膨胀,保证经济的持续、稳定发展。

通货膨胀是一个极为复杂的经济现象,产生的原因也是多方面的,危害也是极为显著,因此,治理通货膨胀是一项系统工程,需要各种措施的相互配合才能收到理想效果。

3.通货紧缩的成因分析

从本质上看,通货紧缩产生的直接原因在于货币供给不足,然而造成这一现象的深层次原因却极为复杂,一般可归纳为有效需求不足、供给能力相对过剩、结构问题和金融体系效率低下几个方面。

(1)有效需求不足

有效需求不足引发的通货紧缩通常为政策性紧缩,往往是货币政策从紧的结果。一方面,货币供给的相对紧张,起初会导致货币使用价格即市场利率上升,致使生产成本增加,引起投资需求下降、企业开工不足、工人收入减少,从而导致消费减少;另一方面,货币供给相对不足会使得大量商品相对"过剩",从而导致物价的持续下跌和经济衰退。而上述两种情况经常会交织出现,形成恶性循环。

(2)供给能力相对过剩

从供给方面看,成本的下降成为价格下降的压力。而引起生产成本下降、供给能力相对过剩的原因也是多方面的,如劳动生产率的提高、技术进步、新材料的使用、新组织管理方式的运用以及低成本融资等。

(3)结构问题

社会总需求与社会总供给一般处于相对均衡状态,只是因为经济结构方面的因素变动,使一般物价水平持续下跌,这种因结构问题引起的通货紧缩就是结构性通货紧缩。

结构性通货紧缩通常与汇率制度密切相关。对于那些国际贸易占国民经济份额较大、同时采用盯住强势货币汇率制度的国家或地区,因为其与国际市场有着十分紧密的联系,依存于国际市场价格,所以一旦主要贸易商品的国际市场价格下降,该国家或地区经济将受到较大影响,其商品价格往往出现连续下跌。

一方面这些国家或地区货币币值的高估会使其商品的外币价格上升、国际竞争力下降,进而导致出口下降、企业经营困难、消费需求减少和物价持续下跌;另一方面,世界市场价格的联动效应使得这些国家或地区很容易受金融危机影响,进而加剧通货紧缩。

(4)金融体系效率低下

金融体系效率低下的主要诱因是不良贷款和呆账、坏账损失的增多。这种情况下,银行会减少贷款的数量或者提高贷款利率,由此引发通货紧缩。最显著的例子为20世纪90年代的日本,当时日本就是因为泡沫经济的影响和银行业不良贷款的普遍存在,导致了全国范围内的通货紧缩和长达十几年的经济衰退。

三、分析金融现象对社会的影响

金融视野

委内瑞拉通货膨胀严重:都是百万富翁,工资只买得起1公斤肉

"我们都是百万富翁,但我们都很穷。工资只买得起一公斤肉。"

这大概就是委内瑞拉的现状了。想当年,该国是南美最富有的国家。

根据国际货币基金组织(IMF)最新数据,到年底,委内瑞拉的通货膨胀率将达到1000000%。也就是说,现在1玻利瓦尔的东西,到年底,就变成了10000玻利瓦尔。这种通胀程度,相当于1923年的德国,或2008年左右的津巴布韦。

据英国《卫报》当地时间25日报道,委内瑞拉拥有全球最大的石油储量,但是目前,该国正处于一场持续5年的经济危机之中。许多人买不起食物和药,超市里的货架空空如也。委内瑞拉的人们正挣扎在生存的边缘。

马杜罗政府在今年四次提高了最低工资,目前该国最低工资为500万玻利瓦尔。按照官方汇率,这大概相当于31英镑。但是在实际交易中,却远远没有这个价。在黑市上,这些钱只能换来1英镑。

43岁的护士Maigualida Oronoz说:"我们都是百万富翁,但我们都很穷。"她表示,她的最低工资只够给孩子勉强买1公斤肉。"我们只能维持温饱,如果有什么健康问题的话,我们会死的。因为,药品的价格高出天际,而且每天都在上升。"

小摊摊主帕谢科(Pacheco)说:"如果现在还收100、500或1000的玻利瓦尔,那可真是疯了。"他现在只接受新印刷的10万面值的钞票,"否则,我们就要带一箱钞票去银行。"

由于通货膨胀太过严重,如今,以物易物在委内瑞拉很普遍,比如富人会用一袋麦片来付停车费。而理发则需要5根香蕉和2个鸡蛋来换。

> 但是,对于那些领养老金的人来说,情况就比较困难了。养老金以现金的形式发放,现在,73岁的萨尔用2010万玻利瓦尔买半盒鸡蛋,她说,"到年底,如果他们还用现金发养老金,我们将不得不用推车运钱去买那同样的半盒鸡蛋"。
> 　　由于经济上的绝望,大量的委内瑞拉人选择逃离。《卫报》称,100多万人已经抵达哥伦比亚,一些有创业精神的委内瑞拉人开始将不值钱的委内瑞拉钞票编织成手提包并且以2万哥伦比亚比索(约合人民币45元)出售。
>
> （资料来源：观察者网）
>
> 请分析：通货膨胀对一国社会经济的影响。

金融现象成千上万,不同现象对社会的影响效果也不相同。但是,在所有金融现象中,通货膨胀是各个国家普遍头疼的问题。因此,研究通货膨胀对社会的影响至关重要。

1. 通货膨胀与经济增长

通货膨胀可分为初期和后期两个阶段,通常在这两个阶段通货膨胀对经济增长的影响是不同的。

在通货膨胀初期,社会有效需求不足的情况下,适度的通货膨胀具有增加产出促进经济增长的效应。主要原因有三个：第一,货币供给增长率增加可以刺激有效需求,还可以满足财政赤字的弥补需求,增加流通中的货币供给,促进经济增长；第二,通货膨胀有利于高收入阶层的国民收入再分配,而且高收入阶层的边际储蓄率和边际投资率都比较高,因此促进经济增长效果更为明显；第三,工资增长往往落后于物价上涨,企业的利润率便会有所提高,从而刺激私人投资的积极性,有利于促进经济增长。

在通货膨胀后期,物质资源的有限性使得通胀初期对物质资源充分运转的功效逐步消失。由于货币购买力的下降,使得人们不愿意将货币持于手中。同时,通货膨胀会降低借款成本,从而诱发过度的资金需求,迫使金融机构加强信贷配额管理,导致正常融资活动出现障碍,削弱了金融体系的运营效率。持续性的价格上涨会使得企业的生产成本包括原材料价格、工资、奖金、利息乃至税负等成本大幅上升,企业和个人预期利润率下降,不利于调动生产者和投资者的积极性。国内产品价格的上升同样影响了本国的进出口数额,促进国际收支恶化。随着通货膨胀的程度加深和时间延长,前期带来的经济增长的效果越来越弱,而所需付出的物价上涨代价则越来越高,最终陷入"滞胀"的困境。

2. 通货膨胀与收入、社会财富的再分配

收入和社会财富再分配效应是指通货膨胀发生时人们的实际收入和实际占有财富的价值会发生不同变化。

从收入的角度看,一般而言,货币是收入的主要来源,而工资收入的增长速度一般是低于物价的上升速度的,通货膨胀会使其实际收入减少。所以,以工资为主要收入的人,比如工人和职员等,在通货膨胀期间将受到损害。而受损最严重的则是依赖退休金生活的退休人员。对于取得利润收入的个人和企业来说,通货膨胀对他们的影响取决于其所处的行业。竞争程度越强的行业,其对价格的改变能力越弱,成本上升的速度可能越高于产品价格的上升速度,所以这类企业受到通货膨胀损害的程度越深,反之,则受损害程度越浅。

从社会财富再分配的角度看,由于人们所拥有的财富包括实物资产和金融资产两种,而金融资产又分为固定收益金融资产和非固定收益金融资产两类。通货膨胀时期,固定收益金融资产如债券、票据等,其价值都是随着物价的上涨而增加,因而不同类型财富持有人的损益情况会有所不同。就固定收益金融资产所有人来说,一般债权人是通货膨胀的受害者,债务人是通货膨胀的受益者。比如,固定资产所有者以其固定资产抵押取得的贷款,物价上升使得固定资产价值上升,减轻了债务人的债务负担。通货膨胀的过程,实际上是财富从债权人向债务人转移的过程。对非固定收益金融资产来说,虽然其收益也可能随着通货膨胀率的上升而增加,但如果收益增加的幅度小于通货膨胀率上升的幅度,那么也会导致财富转移。

3.通货膨胀与资源配置

社会资源是指不同的生产要素,如生产资料和劳动力,将社会资源有比例地、有效率地分配到各个生产部门和环节,即为资源的合理配置。

通货膨胀对资源配置的影响是通过不同商品相对价格的变动引起的,主要体现在以下两个方面:

第一,在某种特定条件下,通货膨胀对资源配置可以起到优化组合的作用。在某些行业和部门有发展潜力而资源供应短缺的情况下,通货膨胀可能使其供不应求的产品价格迅速上升,吸引资源,使资源向需要发展的部门和行业转移。

第二,通货膨胀发展到一定程度以后,它会对资源的优化组合产生阻碍效应。通货膨胀时期,进行投机的商业资本周转快,获利大,而生产领域的资本则一般周期较长,在物价不稳定的条件下,进行生产性投资是不利的。这样使生产领域的资本流向流通领域,导致生产萎缩。同时,物价上涨的不平衡使得各个生产部门和企业利润的分配严重不平衡,加之价格变动无法预测,结果导致社会资源随价格无规则地盲目流动、分配不当,会造成一定的浪费,使一些生产部门急剧扩大,另一些生产部门日趋萎缩,使本来就不协调的产业结构更加不合理,对经济造成长期损害。各种商品价格的此起彼伏造成商品根据价格的上涨幅度盲目流转,正常的商品流通遭到破坏,必然使各地区、各部门之间的经济联系遭到破坏,使整个国民经济进入混乱状态,导致资源严重浪费。更重要的是,通货膨胀时期,物价的持续上升使得货币持有者为避免货币进一步贬值的损失,纷纷抢购商品,使得商品需求增加,货币流通速度加快,又会进一步加剧通货膨胀,进而引起恶性循环。

问题思考

1.课堂小组讨论:根据通货紧缩的成因分析,寻找通货紧缩的治理方法。
2.分析通货膨胀对个人及国家的影响。

项目延伸

中国历次通货膨胀比较分析

有专家认为,判断是否存在通货膨胀的一个重要依据,5%的 CPI 是一个比较关键的数字。CPI 在 5% 以内比较正常,是绿灯区;CPI 在 5% 到 9% 之间,属于温和通胀,是黄灯区;9%以上属于严重的通胀,是红灯区。

1985年:中国第一次通胀

中国从1979年开始执行改革开放政策,逐步推行社会主义市场经济,从而推动了经济的快速发展。从1979年至1984年,仅仅5年时间,国民生产总值就翻了一番。

改革开放初期,1979年至1980年我国两年财政赤字都达170亿元以上,国家不得不增发货币130亿元来弥补国库亏损。1980年底,全国市场货币流通量比1978年增长63.3%,大大超过同期工农业生产总值增长16.6%和社会商品零售总额增长37.3%的幅度,引发了改革开放后的第一次通货膨胀,使商品价上涨率达到波峰的6%,已经到了经济危机的临界点。后来我国经过压缩基本建设投资、收缩银根、控制物价等一系列措施,通货膨胀得到抑制。

1988年:中国第二次通胀

最高投资规模和人民收入主要有三个方法,第一是吸引外资;第二是发行国债;第三个是增加货币供应。其中增加货币供应是最简单、最快捷的途径。

在快速发展形势下,对市场经济规律认识的缺乏使人们对货币供应的急增缺少警惕。1986年后,随着政策的调整、商品价格的放开和工资改革的推行,旧有价格体系和经济结构中不合理因素又使通货膨胀再度爆发。

1987年底货币供应量达到1 454亿元,比1983年增加925亿元,增幅为174%。这是因为工资改革、职称评定及基本建设投资的大规模升温,导致了市场对货币的大量需求。央行以发行第四套人民币和推行大额面钞的方式,应对了过热经济对货币量的需求,却导致了一轮新的通货膨胀。

1988年3月,上海率先调整了280种国民经济必须商品的价格,接着其他大、中型城市相继提价,提价率占商品总量的80%,价格平均上涨30%,最高者达到80%,尤其是家用电器、摩托车、油等产品。

据统计,1988年的零售物价指数,创造了建国40年以来上涨的最高纪录,达到18.5%,当年财政价格补贴高达319.6亿元,商品供求差额为2731.3亿元。1988—1989年的第二次大通胀不期而至。物价急剧上涨,大米的价格几乎是一夜之间,从0.15元涨到0.8元,涨了6倍。基本生活资料的快速上涨极大地冲击了国人的心理防线,抢购风潮随之而来,所有的商店都在排队,人人都急着将纸币变成不会贬值的商品。

物价的上涨和抢购风潮引发了一系列的社会问题。在突如其来的冲击面前,中央迅速做出反应,召开会议整顿经济秩序。政府对投资和货币供应采取了紧急刹车的办法,全国几千个建设项目一起下马,半拉子工程一词随之产生,破产这个词第一次出现在中国普通百姓的嘴上。1989年前后全国仅民营企业(乡镇企业和个体私营经济)就破产关闭了13万家,占原总数22万家的60%。

1995年:中国第三次通胀

1992年,邓小平同志的南方谈话,明确提出胆子要大一些,步子要快一些。新的政策极大地激发了经济活力,中国经济再一次快速增长。1993年,中央宣布,所有国有企事业单位职工工资翻番。人民收入的增长,进一步刺激了消费,消费刺激生产,生产刺激投资,大批新工业项目的投资兴建,加重了煤、电、油、运等基础产业的负担。基础产业的瓶颈造成了钢材等生产资料价格的急剧上涨,生产资料价格的上涨又引发了生活资料价格的上涨,中国又一次通胀到来。

据资料显示,1992至1993年,由于市场经济改革,国家全面放开了对过去发放票证、限额供应的商品的限制,允许其以溢价形式,根据市场供求关系自由定价。同时,计划经济时期由国家统一定价和指导价格的商品,大部分都根据成本和市场需求形势重新定价,为了弥补差价,提高了职工价格补贴标准并再度提升工资。企业外出投资,动用有限的外汇储备大量购进各种机械设备和高档商品,一再地扩大了银行信贷规模。地方政府大搞开发区建设和用信贷大规模开发房地产业。开发过热,项目虚增,使许多生产资料价格上升40%。为了维持正常经营,许多企业,包括集体、私营企业,都不得不靠"三角债"来维持局面。国内货币供应量增幅均达35%以上,直接导致物价水平的普遍上涨,引发"通货膨胀"。1993年,国内的通货膨胀率为13.2%,通货膨胀高峰在1994年,当年的通货膨胀率达到21.7%,物价上涨率分别为13.2%、21.7%、14.8%。

吸取上一次通胀后急刹车的教训,中国政府开始通过控制利率杠杆和货币政策来进行经济的软着陆。存款利率一度长涨到12%左右,五年期以上保值储蓄还可以得到12%左右的保值利息,也就是说长期存款的利率几乎达到25%。为了抑制股市的投机,涨停板、T+1、调高交易税数管齐下,最终导致了1995—1996年的两次大跳水,中国股市进入长达数年的熊市。中国股民用血的代价,明白了套牢一词的含义。

一系列政策的结果是货币的回笼,通胀的消失,同时也造成经济发展的放慢。此次通货膨胀治理五六年后,1998年,中国GDP增长率从11%以上的高峰,逐步下降到8%左右。

综合上述材料,回答问题:
(1)分析我国历次通货膨胀的发生原因。
(2)结合现实说明我国应如何预防通货膨胀的发生。

(资料来源:经济观察网)

项目结论

1.货币需求,指一定时间内,社会各经济主体(如个人、企业和政府等)能够并愿意持有货币的行为。凯恩斯提出,人们的货币需求主要取决于三个动机,即交易动机、预防动机及投资动机。影响货币需求的因素主要包括收入状况、市场利率、消费倾向、物价水平和人们的预期与偏好等。

2.货币供给是指一国经济体系中货币的投入、创造和扩张(或收缩)的过程。其数量表现即为货币供给量。所谓货币供给量,是指一个国家在一定时点上流通中的现金和存款货币的总和。

3.货币供给的形成机制由两个层次构成:第一个层次是中央银行提供基础货币,第二个层次是商业银行创造存款货币。在货币供给过程中,银行体系的基础货币量与社会货币最终形成量之间存在着数倍扩张(或收缩)的效果,这就是所谓的乘数效应。而货币供给量对基础货币的倍数关系,即基础货币每增加或减少一个单位所引起的货币供给量增加或减少的倍数,就是货币乘数。

4.货币均衡是指货币供给与货币需求在总量上基本保持一致的货币流通状态。通货膨胀与通货紧缩均是货币失衡的表现。通货膨胀是指大多数商品和劳务的物价普遍、持续上涨的过程。主要包括需求拉动型通货膨胀、成本推动型通货膨胀及混合型通货膨胀。通货膨胀的治理办法主要包括需求管理政策、收入政策以及增加商品有效供给等。

5.通货紧缩具体表现为商品价格的持续下降,其产生的直接原因在于货币供给不足,然而造成这一现象的深层次原因却极为复杂,一般可归结为有效需求不足、供给能力相对过剩、结构问题和金融体系效率低下等几个方面。

项目训练

一、名词解释
❶ 货币需求　　　　　　　　❷ 货币供给
❸ 基础货币　　　　　　　　❹ 货币乘数
❺ 货币均衡　　　　　　　　❻ 通货膨胀
❼ 通货紧缩

二、判断对错并说明理由
❶ 货币需求是指一定时间内,社会各经济主体想要持有货币的能力。　　　(　)
❷ 凯恩斯的货币需求理论认为,利率过低时,人们预期利率会上升,此时购买债券具有更多的营利空间,因此选择购买债券,降低手中的货币持有量。　　　(　)
❸ 商业银行吸收的定期存款没有创造派生存款的能力。　　　(　)
❹ 假设基础货币下降3%,货币乘数增加3%,那么货币供应量不变。　　　(　)
❺ 中央银行对基础货币具有完全的控制能力。　　　(　)
❻ 通货膨胀指一定时期内物价的上涨。　　　(　)
❼ 需求拉动型通货膨胀认为,一国物价水平的普遍上升是由于商品和劳务的总需求过度增加引起的。　　　(　)

三、选择题
❶ 凯恩斯认为,债券市场价格与市场利率(　　)。
　A.正相关　　　B.负相关　　　C.无关　　　D.不一定
❷ 一国货币当局投放基础货币的渠道不包括(　　)。
　A.直接发行货币　　　　　　　B.变动黄金、外汇储备
　C.向商业银行贷款　　　　　　D.实行货币政策
❸ 假设一国法定存款准备金率为10%,超额准备金率为5%,现金漏损率为3%,则该国货币创造乘数为(　　)。
　A.5　　　B.5.56　　　C.10　　　D.6.67
❹ 下列各项中,可用来度量通货紧缩的指数有(　　)。
　A.消费者物价指数　　　　　　B.批发物价指数
　C.失业率　　　　　　　　　　D.国内生产总值平减指数

❺ 为抑制通货膨胀,下列可采取的措施为(　　)。

A.扩张性财政政策　　　　　　　　B.扩张性货币政策

C.紧缩性财政政策　　　　　　　　D.扩大有效需求

四、技能实训题

❶ 某国 2020 年基础货币投入量为 5 000 亿美元,次年下降为 4 500 亿美元,该国为促进经济发展制定相应政策,提出将原法定存款准备金率 17% 降为 15%。假设该国商业银行超额准备金率为 5%,现金漏损率为 5%,试计算该国 2021 年货币供应量的变化量。

❷ 中国基础货币合理性分析实训

要求:通过网上调研、实地调查等方式查阅各种资料,查询我国 2000 年以后经济数据,分析我国近二十年经济发展状况。结合经济发展情况分析我国基础货币供应形式与供应量是否合理,撰写实训报告。

❸ 通货膨胀分析实训

要求:通过网上调研的方式,分组搜集数据资料,结合项目延伸知识,查阅中国历史上历次通货膨胀期及其前后数年数据,分析历次通货膨胀的原因及其对中国经济的影响,撰写实训报告。

项目五 认知金融政策

知识链接

金融政策是金融学基础核心内容之一,通过本项目的实施,学生能够认识到金融政策的要素构成、主要作用,了解金融政策的最终目标和中介目标,认识最常见的金融政策工具,掌握法定存款准备金、再贴现以及公开市场业务操作的运行机制。

能力塑造

能识别各国中央银行所采用的不同金融政策工具;
能分析金融政策工具的预期目标和实现途径。

素质培养

引导学生将个人理想与中国梦、个人进步与国家发展紧密结合,坚定理想信念,明确新时代新青年肩负的新使命;
培养学生国家责任感和民族责任感;
培养学生具有爱岗敬业、诚实守信、廉洁自律、客观公正的职业精神。

案例导入

货币政策灵活调整　精准支持实体经济

2021年,"两个百年"奋斗目标历史交汇,面对复杂严峻的国际形势和艰巨繁重的国内改革发展任务,中国金融业在回归服务实体经济本源中深化金融供给侧结构性改革,在服务新发展格局中实现更高水平对外开放,在统筹发展和安全中坚守不发生系统性金融风险底线,走过了"稳字当头、稳中求进"的非凡一年,实现了"十四五"高质量发展的精彩开篇。

2021年初,央行运用公开市场操作和中期借贷便利等工具,保持流动性合理充裕;增加2 000亿元再贷款支持信贷增长缓慢地区。3月,将普惠小微企业贷款延期还本付息政策、普惠小微企业信用贷款支持政策两项直达工具延期至年底。7月,全面降准0.5个百分点。9月,新增3 000亿元支小再贷款额度。12月,全面降准0.5个百分点;下调支农支小再贷款利率0.25个百分点;将两项直达工具转换为支持小微企业的市场化政策工具;

金融学基础

1年期LPR下降5个基点；上调外汇存款准备金率2个百分点。

我国独立自主的货币政策得以充分体现。当美联储等发达国家央行逐步退出货币宽松政策，我国货币政策坚持"灵活精准、合理适度、以我为主、稳字当头"，在延续总体稳健基调的同时，注重发挥政策工具总量和结构双重功能，提升应对宏观形势变化的前瞻性、精准性、有效性。下半年，货币政策微调预调节奏明显加快，先后两次全面降准，向市场释放约2.2万亿元资金，同时运用多种货币政策工具，引导金融机构适度让利实体经济，加大对民营小微企业、制造业重点领域的支持。

（资料来源：澎湃新闻）

> **请思考** 什么是货币政策？资料中我国所采用的货币政策的用意与作用分别是什么？

任务一　熟悉金融政策

一、了解金融政策的内涵

1. 金融政策的含义

金融政策是政府、中央银行以及宏观经济部门为实现一系列的宏观经济调控目标而采用各种方式调节货币、利率和汇率水平，进而影响宏观经济向其所期望的方向发展的各种方针和措施的总称。一般而言，一个国家的宏观金融政策主要包括三种：即货币政策、利率政策和汇率政策。这三项政策调节的最终目标是一致的，都是为了促进本国社会、经济的健康平稳发展，只是调节的对象不同。货币政策主要依靠法定存款准备金率、再贴现率以及公开市场业务等政策工具调节货币供给量，从而影响宏观经济运行。利率政策主要是运用各种利率工具，如金融机构法定存贷款利率等，对利率水平和利率结构进行调整，进而影响货币资金供求状况，达到宏观经济调节的目的。汇率政策则是一国政府通过汇率制度的选择以及汇率水平的确定和调整来保证金融体系的稳定。

三大政策中，货币政策居主要地位，是各国货币当局最为重视也是采用最多的政策之一，更有学者将利率政策划入货币政策范畴，将其视为货币政策的重要组成部分。因此，本节我们将以货币政策为重点，对其含义、目标、工具等内容进行详细的阐述分析。

2. 货币政策

（1）货币政策的含义

货币政策是指中央银行为实现特定的经济目标，运用各种工具调节和控制货币供给

视频：货币政策

量,进而影响宏观经济运行的各种方针措施。货币政策是实现中央银行金融宏观调控目标的核心所在,在国家宏观经济政策中居于十分重要的地位。

一般来说,货币政策包括货币政策工具、货币政策目标、检测和控制目标实现的各种操作和中介指标、政策效果等基本内容。这些基本内容紧密联系,构成了一个国家货币政策的有机整体。货币政策构成要素关系如图5-1所示。中央银行运用货币政策工具,直接作用于各种操作指标;操作指标的变动引起中介指标的变化从而实现货币政策目标,达到央行调节宏观经济的目的;中央银行建立的监测与预警机制使得央行可以及时观察货币政策操作是否使操作指标和中介指标达到其想要的状态,并对其进行调整,从而最终达到调节宏观经济的目的。

正如2007年,我国的CPI一直维持在高位。为了治理通货膨胀,2008年上半年,央行先后于1月16日、3月18日、4月16日和5月12日宣布上调存款类金融机构人民币存款准备金率各0.5个百分点。又于6月7日宣布上调存款准备金率1个百分点。在央行一系列的政策调整的作用下,居高不下的CPI数字渐渐发生了变化,从2008年5月开始,CPI从高位渐渐开始回落。这一次,中央银行正是通过提高存款准备金率使社会流通中货币供给量减少,最终实现物价稳定这一货币政策目标。

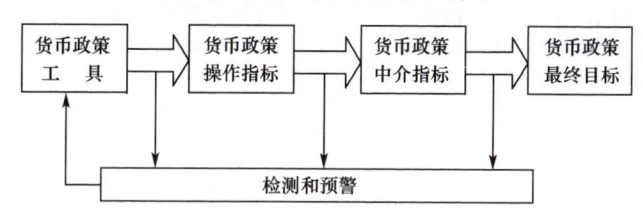

图5-1 货币政策构成要素关系图

(2)货币政策的作用

货币政策对宏观经济进行全方位的金融调控,其作用主要表现在以下几个方面:

①调节货币供应总量,保持社会总供求平衡

社会总供求均衡是社会经济平稳运行的前提。现代经济中,社会总需求量表现为货币的需求量,它是由一定时期的货币供给量决定的。货币政策可直接调节货币供给量,对货币供给量有决定性影响,因此,它可以调节社会总需求,促进社会总需求与总供给的平衡。

②调控利率和货币总量,保持物价稳定

无论通货膨胀的形成原因多么复杂,但从总量上看,都表现为流通中的货币超过社会在价格不变的情况下所能提供的商品和劳务所需要的货币总量,利率的上升使得储蓄吸引力增加,此时,更多的人愿意将手中的钱存入银行以便以后消费,而不是现在实施购买行为。因此,促进储蓄就等于推迟了现有货币的购买能力,减少了当期的社会需求。社会需求的下降必然引起商品供给减少,提供商品供给所需资金必然下降,银行贷款需求减少,从而减少流通中的货币量,抑制通货膨胀;相反,降低利率则可抑制通货紧缩,稳定物价。

③促进经济稳定增长

经济稳定增长是人类社会发展的必要条件。但是由于各种因素的影响,经济增长不可避免地会出现各种波动。"逆风向行事"的货币政策具有促进经济稳定增长的功能。经济膨胀时,通过实施紧缩性货币政策,减少社会货币供给量,抑制总需求的过度膨胀和价格水平的急剧上涨,实现社会经济的稳定;在经济萧条时,通过实施扩张性货币政策,增加社会货币供给量,刺激投资和消费,促进经济增长和实现资源的充分利用。

④调节国民收入中消费与储蓄的比例

货币政策通过对利率的调节影响人们的消费倾向和储蓄倾向。高利率必然促进储蓄,低利率则有利于鼓励消费。消费的增加拉动社会需求的上升,而储蓄则是投资的资金来源,两者都是发展的基础。但消费与储蓄此消彼长的关系又使得它们不可能同时增加。因而消费与储蓄的比例关系对经济运行和经济发展都有重要的制约作用。

⑤促进国际收支平衡,保持汇率相对稳定

在经济全球化进程中,开放经济下汇率的相对稳定是保持一国经济稳定发展的必要条件。而汇率作为一国货币的相对价格,它的稳定又与国际收支平衡密切相关。货币政策通过进行公开市场操作业务,控制市场上的本币供给,调节汇率,促进国际收支平衡,保持汇率相对稳定。

二、了解金融政策的最终目标和中介目标

1. 金融政策的最终目标

事实上,所有宏观政策的最终目标都具有一致性,因而,我们将通过阐述货币政策的最终目标来理解金融政策的最终目标。

货币政策的最终目标是指中央银行制定和实施货币政策想要达到的最终目的。一般来说,货币政策目标主要有以下四个:稳定物价,经济增长,充分就业和国际收支平衡。货币政策的四大目标并不是同时确立的,而是随着经济社会的发展变化先后出现的,它们有一个逐渐形成的过程。

1930年以前,金本位制流行于西方社会,资本主义发展也较为顺利,西方国家认为资本主义市场经济能够自我调节,自行解决矛盾。比如,若人口上升,商品需求就会增加,增加的商品需求初期引起商品价格上涨,使得更多的人认为生产有利可图,就会增加投资,引起劳动力需求的上升。在这种背景下,维持货币币值稳定是货币政策的主要目标。

20世纪30年代爆发的经济金融大危机使西方社会生产急剧下降,失业迅速增加。各国政府及经济学家开始怀疑黄金的自动调节能力,纷纷抛弃金本位制,竞相采取货币贬值、高筑关税壁垒等办法干预经济、消除萧条、增加就业。1946年,美国国会通过就业法案,将充分就业列入经济政策目标,从此,充分就业成为货币政策主要目标之一。

20世纪50年代起,世界经济快速恢复。由于各国经济发展的不平衡性,美国经济增长率低于其他国家,为了保持自身经济实力和政治地位,美国提出了经济发展速度问题,把促进经济增长作为当时的主要目标。所以,这时各国中央银行的货币政策目标发展成为物价稳定、充分就业和促进经济增长。

20世纪50年代以后,国际贸易得到迅速发展。许多国家长期推行凯恩斯主义的宏观经济政策后,都出现了不同程度的通货膨胀,国际收支状况日益恶化。特别是美国经济

实力削弱,国际收支出现逆差,使以美元为中心的国际货币制度受到严重威胁,美元出现的两次大危机,使许多国家都密切注意这种事态的发展,并提出了平衡国际收支的经济目标。因此,中央银行的货币政策目标也相应地发展成为物价稳定、充分就业、经济增长和平衡国际收支。

2. 金融政策的中介指标

金融政策的中介指标是指那些为了实现金融政策目标而选定的中间性或传导性的金融变量,以货币政策为例,中央银行本身不能直接控制和实现诸如经济增长、物价稳定、充分就业等这些货币政策目标,为了达到预期目的,中央银行必须选择某些与这些政策目标关系密切、中央银行可直接操控并在短期内可度量的金融指标作为实现货币政策目标的中介指标,通过中介指标的调整和控制最终实现政策目标。因此,作为货币政策的中介指标,其功能集中体现在以下三个方面。

(1) 测度功能

货币政策的最终目标是一个长期目标,从货币政策的运用到最终目标的实现,需要一个较长的过程。在这个过程中,需要设置一些短期的、数量化的金融变量来测定货币政策工具的作用和效果,以便及时调整货币政策的作用方向和力度,从而更好地实现货币政策目标。

(2) 传导功能

正是由于中央银行本身不能直接控制和实现货币政策目标,而是依靠货币政策工具来影响最终目标,所以才需要选取中介指标作为政策工具与政策目标之间的桥梁。

(3) 缓冲功能

在实现最终目标的漫长过程中,现实经济的多变性使得货币政策不可避免地出现政策失误、效果滞后等问题,中介指标为货币政策工具的实施提供了一个缓冲区,中央银行可根据中介指标反映的信息及时调整货币政策工具的方向和力度,避免经济急剧波动。

三、了解金融政策工具

货币政策工具是中央银行为了调控中介指标进而实现货币政策目标所采用的政策手段。货币政策目标和中介指标都是通过中央银行对货币政策工具的运用来实现的。

思维导图金融政策工具

一般来说,中央银行对货币的调节政策有两大类:一是从收紧和放松银根两个方向调整银行体系的准备金和货币乘数,从而改变货币供给量,这就是一般货币信用管理,它影响货币信用的总量,属于宏观性措施;另一类是用各种方式干预信贷市场资金配置,有目的地调整某些特定经济部门的货币信贷供应量,从而引起货币结构变化,这就是选择性信贷管理,属于微观性措施。所以,中央银行的货币政策工具主要分为一般性货币政策工具和选择性货币政策工具两大类型。

1. 一般性货币政策工具

一般性货币政策工具包括法定存款准备金政策、再贴现政策和公开市场业务,俗称中央银行的"三大法宝"。它的特点是通过调节货币供应总量调控宏观经济发展,没有特殊的针对性和选择性。"三大法宝"的详细分析参看任务3的内容。

2.选择性货币政策工具

所谓选择性货币政策工具是指中央银行有选择地针对个别部门、个别企业或某些特定用途的信贷所采用的货币政策工具。

随着中央银行宏观调控重要性的增强,货币政策工具也趋于多样化。除传统的"三大法宝"外,中央银行还增加了针对某些特殊的经济领域或特殊用途的信贷而采用的一系列政策措施。这些措施都被央行有选择地使用,因此称之为选择性货币政策工具。

一般来说,与一般性货币政策工具不同,选择性的货币政策工具对货币政策与国家经济运行的影响不是全局性的而是局部性的。选择性货币政策工具主要包括消费者信用控制、证券市场信用控制、不动产信用控制和优惠利率等。

(1)消费者信用控制

消费者信用控制是指中央银行对不动产之外的各种耐用消费品的销售贷款予以控制。其目的在于影响消费者对耐用消费品支付能力的需求。主要内容包括:

①规定以分期付款方式购买各种耐用消费品时第一次付款的最低限额,从而限制缺乏现金支付首期付款的消费者;

②规定分期付款的最长期限,从而提高每期还款金额,限制平均收入水平和目前收入水平较低的人群消费;

③规定可用消费信贷购买耐用消费品种类,对不同消费品规定不同信贷条件。

在消费膨胀时,采取这些措施能够有效控制消费信用膨胀。在经济衰退时,可选择放宽甚至取消这些限制措施,提高消费者对耐用消费品的购买能力,刺激消费需求。

(2)证券市场信用控制

证券市场信用控制是指中央银行对有关证券交易的各种贷款和信用交易的保证金比率进行限制,并随时根据证券市场的状况加以调整,目的在于控制证券市场交易总量,抑制过度投机。所谓保证金交易,是指证券交易当事人在买卖证券时,只向证券公司交付一定的保证金,而由证券公司提供融资进行交易。也就是说,客户在买卖证券时,仅向证券公司支付一定数额的保证金,就可进行数倍于所交保证金金额的证券买卖活动。

2018年12月28日,中国金融期货交易所对《中国金融期货交易所交易规则》进行了第四次修订,《规则》对交易风险控制提出各种要求,比如最低交易保证金的收取。假设最低交易保证金的收取标准为12%,这就意味着用12万元的保证金就可以做100万元期货交易,可以有效控制期货市场交易总量,抑制过度投机。

(3)不动产信用控制

不动产信用控制是指中央银行对金融机构在房地产方面放款的限制措施,以抑制房地产投机。比如规定金融机构发放房地产贷款最高限额和房地产贷款的最长期限等。

(4)优惠利率

优惠利率是中央银行给予国家重点发展的经济部门或产业的优惠政策,是一种鼓励性措施,其目的是引导资金使用方向,加快某些部门的发展。我国曾对民族贸易和民族用品生产的流动资金贷款实行优惠利率,以促进民族商品工业的发展。

3.其他工具

其他政策工具主要有两大类:直接信用控制和间接信用控制。

直接信用控制是指以行政命令或其他方式,直接对金融机构尤其是商业银行的信贷活动进行控制。其具体手段包括:规定利率限额与信用配额、限制信用条件、规定金融机构流动性比率和直接干预等。

间接信用控制是指中央银行通过道义劝告、窗口指导等方法来间接影响商业银行等金融机构行为的做法。所谓道义劝告指中央银行利用其声望和地位,通过对商业银行和其他金融机构发出通告、指示或与各金融机构的负责人进行面谈,劝告其遵守政府政策并自觉采取贯彻政策的相应措施。例如,在国际收支出现赤字时,劝告各金融机构减少海外贷款等。这种温和的劝导方式没有具体指标约束,其作用力大小取决于中央银行的权威、地位以及银行体系对中央银行的依赖程度。事实上,中央银行对商业银行的业务活动有很强的控制力,因此道义劝告这类方法能发挥很大的作用。

问题思考

1. 如何理解货币政策构成要素之间的关系?
2. 我国应如何使用选择性货币政策工具来刺激消费?

任务二 金融政策目标分析

一、分析金融政策的最终目标

1.金融政策的目标

(1)稳定物价

物价稳定,是指一般物价水平在一定时期内不会发生显著波动。需要强调的是,这里的物价不是指个别商品的价格,而是大多数商品的普遍价格。在实际生活中,即使整个社会物价稳定,也会不可避免地出现某种商品价格急剧上涨或下跌的情形。因此,单个商品价格波动并不是通货膨胀。目前,通货膨胀成为世界各国经济发展中的重要问题,鉴于通货膨胀对社会资源配置效率、财富分配和稳定预期等各方面都有极大的破坏作用,各国政府都将抑制通货膨胀、稳定物价作为一项基本宏观政策目标。

但是,应该看到,抑制通货膨胀的目标并不是指通胀率越低越好。价格总水平的绝对下降,即出现负通胀时,会带来通货紧缩。通货紧缩将严重影响企业和公众的投资和消费预期,制约有效的投资需求和消费需求,会使企业销售下降,存货增加和利润下降,进而导致经济增长停滞甚至衰退,陷入经济危机。因此,稳定的实质是防止物价的剧烈波动。事实上,伴随着经济发展,物价总会有一定的上升趋势,一般认为,物价上涨率在4%以下都是较为合理的。

(2)充分就业

充分就业指有能力并且愿意参加工作的人,都能在合理的条件下找到适当的工作。非充分就业,则表明劳动力的浪费。失业者由于没有收入来源,生活质量下降,可能导致社会不稳定。但是,需要说明的是,充分就业并不是没有失业,摩擦性失业和自愿失业通常是被允许的,这两部分失业造成的失业率是自然失业率。摩擦性失业是由短期内劳动力供求失调或是季节性原因造成的。经济总是变动的,劳动者寻找最适合自己偏好和技能的工作需要时间,一定数量的摩擦性失业不可避免。摩擦性失业对任何个人和家庭来说都是暂时的,是过渡性的,因此,摩擦性失业不被认为是严重的经济问题,而且可以通过改善有关工作机会的信息流而减少。自愿失业则是劳动者不愿意接受现行的工资水平或是因工作条件主观上不愿意工作而引起的失业。这两部分失业在社会中所占的比重非常小。当然,除了摩擦性失业和自愿失业外,任何社会都存在一个可以承受的非自愿性失业率,即劳动者愿意接受现行工作水平和工资条件,但仍然找不到工作的情况。这是由于社会劳动需求不足造成的。事实上,适当的失业率是可以接受的,也就是说,充分就业并不意味着没有失业。

金融视野

关于充分就业的不同理解

通常以失业率(失业人数与愿意就业的劳动力的比率)来表示就业状况。那么,失业率为多少就可称之为充分就业呢?或者说一国可以容忍失业程度为多大呢?有的经济学家认为,3%的失业率就是充分就业;也有的专家认为,失业率长期维持在4%～5%即为充分就业。而在美国,大多数经济学家则认为,失业率在5%左右就是充分就业。因此,究竟失业率为多少才是充分就业,只能根据不同的经济发展状况来判断。各个国家应根据自身经济条件来制定一个准确、合理的指标。

(3)经济增长

经济增长是提高社会生活水平的物质保障。任何国家想要不断地提高人民的生活水平则需要保持一定的经济增长速度。一个国家的经济实力,是决定其在激烈的国际政治、军事竞争中保持国际地位的重要因素。因此,经济增长成为每个国家的宏观经济政策目标。但是,经济增长常常带来一些社会问题,最引人关注的是环境污染问题。靠破坏生态平衡、污染环境带来的经济增长不能算是真正的经济增长。过度追求短期的高速甚至超高速增长可能会导致经济比例的严重失调和环境破坏问题。因此,保持长期、稳定、可持续发展的经济增长才是宏观经济的最终目标。

(4)国际收支平衡

国际收支是一个国家居民与非居民之间所有经济交易的系统记录,反映一定时期一国经济对外往来的综合情况。保持国际收支平衡是保持国民经济持续稳定增长和经济安全甚至政治稳定的重要条件。一国国际收支失衡,无论是逆差还是顺差,都会给该国经济带来不利影响。巨额的国际收支逆差使得本国市场上外币需求增加,本币需求下降,可能导致外汇市场对本币信心的急剧下降,致使资本外流,国际储备下降,本币贬值,从而导致严重的金融危机。而长期的国际收支顺差,则使大量的外汇储备闲置,造成资源的浪费。同时中央银行为维持本币币值稳定而购买大量的外汇,会被动的增加本币流通量,可能导致或加剧国内的通货膨胀。当然,相比之下,逆差比顺差危害更大,因而目前各国调节国际收支失衡主要是为了减少或是消除国际收支逆差。

> **小知识**
>
> 一国国际收支状况不外乎表现为以下三种情况:
> (1)国际收支逆差
> (2)国际收支顺差
> (3)国际收支平衡
> 真正达到国际收支差额为零是很难的,短期的逆差和顺差是常有的事。在一定条件下,逆差不一定是坏事,它意味着得到了所需要的外国商品和服务,提供了必要的援助,有利于吸收国内市场偏多的货币,增加商品供应。而所有国家的国际收支都保持顺差是不可能的,这意味着经济关系无法维持下去。中国国际收支经常项目与资本项目持续性呈现"双顺差",国际储备也保持快速增长。

(5)金融稳定

近年来,国际性金融危机的发生日趋频繁,影响也逐步加深,如2008年由美国引发的次贷危机,给很多国家经济发展造成不可避免的冲击。因此,目前除了上述四大目标外,很多国家把保持金融稳定也作为其金融政策目标之一。保持金融稳定就是要通过适当的货币政策决策与操作,维持利率与汇率的相对稳定,防止银行倒闭,保持本国金融系统的稳健运行,并与各国中央银行和国际金融机构合作,共同维护国际金融的稳定。

2.目标的相互关系

货币政策目标之间的相互关系较为复杂,有的在一定程度上具有一致性,如充分就业和经济增长,二者成正相关关系;有的则相对独立,如充分就业和国际收支平衡,其相互影响相对较小,它们之间的关系更多地表现为相互的冲突性。

(1)稳定物价与经济增长、充分就业的矛盾

稳定物价与经济增长、充分就业之间通常存在一种此消彼长的关系。要保持充分就业,就必须刺激投资需求和消费需求,扩大生产规模,增加货币供应量,此时物价很可能会上涨,如果物价上涨水平过高,就会引发通货膨胀;要保持物价相对平稳,就要控制货币投放量,抑制投资和消费需求,于是生产规模将会趋于缩小,就业人数也不可避免地趋于减少,经济增长可能减慢甚至停滞。

(2)物价稳定与国际收支平衡的矛盾

理论上讲,只有各国都保持基本相同的物价稳定水平,并且在贸易形态和商品输出输入结构不变的条件下,物价稳定才能与国际收支平衡同时存在。但事实上这是不可能的。若其他国家发生通货膨胀,本国物价稳定,则本国商品价格相对降低,更具有国际竞争能力,因此可能造成本国出口增加,进口减少,国际收支发生顺差;若本国发生通货膨胀,其他国家的物价稳定,表明本国货币相对贬值,在一定时期内购买外国商品便宜,则会导致

本国输出减少,输入增加,使国际收支恶化。

由此可见,金融政策目标之间的相互矛盾使得要同时达到所有目标几乎不可能。为实现其中一个目标,往往要以牺牲另一个目标为前提。事实上,一国在一定时期内通常会选择其中一个或两个目标为侧重点。由于基本政策目标的矛盾主体主要体现在处理好物价稳定和经济增长之间的关系上,因此,在政策侧重点的选择问题上,主要也是考虑这两个基本政策目标的配合。

金融视野

中国货币政策目标的选择

中国货币政策的最终目标经历了经济增长向稳定价格的转变。从1984年中央银行制度建立至20世纪90年代初期,中国人民银行的货币政策目标是"发展经济、稳定货币",也就是说,经济增长目标优先于价格稳定目标。1993年国务院发布的《关于金融体制改革的决定》和1995年通过的《中国人民银行法》均确立了我国的货币政策目标为"保持货币币值的稳定,并以此促进经济增长",从而使得价格稳定目标优先于经济增长目标。2003年12月27日第十届全国人民代表大会常务委员会第六次会议修改通过的《中国人民银行法》第三条再次重申,我国的货币政策目标是保持货币币值的稳定,并以此促进经济增长。币值的稳定逐渐成为我国中央银行货币政策的首要目标。

随着中国经济的发展,党的十九届五中全会提出"建设现代中央银行制度",而建设现代中央银行制度要求健全现代货币政策框架,支持经济高质量发展,加快构建新发展格局。中国人民银行发布的《2021年第一季度中国货币政策执行报告》提出,现代货币政策框架包括优化的货币政策目标、创新的货币政策工具和畅通的货币政策传导机制。我国中央银行正在不断优化货币政策目标,以与名义经济增速更趋适应的货币增长支持高质量发展;不断创新政策工具,日益凸显对普惠、绿色、"三农"、小微等重点环节的支持;不断以改革手段疏通货币政策传导机制,使金融资源更高效顺畅地滋养实体经济。

二、分析金融政策的中介目标

1.中介指标的选择标准

中央银行从操作货币政策工具到实现最终目标这一过程中,中介指标作为政策工具与政策目标之间的桥梁,起到了非常重要的作用,对中介指标的选取是否恰当,选定后是否能达到预期的调节效果,关系到货币政策最终目标的实现。那么,理想的中介指标有哪些,应如何判断呢?一般地说,货币政策中介指标的选取应符合三个标准。

可测性:即中央银行能够迅速获得这些指标的数据资料,并可对其进行观察、分析和监测,如 M_0、M_1、M_2、长期利率、短期利率等。

可控性:即该指标能够在较短的时间内接受货币政策,并按政策设定的方向和力度发生变化。

相关性:即要求中介指标与适用的货币政策工具和希望实现的最终目标之间有密切、

稳定和统计数量上的联系,使货币政策工具、中介指标、最终目标之间相互作用明显,这样中央银行才能够通过对中介指标的调节和控制实现其最终目标。

2.可选择的中介指标

根据货币政策中介指标的三个基本判定标准,可选取的中介指标一般有利率、货币供应量,也有一些国家把信贷量、汇率和通货膨胀率包括在内。

(1)利率

以利率作为中介指标主要是通过货币政策工具来调节、监控市场利率水平。利率上升可促进储蓄,推迟现有资金的购买力,减少社会需求,从而调整社会总供给。以利率作为中介指标的优点是可测性和可控性强,能够较直接地调节市场总供求。中央银行能随时观察利率水平和利率结构,通过公开市场业务或再贴现政策影响市场利率水平,进而达到实现政策目标的目的。

但是,利率作为中介指标也有不理想之处。利率不仅是政策变量,受外部政策因素变动的影响,同时,它还受经济体系内部因素的影响。当经济繁荣的时候,利率自然会因贷款需求的增加而上升;当经济衰退的时候,利率也会因贷款需求的减少而下降,此时,中央银行很难辨别利率的变动究竟是由货币政策变动的影响产生,还是由经济自然发展造成的,也就更难判定自己的政策操作是否已经达到预期目标。

例如,中央银行为抑制经济过热,准备利用货币政策工具将利率由4%提高至7%。但由于经济发展速度很快,贷款需求量急剧上升,我们知道,利率作为货币资金的使用价格,将不可避免地随着货币需求量的增加而上升,市场利率很可能达到了8%。此时,中央银行很难判定利率上升的影响因素是什么,也就无法了解其政策的实施是否达到了预期目标。

(2)货币供应量

以货币供应量作为中介指标,就是通过政策工具来调节、监控货币供应量的增减情况,使货币供应量与经济增长所需相适应。当然,如果市场货币供应量大于社会所需,则可能引起商品物价水平的上涨,这时,中央银行就要采取措施缩减货币供应量,实现货币的供求均衡。

货币供应量作为中介指标,其优点在于该指标与经济发展状况相关性较强,不管由何种原因引起社会总供给和社会总需求失衡,都会通过货币供应量的过多或过少反映出来。并且,这一指标与最终目标比较接近,中央银行相对比较容易判定政策效果。但其不足之处在于货币供应量本身包含的内容或统计口径比较复杂,难以清晰界定其概念范围。与此同时,金融工具的不断创新也加大了中央银行调整、控制货币供应量的难度。

(3)其他指标

除利率、货币供应量外,还有一些指标可以充当中介指标,主要是贷款量和汇率。贷款量又称贷款规模,具有较好的相关性、可测性和可控性。但贷款规模通常是利用行政手段而非经济手段发挥作用,不利于市场机制作用的发挥;同时,如果金融市场与直接融资市场较为发达,资金需求者可以通过直接融资获得所需资金,必然弱化贷款规模控制与最终目标之间的相关性。因此,该指标通常在实行计划经济或是金融市场不发达的国家使用。

汇率也可充当中介指标,特别是在一些对外经济依赖性大的国家和实行本币与其他国家货币挂钩的国家或地区。这些国家或地区货币政策独立性通常较差,对利率和货币供应量调节的实施控制能力较弱,因而,当地中央银行往往选择汇率作为中介指标,见表5-1。

表 5-1　　　　　　　　　　西方国家货币政策中介目标的演变

时间	20世纪五六十年代	20世纪70年代—90年代	20世纪90年代以后
美国	以利率为主	先以 M_1 后以 M_2 为主,90年代以后改为非借入储备和联邦基金利率	逐步放弃以货币供应量为中介目标,在政策的运作中监测更多的变量,但主要以利率、汇率等价格型变量为主
英国	以利率为主	货币供应量,1976年后改为 M_3,1989年又增加 M_0	
加拿大	先以信用总量为主,后改为信用调节为主	先以 M_1 为主,后改为 M_2 和 M_{2+}	
日本	民间金融体系的贷款增加额		
德国	商业银行的自由流动储备	先以中央银行的货币供应量为主,后改为以 M_3 为主	
意大利	以利率为主	国内信用总量	

金融视野

我国货币政策中介指标的选择经历了从流通中的现金到贷款规模再到货币供应量的转变。

1994年《国务院关于金融体制改革的决定》明确提出,我国今后货币政策中介指标主要有四个:货币供应量、信用总量、同业拆借利率和银行超额准备金率。

目前在实际工作中,货币政策的操作指标主要是基础货币、银行的超额准备金率和银行间同业拆借市场利率、银行间债券市场的回购利率;中介指标主要是货币供应量和以商业银行贷款总量、货币市场交易量为代表的信用总量。

问题思考

1. 如何理解货币政策目标之间的关系?
2. 思考中介指标选择标准。

任务三　金融政策工具运用

一、运用法定存款准备金政策

1. 法定存款准备金政策的含义

在分析法定存款准备金政策之前,首先回顾一下法定存款准备金。法定存款准备金是以法律形式规定的商业银行必须向中央银行上缴的那部分供支付存款提取用的存款准备金。中央银行规定法定存款准备金率的过程就是法定存款准备金政策实施的过程。存款准备金由法定存款准备金和超额准备金两部分构成,在存款准备金一定的情况下,中央银行可以通过调整法定存款准备金率来增加或减少商业银行的超额准备金,以收缩或扩张基础货币供应量,调整货币供给,实现货币政策目标。

2.法定存款准备金政策的效果

法定存款准备金政策常常被认为是货币政策最有效的工具之一。其政策效果主要表现在以下两个方面:

(1)保证银行体系资金流动性和现金兑付能力

通常情况下,商业银行自身会保有一定数量的准备金以备客户提取。在没有法定存款准备金制度时,商业银行可能会受较好的贷款条件的诱惑而贷出大量资金从而影响银行资金的流动性和清偿力。银行资金流动性和清偿力受限时,往往会发生支付危机进而引起金融恐慌。在法定存款准备金制度下,商业银行受法律限制,必须保有一定数量的准备金随时供储户提取,增强商业银行的可信度。

(2)调节货币供应量

根据货币乘数理论,货币供应量等于基础货币与货币乘数的乘积,也就是说所有基础货币都会引起货币供应量的成倍变动。如果中央银行认为社会货币需求旺盛,货币供给不足,那么想要增加货币供给就可以采取降低法定存款准备金率的办法,使所有的存款机构对每一笔存款只需留出更少的准备金。例如,假定原法定存款准备金率为20%,则100万元的存款必须至少留出20万元存入中央银行,剩余80万元成为可贷资金,这样,每增加1万元的准备金就可以派生出5万元的存款。若中央银行将法定存款准备金率降为10%,则100万元存款只需上缴10万元给中央银行即可,剩余90万元的可贷资金,这样,增加1万元的准备金就可以派生出10万元的存款,货币供给量增加一倍。降低法定存款准备金率实际上等于增加了银行可贷出的基础货币量,从而增加货币供应量;反之,提高法定存款准备金率等于减少了银行可贷出的基础货币量,从而减少了货币供应量。

自2007年1月起,为治理通货膨胀,中国人民银行在多次举行的金融工作会议中制定了"坚定不移地围绕反通胀这一目标"的工作任务,在之后的一年半的时间内,连续十五次上调存款类金融机构人民币存款准备金率各0.5个百分点。在此一连串的货币政策作用下,我国物价逐步稳定,CPI数据从2007年持续走高后于2008年大幅回落,并于2008年1月的7.1%降至12月的1.2%,货币政策效果比较明显。进入2010年以来,中国的通货膨胀率逐渐提高,2010年3月份CPI同比涨幅达到5.4%,创出32个月来新高,凸显当时中国通胀压力不断凝聚,中国人民银行再次连续调整法定存款准备金率,2010年到2011年两年间,连续十三次上调存款准备金率各0.5个百分点。之后,中国人民银行基于经济发展形势开始陆续下调存款准备金率,通过这一货币政策来调整经济发展变动带来的影响,以促进国民经济更好、更稳定的发展,2015年2月至2021年12月,中国人民银行已连续多次下调我国存款准备金率。2011—2021年中国人民银行存款准备金率调整见表5-2。

表 5-2　　　　　2011—2021 年中国人民银行存款准备金率调整表

生效日期	大型金融机构			中小金融机构		
	调整前	调整后	调整幅度	调整前	调整后	调整幅度
2011 年 01 月 20 日	18.50%	19.00%	0.50%	16.50%	16.50%	0.00%
2011 年 02 月 24 日	19.00%	19.50%	0.50%	16.50%	17.00%	0.50%
2011 年 03 月 25 日	19.50%	20.00%	0.50%	17.00%	18.00%	1.00%
2011 年 04 月 21 日	20.00%	20.50%	0.50%	18.00%	18.50%	0.50%
2011 年 05 月 18 日	20.50%	21.00%	0.50%	18.50%	19.00%	0.50%
2011 年 06 月 20 日	21.00%	21.50%	0.50%	19.00%	19.50%	0.50%
2011 年 12 月 05 日	21.50%	21.00%	−0.50%	19.50%	19.00%	−0.50%
2012 年 02 月 24 日	21.00%	20.50%	−0.50%	19.00%	18.50%	−0.50%
2012 年 05 月 18 日	20.50%	20.00%	−0.50%	18.50%	18.00%	−0.50%
2015 年 02 月 05 日	20.00%	19.50%	−0.50%	18.00%	17.50%	−0.50%
2015 年 04 月 20 日	19.50%	18.50%	−1.00%	17.50%	16.50%	−1.00%
2015 年 09 月 06 日	18.50%	18.00%	−0.50%	16.50%	16.00%	−0.50%
2015 年 10 月 24 日	18.00%	17.50%	−0.50%	16.00%	15.50%	−0.50%
2016 年 03 月 01 日	17.50%	17.00%	−0.50%	15.50%	15.00%	−0.50%
2018 年 04 月 25 日	17.00%	16.00%	−1.00%	15.00%	14.00%	−1.00%
2018 年 07 月 05 日	16.00%	15.50%	−0.50%	14.00%	13.50%	−0.50%
2018 年 10 月 15 日	15.50%	14.50%	−1.00%	13.50%	12.50%	−1.00%
2019 年 01 月 15 日	14.50%	14.00%	−0.50%	12.50%	12.00%	−0.50%
2019 年 01 月 25 日	14.00%	13.50%	−0.50%	12.00%	11.50%	−0.50%
2019 年 09 月 16 日	13.50%	13.00%	−0.50%	11.50%	11.00%	−0.50%
2020 年 01 月 06 日	13.00%	12.50%	−0.50%	11.00%	10.50%	−0.50%
2021 年 07 月 15 日	12.50%	12.00%	−0.50%	10.50%	10.00%	−0.50%
2021 年 12 月 15 日	12.00%	11.50%	−0.50%	10.00%	9.50%	−0.50%

数据来源：由中国人民银行公布数据整理所得

3. 法定存款准备金政策的局限性

从理论上来讲，调整法定存款准备金率是中央银行调整货币供给量最简单、也是最强有力的手段之一，但在实际操作中，却存在种种弊端，因而通常不会被作为一个主要的货币政策工具加以利用。

第一，法定存款准备金率威力巨大，每调整一个百分点都足以使整个货币供应产生巨大波动，不利于货币市场的稳定，因此不宜作为中央银行调整货币供给的日常性工具来用。

第二，法定存款准备金率是商业银行日常业务统计中的一个重要指标，频繁调整会扰乱银行正常的财务计划和管理，使商业银行无所适从，同时也破坏了准备金需求的稳定性和可测性,导致货币政策实现效果不易把握。

二、运用再贴现政策

1.再贴现政策的含义

再贴现率是中央银行对商业银行以及其他金融机构的贷款利率。票据贴现是商业银行重要的资产业务之一,指商业票据的持票人在票据到期日前,为了取得资金,贴付一定利息将票据权利转让给银行的行为。票据持有人资金不足时,可以将未到期票据转卖给商业银行。那么,如果商业银行资金临时不足时会采取什么方式呢?就是再贴现。再贴现是中央银行按贴现率扣除一定的利息后,买进商业银行持有的已贴现但尚未到期的商业汇票,向商业银行提供融资支持的行为。中央银行所扣除的利息比例就是再贴现率,再贴现率由央行决定。

再贴现业务

再贴现政策是中央银行对商业银行持有未到期票据向中央银行申请再贴现时所做的政策性规定。一般包含两方面内容:一是确定和调整再贴现率;二是规定向中央银行申请再贴现的资格。

2.再贴现政策的作用

(1)调节货币供应量

中央银行通过调整再贴现率影响商业银行等金融机构的准备金和资金运用成本,从而影响它们的贷款量和货币供应量。商业银行出现临时的存款准备金不足时,就可用它持有的商业票据向中央银行申请办理再贴现或贷款。当再贴现率提高时,商业银行从中央银行借款的成本上升,因而将减少其贴现量,使商业银行的准备金相应缩减,同时商业银行会缩小对客户的贷款和投资规模,以防出现清偿力不足的情况,商业银行信贷规模的缩减自然会减少市场的货币供应量。随着市场货币量的减少,银根紧缩,市场利率相应上升,社会对货币的需求也相应减少。当再贴现率降低时,商业银行在中央银行的再贴现成本降低,再贴现量增加,商业银行准备金增加。商业银行准备金相对充裕时,自然会选择扩大对客户的贷款和投资规模,从而导致市场货币供应量增加,市场利率相应降低,社会对货币的需求相应增加。因此,中央银行通过调整再贴现率间接地干预了商业银行的融资政策,使其改变放款和投资活动,从而影响和调节货币供应量。

(2)再贴现率的预警作用

再贴现率的升降可产生货币政策变动方向和力度的告示作用,从而影响公众预期。当再贴现率提高时,意味着中央银行将实行较为紧缩的货币政策,反之则意味着中央银行将实行较为宽松的货币政策。这对于引导公众预期具有重要作用。

3.再贴现政策的优缺点

再贴现率政策最大的优点就是既可调节货币供应量,又可调节银行信贷结构,但是它本身同样存在较大的局限性。

第一,再贴现政策是一个被动性的政策,中央银行只能等待商业银行向它借款,而不能要求商业银行这样做。商业银行是否愿意到中央银行再贴现,以及贴现多少,取决于商业银行的贷款需求和其他融资渠道。事实上，在经济金融快速发展的今天，商业银行一般会尽量避免到中央银行贴现，只是将其视为一种应急手段。如果商业银行不愿进行再贴现，那么中央银行调整再贴现率也达不到预期的政策效果。另外，商业银行十分缺乏存款准备金时，即使再贴现率再高，商业银行也会向央行借款；而在经济低迷期，投资无利可图时，即使再贴现率再低，都很难刺激贷款需求。

第二，再贴现率是基准利率。基准利率是指在一国的利率体系中起基础作用，作为市场其他产品利率定价参照系的利率体系，因此，应慎重调整基准利率以免引起市场利率频繁波动。

三、掌握公开市场业务

1. 公开市场业务的含义

公开市场业务是目前中央银行控制货币供给的最重要也是最常用的工具。公开市场业务是中央银行在金融市场上公开买卖政府债券以控制货币供给和利率的政策行为。

2. 公开市场业务作用

（1）调控货币供给量

中央银行通过在金融市场上买进或卖出有价证券，实现对货币供给量的影响。例如，如果中央银行直接从商业银行买入 100 万元政府债券，同时应付给商业银行 100 万元支票，中央银行的资产和负债同时增加 100 万元，商业银行将支票存入中央银行后，该银行的政府债券减少 100 万元，同时在中央银行的准备金增加 100 万元，假定法定存款准备金率为 20%，则该银行新增的 100 万元存款准备金，经由整个银行系统存款创造后，最终导致货币供给量增加 100 万元。

如果中央银行在公开市场上购买的债券不是从商业银行购买的，而是出自社会公众，则情况相对复杂些。假如某人把中央银行付给的 100 万元支票全额存入商业银行，商业银行上缴 20 万元的法定存款准备金给中央银行，剩余 80 万元则作为超额准备金。此时，假如商业银行决定持有这笔增加的 80 万元超额准备金，则货币供应量增加 100 万元；假如商业银行利用新增超额准备金扩大贷款，由此引致的派生存款为 400 万元。

总之，中央银行可通过在金融市场上买入或卖出有价证券的行为，调节信贷总量和货币供应量。当中央银行认为需要扩大货币供应量时就在货币市场上买进债券，投入基础货币；反之则卖出债券，进行货币回笼。

（2）影响利率水平和利率结构

中央银行通过公开市场业务影响利率水平和利率结构主要有两个途径：当中央银行买进有价证券时，一方面，证券需求增加，证券价格上升，利率下降；另一方面，商业银行储备增加，货币供给增加，同样引起利率下降。当中央银行卖出有价证券时，利率变化方向相反。此外，中央银行在公开市场买卖不同期限有价证券，可直接改变市场对不同期限证券的供求状况，从而使利率结构发生变化。

（3）与再贴现政策的配合使用

事实上，三大货币政策工具常常配合使用。例如，中央银行为了减少货币供应量而在公开市场操作中卖出政府债券,使市场利率上升,利率的上升使得商业银行向客户贷款更加有利可图,从而扩大贷款规模,并因此向中央银行再贴现,此时需要中央银行提高再贴现率,限制商业银行的再贴现行为,从而使紧缩的政策目标得以实现。

2019年4月16日中国人民银行以利率招标方式开展了400亿7天期限逆回购操作,中标利率2.55%。2019年4月17日为维护银行体系流动性合理充裕,根据当期流动性需求的期限结构,人民银行开展7天期限逆回购操作1 600亿元,同时开展MLF操作2 000亿元。2019年4月18日,为对冲税期高峰等因素影响,维护银行流动性合理充裕,人民银行以利率招标方式开展了800亿元7天期限逆回购操作,中标利率2.55%。连续多日在公开市场业务中实现货币净回笼。这就是中央银行通过公开市场业务,调节社会货币供给,以达到稳定物价和经济发展目标而实施的一系列政策。

3.公开市场业务的优点

与其他货币政策工具相比,公开市场业务具有以下优点:第一,公开市场业务的主动权完全在中央银行,其操作规模的大小完全受中央银行控制。第二,公开市场业务操作证券买卖方向和力度均由中央银行掌控,可随时调整。即使出现政策失误,也可立即进行反方向操作。第三,调控效果相对缓和,不像法定存款准备金政策那样影响剧烈。第四,影响广泛。交易对象既可以是商业银行(影响其存款准备金数额),也可以是社会公众,通过直接改变公众的货币持有量,最终达到改变货币供给量的目的。

视频:公开市场业务

四、中国特色的新型货币政策工具

近年来,中央银行的传统货币政策工具已经不能有效满足复杂的货币供给变化,中国人民银行为应对经济环境的变化,为解决基础货币投放问题,在借鉴国外主要经济体中央银行货币政策工具使用基础上,陆续推出了具有中国特色的新型货币政策工具,主要包括常备借贷便利(SLF)、中期借贷便利(MLF)、抵押补充贷款(PSL)、定向中期借贷便利(TMLF)、公开市场短期流动性调节工具(SLO)、信贷资产质押再贷款、定向降低存款准备金等。

1.常备借贷便利

中国人民银行于2013年初创设了常备借贷便利(Standing Lending Facility,SLF)。常备借贷便利是中国人民银行正常的流动性供给渠道,主要功能是满足金融机构期限较长的大额流动性需求。对象主要为政策性银行和全国性商业银行,期限为1—3个月,利率水平根据货币政策调控、引导市场利率的需要等综合确定。常备借贷便利以抵押方式发放,合格抵押品包括高信用评级的债券类资产及优质信贷资产等。

常备借贷便利的主要特点:一是金融机构可以主动发起,金融机构可根据自身流动性需求申请常备借贷便利;二是常备借贷便利的开展是中央银行与金融机构一对一交易,针对性强;三是常备借贷便利的交易对象覆盖面广,通常覆盖存款金融机构。

2.中期借贷便利

中期借贷便利(Medium-term Lending Facility,MLF)是中央银行提供中期基础货币的货币政策工具,对象为符合宏观审慎管理要求的商业银行、政策性银行,可通过招标方式开展。

161

中期借贷便利采取质押方式发放,金融机构提供国债、央行票据、政策性金融债、高等级信用债等优质债券作为合格质押品。中期借贷便利利率发挥中期政策利率的作用,通过调节向金融机构中期融资的成本对金融机构的资产负债表和市场预期产生影响,引导其向符合国家政策导向的实体经济部门提供低成本资金,降低社会融资成本。为保持银行体系流动性总体平稳适度,支持货币信贷合理增长,中央银行需要根据流动性需求的期限、主体和用途不断丰富和完善工具组合,以进一步提高调控的灵活性、针对性和有效性。

3.抵押补充贷款

为支持国家开发银行加大对"棚户区改造"重点项目的信贷支持力度,2014年4月,中国人民银行创设抵押补充贷款(Pledged Supplemental Lending,PSL)为支持棚改提供长期稳定、成本适当的资金来源。2015年10月抵押补充贷款对象扩大至国家开发银行、中国农业发展银行、中国进出口银行,主要支持三家银行发放棚改贷款、重大水利工程贷款、人民币"走出去"贷款等。

抵押补充贷款的主要功能是支持国民经济重点领域、薄弱环节和社会事业发展而对金融机构提供的期限较长的大额融资。抵押补充贷款采取质押方式发放,合格抵押品包括高等级债券资产和优质信贷资产。

4.定向中期借贷便利

定向中期借贷便利(Targeted Medium-term Lending Facility,TMLF)是中国人民银行为改善小微企业和民营企业融资环境、加强金融对实体经济尤其是小微企业和民营企业等重点领域的支持力度,定向提供中期基础货币的货币政策工具,于2018年12月创设,在2019年1月首次实施。

2019年1月23日,中国人民银行开展了2019年一季度定向中期借贷便利操作。操作对象为符合相关条件并提出申请的大型商业银行、股份制商业银行和大型城市商业银行。操作金额根据有关金融机构2018年四季度小微企业和民营企业贷款增量并结合其需求确定为2575亿元。操作期限为一年,到期可根据金融机构需求续做两次,实际使用期限可达到三年。操作利率为3.15%,比中期借贷便利利率优惠15个基点。

5.公开市场短期流动性调节工具

短期流动性调节工具(Short-term Liquidity Operations,SLO)以7天期内短期回购为主,遇节假日可适当延长操作期限,采用市场化利率招标方式开展操作,在银行体系流动性出现临时性波动时择机使用。SLO操作对象为公开市场业务一级交易商中具有系统重要性、资产状况良好、政策传导能力强的部分金融机构。

短期流动性调节工具作为公开市场常规操作的必要补充,既有利于中央银行有效调节市场短期资金供给,预防突发性、临时性因素导致的市场资金供求大幅波动,促进金融市场平稳运行;也有助于稳定市场预期和有效防范金融风险。

6.信贷资产质押再贷款

信贷资产质押再贷款,是指商业银行可以用现有的信贷资产(已发放出去的贷款),到中央银行去质押,获得新的资金。而之前我国中央银行提供的再贷款基本上为信用贷款,即没有抵押物和质押物。

信贷资产质押再贷款引入了质押物,对商业银行再贷款的质押物提出了要求,在一定程度上降低了再贷款风险，进而降低了商业银行获得资金的成本，商业银行可以利用信贷资产质押再贷款这种新渠道，将优质的存量信贷资产质押给中央银行，获得中央银行的再贷款，进而盘活信贷存量。信贷资产质押再贷款有利于提高货币政策操作的有效性和灵活性，有助于解决地方法人金融机构合格抵押品相对不足的问题，引导其扩大"三农"、小微企业信贷投放，降低社会融资成本，支持实体经济。

7.定向降低存款准备金

定向降准是指中央银行为了引导信贷资金进入特定的领域、行业或地区，从而对符合一定条件的金融机构降低其存款准备金，增强金融机构信贷能力的政策。目前我国实施定向降准的主要目标是通过建立良好的信贷结构来激励特定领域、行业或地区，引导金融机构把降准获得的资金投向"三农"和小微企业，使得"三农"和小微企业获得更多的信贷资源达到完善经济结构的目的。

五、了解金融政策工具在中国的运用

中央银行用什么样的金融政策工具来实现其特定的政策目标，并无特定的模式，只能根据不同时期的经济、金融环境及客观条件而定。中国金融政策工具的运用同样立足于中国经济的客观环境。

中国人民银行从1984年开始执行中央银行职能后，其所使用的金融政策工具有贷款计划、存款准备金及利率政策等。

贷款计划主要包含两大项内容：一是确定全国贷款总规模，俗称"规模控制"；二是确定中国人民银行对金融机构的再贷款额度。贷款计划对于中央银行来说非常方便，但对金融机构的经营却缺乏灵活性。1998年，我国已取消了对金融机构的贷款规模管理。

我国存款准备金制度建立的初衷是作为平衡中央银行信贷收支的手段，中央银行通过提高存款准备金率集中一部分信贷资金，再以贷款方式分配给各商业银行。因此，它是集中资金的手段，而不是真正意义上的货币政策工具。正因为出自这样的目的，导致了我国存款准备金制度存在这样两个方面的问题：一是中央银行对存款准备金付息，既增加了中央银行的负担，又减弱了存款准备金制度的政策功能；二是法定存款准备金不能用于支付和清算，迫使商业银行必须在中央银行另立备付金账户并保留大量清算资金，而清算资金的流动性较强，使得备付金率的波动很大，影响了货币乘数的稳定性，削弱了中央银行货币政策的总体实施效果。

利率政策也是我国金融政策实施的主要手段之一。中国人民银行采用的利率手段主要包括：第一，调整中央银行基准利率，具体包括再贷款利率、再贴现率、法定存款准备金率、超额准备金率等；第二，调整金融机构法定存贷款利率；第三，制定金融机构存贷款利率的浮动范围；第四，制定相关政策，对各利率结构和档次进行调整等。

总的来说，在《中华人民共和国中国人民银行法》颁布前，我国金融政策工具以直接调控为主，对金融运作和资金效率的提高有不利的一面。1995年3月《中华人民共和国中国人民银行法》颁布后，我国金融政策调控逐步由以直接调控为主向以间接调控为主转化，各种政策工具的运用也发生转变。例如，自1998年我国改革存款准备金制度以来，存款准备金不断调整,这已经成为我国中央银行货币政策操作中运用频繁的政策工具之一。

1994年4月1日,我国正式开始在上海银行间外汇市场通过买卖外汇进行公开市场操作,1996年4月9日,中国人民银行本币公开市场操作正式启动,这是中央银行建立间接宏观金融调控体系的一项重要举措。公开市场业务买卖的对象主要是国债(国库券)。中国人民银行公开市场业务操作由其下设的"公开市场业务操作室"来进行,其本币公开市场业务操作的基本框架是:实行一级交易商制度;操作工具是财政部发行的短期国债;交易方式采取证券回购交易;以招标方式形成价格(利率)机制。由于中央财政短期国债的发行规模很小,中国人民银行掌握的国债数量就更加有限。因此,我国的公开市场既包括本币市场,也包括外币市场,即外汇也是中央银行公开市场操作的对象,并且目前中国人民银行的公开市场业务主要是在外汇市场上操作,宗旨是调节外汇市场的供求关系,维持人民币汇率的稳定。目前,随着利率市场化改革的不断完善,我国中央银行的货币政策工具除使用传统货币政策工具外,还使用创新型政策工具对经济进行调控,包括短期流动性调节工具(SLO)、临时流动性便利(TLF)、常备借贷便利(SLF)、中期借贷便利(MLF)、抵押补充贷款(PSL),用以管理中短期利率水平等,以保持流动性合理充裕。

金融视野

2021年第三季度中国货币政策大事记(节选)

7月6日,中国人民银行与澳大利亚储备银行续签规模为2 000亿元人民币/410亿澳大利亚元的双边本币互换协议。

7月12日,中国人民银行与马来西亚国家银行续签规模为1 800亿元人民币/1 100亿马来西亚林吉特的双边本币互换协议。

7月13日,中国人民银行与巴基斯坦国家银行续签规模为300亿元人民币/7 300亿巴基斯坦卢比的双边本币互换协议。

7月15日,中国人民银行开展了中期借贷便利(MLF)操作,操作金额为1 000亿元,利率为2.95%。

7月15日,中国人民银行下调金融机构存款准备金率0.5个百分点(不含已执行5%存款准备金率的机构)。

7月20日,中国人民银行授权全国银行间同业拆借中心公布贷款市场报价利率(LPR),1年期LPR为3.85%,5年期以上LPR为4.65%。

7月29日,中国人民银行面向公开市场业务一级交易商开展了2021年第七期央行票据互换(CBS)操作,费率为0.10%,中标量为50亿元,期限为3个月。

8月16日,中国人民银行开展了中期借贷便利(MLF)操作,操作金额为6 000亿元,利率为2.95%。

8月20日,中国人民银行在香港成功发行250亿元人民币央行票据,其中3个月期央行票据100亿元,1年期央行票据150亿元,中标利率分别为2.60%和2.75%。

8月20日,中国人民银行与智利中央银行续签规模为500亿元人民币/60 000亿智利比索的双边本币互换协议。

8月20日,中国人民银行授权全国银行间同业拆借中心公布贷款市场报价利率(LPR),1年期LPR为3.85%,5年期以上LPR为4.65%。

8月23日,中国人民银行、农业农村部、财政部、银保监会、证监会、乡村振兴局联合召开"金融支持巩固拓展脱贫攻坚成果 全面推进乡村振兴电视电话会议"。

8月31日,中国人民银行面向公开市场业务一级交易商开展了2021年第八期央行票据互换(CBS)操作,费率为0.10%,中标量为50亿元,期限为3个月。

9月3日,中国人民银行印发《关于新增3 000亿元支小再贷款额度 支持地方法人金融机构向小微企业和个体工商户发放贷款有关事宜的通知》(银发〔2021〕224号),向全国新增支小再贷款额度3 000亿元,引导地方法人金融机构加大对小微企业和个体工商户的贷款投放,降低融资成本。

9月6日,中国人民银行与印度尼西亚银行正式启动中印尼本币结算合作框架,推动使用本币进行双边贸易和直接投资结算。

9月7日,国务院新闻办公室举行支持中小微企业发展国务院政策例行会,中国人民银行副行长介绍金融支持中小微企业发展工作有关情况并答记者问。

9月10日,中国人民银行、银保监会、证监会、外汇局、广东省人民政府、香港特别行政区政府与澳门特别行政区政府共同举办了"跨境理财通"业务试点启动仪式,粤港澳三地同时发布《粤港澳大湾区"跨境理财通"业务试点实施细则》。

9月15日,中国人民银行开展了中期借贷便利(MLF)操作,操作金额为6 000亿元,利率为2.95%。

9月22日,中国人民银行授权全国银行间同业拆借中心公布贷款市场报价利率(LPR),1年期LPR为3.85%,5年期以上LPR为4.65%。

9月24日,中国人民银行在香港成功发行50亿元人民币央行票据,期限为6个月,中标利率为2.50%。

9月29日,中国人民银行面向公开市场业务一级交易商开展了2021年第九期央行票据互换(CBS)操作,费率为0.10%,中标量为50亿元,期限为3个月。

(资料来源:节选自中国人民银行货币政策司.《货币政策大事记》)

问题思考

1.阅读《2021年第三季度中国货币政策大事记(节选)》,任选其中一项或几项货币政策行为,分析其货币政策效果。

2.思考货币政策的传导机制。

项目延伸

中国人民银行推出碳减排支持工具

为贯彻落实党中央、国务院关于碳达峰、碳中和的重要决策部署,完整准确全面贯彻新发展理念,中国人民银行创设推出碳减排支持工具这一结构性货币政策工具,以稳步有序、精准直达方式，支持清洁能源、节能环保、碳减排技术等重点领域的发展，并撬动更多社会资金促进碳减排。

中国人民银行通过碳减排支持工具向金融机构提供低成本资金，引导金融机构在自主决策、自担风险的前提下，向碳减排重点领域内的各类企业一视同仁提供碳减排贷款，贷款利率应与同期限档次贷款市场报价利率（LPR）大致持平。碳减排支持工具发放对象暂定为全国性金融机构，中国人民银行通过"先贷后借"的直达机制，对金融机构向碳减排重点领域内相关企业发放的符合条件的碳减排贷款，按贷款本金的60%提供资金支持，利率为1.75%。

为保障碳减排支持工具的精准性和直达性，中国人民银行要求金融机构公开披露发放碳减排贷款的情况以及贷款带动的碳减排数量等信息，并由第三方专业机构对这些信息进行核实验证，接受社会公众监督。

碳减排支持工具的推出将发挥政策示范效应，引导金融机构和企业更充分地认识绿色转型的重要意义，鼓励社会资金更多投向绿色低碳领域，向企业和公众倡导绿色生产生活方式、循环经济等理念，助力实现碳达峰、碳中和目标。

项目结论

1. 金融政策是政府、中央银行以及宏观经济部门为实现宏观经济调控目标而采用各种方式调节货币、利率和汇率水平，进而影响宏观经济的各种方针和措施的总称。

2. 货币政策是指中央银行为实现一定的经济目标，运用各种工具调节和控制货币供给量，进而影响宏观经济运行的各种方针措施，主要包括货币政策工具、货币政策目标、检测和控制目标实现的各种操作指示和中介指标、政策效果等基本构成要素。

3. 金融政策最终目标包括物价稳定、充分就业、经济增长、国际收支平衡和金融稳定等。货币政策目标之间的相互关系较为复杂，有的在一定程度上具有一致性，但是，它们之间更多地表现为相互冲突性。

4. 中介指标在政策工具与政策目标之间起到桥梁作用，中介指标的有效性应符合三个标准：可测性、可控性、相关性。可选择的指标包括利率、货币供应量等。

5. 法定存款准备金是以法律形式规定的商业银行必须向中央银行上缴的那部分存款准备金。中央银行通过调整法定存款准备金率来增加或减少商业银行的超额准备金，以收缩或扩张信用，实现货币政策目标。

6. 再贴现率是中央银行对商业银行以及其他金融机构的贷款利率。票据贴现是商业银行重要的资产业务之一，指商业票据的持票人在票据到期日前，为了取得资金，贴付一定利息将票据权利转让给银行的行为。

7. 公开市场业务是目前中央银行控制货币供给的最重要也是最常用的工具。公开市场业务是中央银行在金融市场上公开买卖政府债券以控制货币供给和利率的政策行为。

项目训练

一、名词解释

❶ 货币政策　　　　　　　❷ 法定存款准备金

❸ 再贴现 　　　　　　　　　　❹ 公开市场业务

二、判断对错并说明理由

❶ 充分就业是指失业率降到极低的水平,仅可能存在结构性失业,且非自愿性失业、摩擦性失业等都不存在。（　　）

❷ 我国货币政策目标是"保持货币的币值稳定,并以此促进经济增长",其中经济增长是主要的,应放在首位。（　　）

❸ 在总量平衡的情况下,调整经济结构和政府与公众间的投资比例,一般采取货币政策与财政政策"一松一紧"的办法。（　　）

❹ 我国宏观经济调节的首要目标是实现社会总供求的总量平衡。（　　）

❺ 中央银行在公开市场上买进证券,只是等额地投放基础货币,而非等额地投放货币供应量。（　　）

❻ 货币政策目标中的充分就业与国际收支平衡之间具有一致性。（　　）

❼ 法定存款准备金率的调整在一定程度上反映了中央银行的政策意向,发挥告示效应,调节作用有限。（　　）

❽ 选择性的货币政策工具通常可在不影响货币供应总量的条件下,影响银行体系的资金投向和不同贷款的利率。（　　）

三、选择题

❶ 下列可作为货币政策操作指标的是（　　）。
　A.基础货币　　　　　　　　B.存款货币
　C.市场利率　　　　　　　　D.物价变动率

❷ 一般情况下,符合法定年龄、具有劳动能力并自愿参加工作者,都能在较合理的条件下随时找到适当的工作,即（　　）。
　A.自愿失业　　　　　　　　B.非自愿失业
　C.充分就业　　　　　　　　D.不充分就业

❸ 下列货币政策操作中,引起货币供应量增加的是（　　）。
　A.提高法定存款准备金率　　B.提高再贴现率
　C.提高房地产贷款首付率　　D.中央银行买进证券

❹ 下列可作为货币政策中介指标的是（　　）。
　A.市场利率　　　　　　　　B.法定存款准备金率
　C.基础货币　　　　　　　　D.超额准备金率

❺ 中央银行降低法定存款准备金率时,商业银行派生存款的创造能力（　　）。
　A.降低　　　　　　　　　　B.增加
　C.不受影响　　　　　　　　D.不确定

❻ 一般来说,中央银行提高再贴现率,会使商业银行（　　）。
　A.提高贷款利率　　　　　　B.降低贷款利率
　C.贷款利率升降不确定　　　D.贷款利率不受影响

❼ 不是通过直接影响基础货币和货币乘数变动实现调控的货币政策工具是（　　）。
　A.法定存款准备金率政策　　B.公开市场业务

C.再贴现政策　　　　　　　　D.间接信用指导

❽ 下列不属于选择性货币政策工具的是(　　)。

A.消费信用控制　　　　　　　B.证券市场信用控制

C.窗口指导　　　　　　　　　D.再贴现政策

❾ 下列货币政策诸目标之间,具有一致性的是(　　)。

A.充分就业与经济增长　　　　B.充分就业与物价稳定

C.物价稳定与经济增长　　　　D.经济增长与国际收支平衡

❿ 1994年到1995年《中华人民共和国中国人民银行法》颁布之前,我国奉行的是双重货币政策目标,即(　　)。

A.充分就业与物价稳定　　　　B.物价稳定与经济增长

C.物价稳定与国际收支平衡　　D.充分就业与经济增长

四、项目实训

❶ 中央银行业务模拟操作

(1)实训目的:熟悉中央银行业务。

(2)实训形式:进行中央银行业务模拟操作。

(3)项目内容:根据所设业务背景进行中央银行业务操作模拟,分析业务原因及效果。

(4)实训指导:

第一步:熟悉中央银行业务

中央银行业务主要包括:

负债业务:货币发行业务、存款准备金业务、经理国库业务。

资产业务:贷款(商业银行和政府)、再贴现业务、公开市场业务、经营国际储备资产。

清算业务:组成同城票据交换、办理异地资金汇划、跨国清算。

主要分析中央银行业务的作用。

第二步:分组模拟

每组6~8人,挑选1~3项上述中央银行业务进行分组模拟操作。建议根据本项目内容挑选与货币政策相关的业务。

第三步:以情景模拟形式进行中央银行业务操作

角色描述:中央银行业务人员,各商业银行或政府业务人员。

情景描述:每组自选业务,可根据教材中所给数据资料或通过网上查阅、实地调研的方式自行设计业务背景,要求数据合理、可靠,业务具有可行性。

模拟操作:根据自设背景,进行模拟操作,并分析操作原因与操作效果,每人撰写业务操作报告,报告内容应至少包括背景设计、背景分析、业务操作可行性分析、具体业务操作步骤以及操作效果分析等五项内容。

第四步:分组撰写实训报告

第五步:每组推荐一位同学,进行课堂专题讨论

❷ 商业银行业务模拟操作

(1)实训目的:熟悉商业银行业务。

(2)实训形式:进行商业银行业务模拟操作。

(3)项目内容:根据所设业务背景进行商业银行业务操作模拟,分析业务原因及效果。
(4)实训指导:

第一步:熟悉商业银行业务

商业银行业务主要包括:吸收公众存款;发放各种贷款;办理国内外结算;办理票据贴现;发行金融债券、代理发行、代理兑付、承销政府债券;买卖政府债券;从事同业拆借;买卖、代理买卖外汇;从事银行卡业务;提供信用证服务及担保;代理首付款项及代理保险业务;提供保管箱服务等。

第二步:分组模拟

每组6~8人,挑选1~3项上述商业银行业务进行分组模拟操作。

第三步:以情景模拟形式进行商业银行业务操作

角色描述:商业银行业务人员,银行客户(包括个人、企业等)。

情景描述:每组自选业务,可通过网上查阅、实地调研的方式自行设计业务背景,要求数据合理、可靠,业务具有可行性。

模拟操作:根据自设背景,进行模拟操作,并分析操作原因与操作效果,每人撰写业务操作报告,报告内容应至少包括背景设计、背景分析、业务操作可行性分析、具体业务操作步骤以及操作效果分析等五项内容。

第四步:分组撰写实训报告

第五步:每组推荐一位同学,进行课堂专题讨论

项目六
认知国际金融

知识链接

国际金融是金融学基础重要内容,通过本项目的实施,学生能够认识到国家和地区之间由于经济、政治、文化等联系而产生怎样的货币资金周转和运动,国际收支有哪些项目构成,外汇汇率如何换算,外汇市场如何交易等。

能力塑造

能分析国际收支平衡表,并判断国际收支的平衡与失衡;
能进行外汇汇率的兑换计算;
能分析外汇汇率的形成机制。

素质培养

培养学生客观、严谨、诚实、守信的工作作风;
培养学生科学严谨、求真务实的学习态度;
培养学生勤勉认真、爱岗敬业的劳动素养;
培养学生的民族责任感和民族自豪感。

案例导入

2021年第三季度,我国经常账户顺差5 183亿元,其中,货物贸易顺差9 152亿元,服务贸易逆差2 041亿元,初次收入逆差2 161亿元,二次收入顺差234亿元。资本和金融账户中,直接投资顺差2 739亿元,储备资产增加3 973亿元,其中由国际货币基金组织分配特别提款权形成的储备资产增加2 716亿元。

2021年前三个季度,我国经常账户顺差13 133亿元,其中,货物贸易顺差24 560亿元,服务贸易逆差5 308亿元,初次收入逆差6 786亿元,二次收入顺差667亿元。资本和金融账户中,直接投资顺差10 593亿元,储备资产增加9 467亿元。

按美元计值,2021年第三个季度,我国经常账户顺差801亿美元,其中,货物贸易顺差1 414亿美元,服务贸易逆差315亿美元,初次收入逆差334亿美元,二次收入顺差36亿美元。资本和金融账户中,直接投资顺差423亿美元,储备资产增加614亿美元,其中由国际货币基金组织分配特别提款权形成的储备资产增加419亿美元。

按美元计值,2021年前三个季度,我国经常账户顺差2 028亿美元,其中,货物贸易顺差3 796亿美元,服务贸易逆差821亿美元,初次收入逆差1 050亿美元,二次收入顺差103亿美元。资本和金融账户中,直接投资顺差1 636亿美元,储备资产增加1 464亿美元。

(资料来源:国家外汇管理局)

> **请思考** 什么是国际收支?为什么我国会出现经常项目顺差?一国国际收支与经济发展又存在什么样的联系?

任务一　熟悉国际金融的基本知识

一、熟悉国际收支

1.国际收支

国际收支是一定时期内一个国家和其他国家之间进行的全部经济交易的系统记录,包括货物、服务和收益、对世界其他地区的金融债券、债务关系的交易以及单项转移。

国际收支这一概念的内涵十分丰富,至少应该从三方面进行把握。

第一,国际收支是一个流量概念,是对某一时期内的国际经济交易的总计。

第二,国际收支反映的内容是经济交易。这些交易不仅包括两个经济单位之间商品、劳务和金融资产的有偿交换,还包括无偿的单方面资产转移,如赈灾、捐赠等。

第三,国际收支记录的是经济中居民与非居民之间发生的经济交易。居民指一国经济领土内居住1年以上的自然人及法人,包括个人、政府、非营利团体和企业四类。不符合上述条件者则视为该经济体的非居民。根据国际货币基金组织的规定,移民属其所在国居民,停留时期在1年以上的留学生和旅游者也属所在国居民。但官方使节、驻外军事人员均属其所在国非居民。

2.国际收支平衡表

国际收支平衡表是反映一定时期内一国国际收支状况的一种统计报表。国际收支平衡表按照复式记账原理,系统地记录了一个国家在某一特定时期(通常为1年)内的所有对外货币收支及余额。国际收支平衡表的借方表示进口的实际资源流动,反映经济体对外资产增加或对外负债减少的金融交易;相反,贷方表示出口的实际资源流动,反映经济体对外资产减少或对外负债增加的金融交易,其借方总额和贷方总额相等。

国际收支平衡表的交易记录时间以所有权的转移为标准,交易按市场价格计价。由于国际交易使用多种货币,国际收支平衡表的记账单位需折合成一种货币(既可以是本币,也可以是外币)。例如,我国的国际收支平衡表的记账货币为美元。

国际收支平衡表包括经常项目、资本与金融项目和平衡项目三大组成部分。

(1)经常项目

经常项目主要反映一国与他国之间实际资源的转移,是国际收支中最重要的项目。经常项目包括货物(有形贸易)、服务(无形贸易)、收益和单方面转移(经常转移)四个项目。经常项目顺差表示该国为净贷款人,经常项目逆差表示该国为净借款人。

货物反映了一国商品进出口交易的有形贸易收支,主要以货物在跨国界交易中的所有权转移为记录标准。有时商品所有权已经转移,但商品尚未出入国境,也应列入商品进出口项目中,这些商品主要包括:船舶、飞机、天然气和石油钻机及钻井平台等;本国船只打捞的货物及捕获的鱼类等水产品并直接在国外出售者;本国政府在国外购进商品、供应本国在另一国的使用者;进口时已取得商品所有权、但在入境前遗失或损坏者。有的商品虽已出入国境,但所有权并未改变的,不应列入商品进出口项目,例如经过加工转制、包装、修理、改装后再运往国外销售的商品等。

服务包括运输、旅游、通信、建筑、保险、金融、计算机和信息服务、专有权利的使用和特许、咨询、广告宣传、电影音像及其他商业服务等无形贸易收支。

收益反映了职工的报酬和投资收益。

经常转移包括官方援助、捐赠、战争赔款以及私人的侨汇、赠与和对国际组织的认缴款等除资本转移外的所有转移。

其中,货物有形贸易是国际收支中最主要的对外经济交易。在国际贸易中,为了使同一笔交易在进出口两国国际收支平衡表中以相同价值反映,国际货币基金组织规定,进出口均采用离岸价格(FOB)记录。

(2)资本与金融项目

资本与金融项目主要记录居民与非居民的金融资产交易,反映资产所有权在国际的流动,是仅次于经常项目的第二个重要项目。资本和金融项目由资本项目和金融项目两部分组成。

其中,资本项目主要内容包括固定资产所有权的变更、债权债务的减免以及土地出售等。金融项目的内容较为复杂,包括直接投资、证券投资和其他投资三项。直接投资与证券投资的最本质区别在于,直接投资的投资者对被投资企业拥有一定的经营管理权,既可以通过新建或并购的方式在国外建立分支结构的形式实现,也可以通过购买外国企业一定比例以上的股票来实现。而证券投资的投资者一般不参与企业的经营管理。凡未列入直接投资、证券投资和储备资产项目的所有金融交易均计入其他投资。例如贸易信贷和借款、货币基金组织的信贷和借款等。

(3)平衡项目

平衡项目是一定时期内在国际收支经常项目和资本项目的收支出现差额时进行平衡的项目,由储备资产及净误差与遗漏项目组成。储备资产是一国中央银行所拥有的可随时用来干预外汇市场、支付国际收支差额的资产,通常包括中央银行所持有的货币黄金、特别提款权、在货币基金组织的储备头寸、外汇资产以及其他债权。错误与遗漏则是为解决因数据资料统计方面的技术性误差而设立的调整项目。

> **知识链接**

什么是特别提款权？

特别提款权是国际货币基金组织(IMF)创设的一种储备资产和记账单位,亦称"纸黄金"。它是国际货币基金组织分配给会员国的一种使用资金的权利。会员国在发生国际收支逆差时,可用它向基金组织指定的其他会员国换取外汇,以偿付国际收支逆差或偿还基金组织的贷款,还可充当一国的国际储备。但由于其只是一种记账单位,而并非货币,使用时必须先换成其他货币,不能直接用于贸易或非贸易的支付。

2016年10月1日人民币将正式加入国际货币基金组织(IMF)特别提款权(SDR)货币篮子,成为继美元、欧元、日元和英镑之后的第五种入篮货币。人民币正式加入SDR后,SDR货币篮子权重构成由美元41.9%、欧元37.4%、英镑11.3%以及日元9.4%,将变为美元权重为41.73%、欧元30.93%、人民币10.92%、日元8.33%、英镑8.09%。

在新的SDR篮子货币中,人民币初始权重为10.92%,超越日元与英镑,低于美元和欧元,成为SDR中第三大储备货币。人民币加入SDR意味着人民币是IMF认定的五种'可自由使用'货币之一。

表6-1为我国2020年的国际收支平衡表,可结合上述内容了解我国国际收支的基本情况。

表6-1　　　　　　　　　2020年中国国际收支平衡表季度表　　　　　　　　单位:亿元

项目	金额			
	第一季度	第二季度	第三季度	第四季度
1.经常账户	−2 823	6 894	6 460	8 177
贷方	38 754	52 445	57 531	58 457
借方	−41 577	−45 551	−51 071	−50 280
1.A 货物和服务	−2 091	8 783	7 996	10 579
贷方	36 239	46 527	51 454	53 705
借方	−38 331	−37 744	−43 459	−43 126
1.A.a 货物	1 192	10 874	10 784	12 461
贷方	32 440	42 577	47 482	49 238
借方	−31 248	−31 703	−36 698	−36 777
1.A.b 服务	−3 283	−2 090	−2 788	−1 882
贷方	3 799	3 951	3 972	4 467
借方	−7 082	−6 041	−6 761	−6 349
1.B 初次收入	−843	−1 954	−1 728	−2 678

(续表)

项目	金额			
	第一季度	第二季度	第三季度	第四季度
贷方	1 875	5 339	5 411	4 049
借方	−2 718	−7 293	−7 139	−6 727
1.B.1 雇员报酬	24	28	2	−26
贷方	242	251	273	250
借方	−218	−222	−271	−276
1.B.2 投资收益	−876	−2 008	−1 774	−2 681
贷方	1 608	5 050	5 069	3 754
借方	−2 484	−7 058	−6 844	−6 435
1.B.3 其他初次收入	10	25	45	28
贷方	25	38	68	44
借方	−15	−13	−24	−16
1.C 二次收入	111	66	193	276
贷方	640	579	666	703
借方	−529	−514	−473	−427
1.C.1 个人转移	−9	8	20	9
贷方	57	64	85	80
借方	−67	−56	−66	−71
1.C.2 其他二次收入	120	57	173	267
贷方	582	515	581	623
借方	−462	−458	−408	−356
2.资本和金融账户	1 731	−3 765	−2 463	−2 768
2.1 资本账户	−6	−1	−1	3
贷方	1	3	3	4
借方	−8	−4	−4	−1
2.2 金融账户	1 737	−3 764	−2 463	−2 771
资产	−2 618	−11 052	−14 389	−14 859
负债	4 355	7 288	11 926	12 088
2.2.1 非储备性质的金融账户	−12	−2 408	−1 820	−1 143
资产	−4 366	−9 697	−13 746	−13 231
负债	4 355	7 288	11 926	12 088
2.2.1.1 直接投资	1 138	333	1 736	3 730

（续表）

项 目	金额 第一季度	第二季度	第三季度	第四季度
2.2.1.1.1 资产	−1 257	−2 066	−2 287	−1 963
2.2.1.1.2 负债	2 394	2 399	4 023	5 694
2.2.1.2 证券投资	−3 712	3 006	3 039	3 580
2.2.1.2.1 资产	−3 595	−1 671	−2 468	−3 738
2.2.1.2.2 负债	−117	4 676	5 507	7 318
2.2.1.3 金融衍生工具	−324	−317	−160	2
2.2.1.3.1 资产	−245	−251	−92	99
2.2.1.3.2 负债	−79	−66	−67	−97
2.2.1.4 其他投资	2 888	−5 430	−6 435	−8 455
2.2.1.4.1 资产	730	−5 709	−8 899	−7 629
2.2.1.4.2 负债	2 157	279	2 464	−826
2.2.2 储备资产	1 749	−1 356	−642	−1 628
2.2.2.1 货币黄金	0	0	0	0
2.2.2.2 特别提款权	−3	11	3	−4
2.2.2.3 在国际货币基金组织的储备头寸	18	−104	11	−56
2.2.2.4 外汇储备	1 733	−1 262	−656	−1 567
2.2.2.5 其他储备资产	0	0	0	0
3.净误差与遗漏	1 093	−3 129	−3 997	−5 409

（数据来源：国家外汇管理局统计数据）

二、熟悉外汇与汇率

1.外汇

（1）外汇的概念

各种国际经济交往及其他业务都离不开外汇这一基本手段。所谓外汇实际上是国际汇兑的简称。从动态上讲，外汇是指把一国货币兑换成另一国货币，以清偿国际债务的金融活动过程，即不同国家间的资金转换和支付。从静态上讲，外汇是指以外币表示的、国际公认的可用于清偿国际债权债务关系的支付手段和工具。我们在日常生活中所用到的和国际货币信用领域所广泛使用的外汇概念主要指外汇的静态概念。

外汇具有三个基本特征：

第一，外币性，即外汇必须是以外币表示的各种金融资产，因此，美元在美国以外的其他国家都是外汇，但在美国则不是，也就是说，本国货币不是外汇。

第二，自由兑换性，即外汇持有者可以自由地将其兑换成其他货币或由其他货币表示的金融资产。一种货币必须能够不受限制地兑换成别的国家的货币及其他形式的支付手段,才能被其他国家普遍接受为外汇。如果某种外币资产在国际自由兑换受到限制,则它不是外汇。比如,美国、日本、英国、瑞士、加拿大和澳大利亚等国家名义上没有外汇管制,这些国家的货币可自由兑换;而越南盾、朝鲜币、缅甸元等货币是不能自由兑换的。因此,不是所有的外币都是外汇。

第三,可偿性,即外汇可用于偿还国际债务,因此,空头支票、遭拒付的汇票等均不能视为外汇。

根据上述特征,各国(组织团体)对外汇范围的理解不同,包含的范围也不尽相同。我国《外汇管理条例》规定,外汇范围具体包括:外国货币,包括纸币、铸币;外币支付凭证,包括票据、银行存款凭证、邮政储蓄凭证等;外币有价证券,包括政府债券、公司债券及股票等;特别提款权;其他外汇资产,如记账外汇、货币黄金等。

常用国家和地区的货币代码见表 6-2。

表 6-2　　　　　　　　　　　常用国家和地区的货币代码

国家和地区	货币名称	货币代码	国家	货币名称	货币代码
中国	人民币元	CNY	瑞士	瑞士法郎	CHF
中国澳门地区	澳门元	MOP	英国	英镑	GBP
中国香港地区	港元	HKD	加拿大	加拿大元	CAD
日本	日元	JPY	美国	美元	USD
马来西亚	马来西亚林吉特	MYR	埃及	埃及镑	EGP
新加坡	新加坡元	SGD	南非	南非兰特	ZAR
泰国	泰国铢	THB	澳大利亚	澳大利亚元	AUD
印度尼西亚	印度尼西亚卢比	IDR	新西兰	新西兰元	NZD
欧洲货币联盟	欧元	EUR			

(2)外汇的分类

①按外汇可兑换性不同分为自由兑换外汇和记账外汇。

a.自由兑换外汇,是指无须货币发行国批准,就可在国际金融市场上自由、无限制地兑换成其他国家货币,并可随时向第三国办理支付的外国货币及其支付凭证。如前所述的美元、日元、英镑、澳大利亚元等为可自由兑换货币。我们一般所指的外汇都是自由兑换外汇。

b.记账外汇,也称协定外汇、双边外汇或清算外汇,是指签有双边清算协定的两个国家之间,由于进出口贸易引起的债权债务可以不用现汇逐笔结算,而是通过当事国的中央银行账户相互冲销所使用的外汇。这种外汇不能兑换成其他国家货币,也不能支付给第三国,因而称之为记账外汇。记账外汇可使用交易双方任何一方的货币,也可使用第三国货币或某种货币篮子。例如,假定美国和日本两国签订双边清算协定,规定以美元为结算货币,也就是说在交易中银行的账户上以美元为记账外汇,在两国进行多笔国际贸易的过程中,并不实际逐笔支付美元,只是以美元记载双方贸易额,收支差额在一定时期进行抵冲,其余额或转入次年,或用双方可接受的货币清偿,或以实物轧平。若该年美国对日本的贸易逆差为 800 亿美元,那么美国只需在双方协定的清算日从美联储账户划拨 800 亿美元给日本中央银行账户即可,而无须再逐笔支付双方每笔交易额。

②按外汇来源和用途不同分为贸易外汇和非贸易外汇。

a.贸易外汇,是指用于商品输出输入时实际发生的收入和支出的外汇,以及与进出口贸易有关的从属费用外汇。如与贸易相关的运输、邮电、银行、保险、宣传广告等费用在本质上均属于贸易外汇。贸易外汇是一个国家外汇的主要来源和用途。

b.非贸易外汇,就是除贸易外汇以外通过其他方面所收付的外汇。如科学技术、文化交流、侨汇、劳务合作、旅游外汇、捐赠和援助外汇以及属于资本流动性质的外汇等。一般来说,除个别国家外,多数国家的非贸易外汇是其外汇的次要来源和次要用途。

当然,在实际国际收支管理中,贸易外汇与非贸易外汇的划分是很难泾渭分明的,在一定情况下,两者可以相互转化。

2.汇率

(1)汇率的概念

汇率又称汇价或外汇行市,是指用一种货币表示的另一种货币的价格。如果将外汇本身看作是一种特殊的商品,那么汇率就是这种商品的价格。例如 2013 年 12 月 26 日,中国银行外汇牌价显示美元兑人民币的现汇买入价为 605.93,如果我们将 100 美元视为一种特殊商品,则其含义为中国银行买入美元时,每买入 100 美元需支付对方 605.93 元人民币。

由于世界各国货币名称不同,币值不等,在国际经济交往中就存在如何将以本币表示的商品和劳务的价格折算成以其他国家货币表示的价格问题。在实践中,折算两国货币时,首先要确定以哪一国货币为标准。按照确定的标准不同,汇率存在两种不同的标价方法,即直接标价法和间接标价法。

直接标价法又称为应付标价法,它是指以一定单位(1 个单位或 100 个单位)的外国货币为标准,折算成一定数量的本国货币。按照前面所述理念,在直接标价法下,外国货币处于商品的地位,而本国货币处于价格的地位。也就是说 1 个或 100 个单位的外国货币等于若干单位的本国货币。例如,中国银行外汇牌价显示 USD100=CNY605.93,对于我国来讲就是直接标价法。

在直接标价法下,外国货币数额固定不变,汇率的涨跌都以相对的本国货币数额的变化来表示。一定单位外币折算成本国货币的数额越多,也就是汇率上涨,则说明外币币值上升,本币币值下降。反之,一定单位外币折算成本国货币的数额越少,也就是汇率下降,则说明外币币值下降,本币币值上升。在直接标价法下,汇率与外币币值呈同方向变化,与本币币值呈反方向变化。目前,除英镑、欧元、美元外,包括我国在内的世界上大多数国家的货币都采用直接标价法。

间接标价法又称为应收标价法,它是指以一定单位(1 个单位或 100 个单位)的本国货币为标准,折算成一定数量的外国货币。在间接标价法下,本国货币处于商品的地位,外国货币处于价格的地位。也就是说 1 个或 100 个单位的本国货币等于若干单位的外国货币。

在间接标价法下,本国货币的数额固定不变,汇率的涨跌都以相对的外国货币数额的变化来表示。一定单位本币折算成外国货币的数额越多，也就是汇率上涨，则说明本币升值，外币贬值。反之，一定单位本币折算成外国货币的数额越少，也就是汇率下降，则说明本币贬值，外币升值。在间接标价法下，汇率与本币币值成同方向变化，与外币币值成反方向变化。

由于在直接标价法下汇率涨跌的含义和间接标价法下汇率涨跌的含义完全相反，所以，在引用某种货币的汇率说明其汇率涨跌时，必须明确来源于哪个外汇市场，即采用哪种标价法，以免混淆。

(2)汇率的种类

①根据外汇报价和交易的方向不同，汇率可分为买入汇率、卖出汇率和中间汇率。

a.买入汇率，又称买入价，即报价方买入基准货币所使用的价格。它表示报价方买入一定数量的基准货币需要付出多少相应的货币。银行是外汇交易的核心，因此，一般将银行视为报价方，买入汇率又可以说是银行买入外汇所使用的价格（直接标价法下）。例如，中国某外贸公司向美国出口服装，将收回的100万美元汇票卖给银行，也就是说银行要按当天的美元兑人民币汇率买入美元，支付这家外贸公司人民币。若当日美元兑人民币的现汇买入价为605.93，即银行每买入100美元，需要支付给外贸公司605.93元人民币。因此，通常情况下，客户到银行用外汇兑换本币时，使用买入汇率。

b.卖出汇率，又称卖出价，即报价方卖出基准货币所使用的价格。它表示报价方卖出一定数量的基准货币需要付出多少相应的货币。同样的，卖出汇率又可以说是银行卖出外汇所使用的价格（直接标价法下）。例如，两个银行进行外汇交易，A银行是报价方，B银行是询价方，A银行报价欧元兑美元现汇卖出价为1.368 2，在这里欧元为基准货币，表示A银行每卖出1欧元，向B银行收取1.368 2美元。

但是，需要指出的是买卖双方的地位是相对的，报价方的买入价就是询价方的卖出价，报价方的卖出价同时是询价方的买入价。如上例中，1.368 2美元是A银行卖出1欧元的价格，又是B银行买入1欧元的价格。

外汇买入汇率与卖出汇率之间存在差额，这个差额称为"买卖差价"，是银行的经营费用和利润。报价方或是银行总是低价买入、高价卖出，其差额一般约为0.1%～0.5%。具体情况要根据外汇市场行情、供求关系及银行自己的经营策略而定。

c.中间汇率，又称中间价，是买入汇率与卖出汇率的平均数。中间汇率不能成为买卖外汇的实际成交价格。它常用于有关部门研究汇率的变化以及商业银行或企业的内部核算。

表6-3是2021年1月17日中国银行公布的外汇牌价。

表6-3　　　　　　　　　　　　中国银行外汇牌价

日期：2021年1月17日　　　　　　　　　　　　人民币元/100外币

货币名称	现汇买入价	现钞买入价	现汇卖出价	现钞卖出价	中行折算价
美元	633.26	628.11	635.94	635.94	635.99
加拿大元	504.16	488.24	507.88	510.12	506.61
瑞士法郎	691.26	669.93	696.12	699.1	695.21

（续表）

货币名称	现汇买入价	现钞买入价	现汇卖出价	现钞卖出价	中行折算价
欧元	721.84	699.42	727.17	729.51	725.54
英镑	864.82	837.95	871.19	875.05	869.18
港币	81.31	80.66	81.63	81.63	81.68
日元	5.523 3	5.351 7	5.563 9	5.572 5	5.563 6
韩国元	0.529 8	0.511 2	0.534	0.553 6	0.534 4
澳门元	79.03	76.38	79.34	81.99	79.26
新西兰元	430.17	416.89	433.19	439.15	432.77
卢布	8.32	7.81	8.38	8.7	8.33
新加坡元	468.84	454.38	472.14	474.49	471.47
新台币	—	22.21	—	24.06	23
澳大利亚元	455.75	441.59	459.1	461.14	458.56

②根据汇率制定的角度不同，汇率可分为基础汇率和交叉汇率。

a.基础汇率，又称基本汇率，是一国所制定的本国货币与某一关键货币的比率。由于国际上货币种类繁多，确定本国货币对外币的汇价也十分繁杂，所以，任何国家都不可能将本币对每种外币的汇率逐一制定出来，因而往往选择某一种关键货币作为本国汇率的制定标准，选择的货币一般是一国在国际结算中使用最多、外汇储备中比重最大、与本国国际交往最为密切、可自由兑换的以及被国际社会普遍接受的货币（如许多国家均以美元作为关键货币）。基础汇率是根据两种货币所代表的价值量直接计算出来的，成为本国货币与其他货币确定汇率的依据。

b.交叉汇率，又称套算汇率，是指通过相应的基础汇率套算出来的本币与非关键货币之间的比率。例如，美元兑人民币的汇率是我国的基础汇率，假若某日人民币与美元的基本汇率为 USD 1＝CNY 6.115 6，而当时伦敦外汇市场英镑对美元汇率为 GBP 1＝USD 1.637 5。那么，英镑兑人民币的汇率就是根据美元兑人民币的汇率与英镑兑美元的汇率套算出来的，GBP 1＝CNY(1.637 5×6.115 6)＝CNY 10.014 3，即英镑兑人民币汇率为10.014 3。

③根据外汇交割时间不同，汇率可分为即期汇率和远期汇率。

a.即期汇率，又称现汇率，是外汇买卖双方成交两个工作日以内进行交割时所使用的价格。它反映现时外汇市场的汇率水平，是其他外汇交易价格的基础。

b.远期汇率，又称期汇率，是外汇买卖双方达成协议约定在未来一定时期进行外汇交割时的买卖价格。远期汇率是以即期汇率为基础推算出来的。远期汇率有三种形式：升水，说明远期汇率高于即期汇率；贴水，说明远期汇率低于即期汇率；平价，说明远期汇率等于即期汇率。而在外汇市场上的远期外汇交易中，远期外汇汇率的计算由于标价方法的不同其含义和计算方法又有所差别。

在直接标价法下，计算公式为

远期汇率＝即期汇率＋升水额（或远期汇率＝即期汇率－贴水额）

在间接标价法下,计算公式为

远期汇率＝即期汇率－升水额(或远期汇率＝即期汇率＋贴水额)

④根据汇率变动同通货膨胀的关系不同,汇率可分为名义汇率和实际汇率。

a.名义汇率,是由官方公布的或在市场上通行的、没有剔除通货膨胀因素的汇率。

b.实际汇率是在名义汇率的基础上剔除通货膨胀因素后的汇率。它是一国商品和劳务价格相对于另一国商品和劳务价格的一个概括性度量。从计算方法上看,它是在现期名义汇率的基础上用过去一段时期两种货币各自的通货膨胀率加以校正,从而得出实际的汇率水平和汇率变化程度,其计算公式为

$$e_r = e \times P^* / P$$

其中,e_r 为实际汇率;e 为名义汇率;P^* 为外国基期物价指数;P 为本国基期物价指数。

可以看出,实际汇率比名义汇率更能真实地反映一国货币在其他国家的购买力。因而,在研究一国货币的实际购买力时,这一指标常被用到。

(3)汇率的决定基础

如前面所述,汇率是两国货币之间的比价。那么,两国货币为什么存在可比性？在一定时期内为什么一种单位货币只能换取一定数量的另一种货币,而不是更多或更少？原因在于,各国货币都具有或代表一定的价值量,所以两国货币的价值量是决定其汇率的基础。但在不同时期、不同的货币制度下,货币所具有或所代表的价值情况不尽相同,因而决定汇率的基础也有差异。

①金本位制下汇率的决定

金本位制是指以黄金表示一国本位货币的一种货币制度,金本位制盛行于第一次世界大战前的西方各国。它有三大特点:金币可以自由铸造、黄金可以自由输出和输入国境以及银行券可以自由兑换黄金。

在金本位制下,各国货币均以黄金作为统一的币材、统一的价值衡量标准,虽然每种货币的含金量与成色各有不同,但是在国际结算和国际汇兑领域中都可以按各自的含金量多少加以对比,两种货币含金量之比称为铸币平价。铸币平价或两种货币的含金量对比是决定两种货币兑换率的物质基础和标准。例如1英镑等于7.322 38 克纯金,1美元等于1.504 63 克纯金,则英镑兑美元的汇率为1英镑＝7.322 38/1.504 63＝4.866 6 美元,即1英镑含金量等于1美元含金量的4.866 6 倍。这就是英镑与美元之间汇率的决定基础,它建立在两国货币法定含金量的基础之上,而法定含金量一经确定,一般不会轻易改变,因此作为汇率基础的铸币平价是比较稳定的。

虽然决定汇率的基础是铸币平价,但外汇市场的实际汇率还受外汇供求关系的影响。如果某标准货币(如英镑)供大于求,则该国货币升值,外国货币贬值,外汇汇率就会下跌,低于铸币平价;反之,如供小于求,则汇率就会上涨,高于铸币平价。但是,这种波动并不是漫无边际的,而是被界定在铸币平价上下一定界限内,这个界限就是黄金输送点。黄金输送点的存在以及作为汇率波动的界限是由金本位制度的特点所决定的。金本位制度下,黄金具有可以自由熔化、自由铸造和自由输出入的特点,使得黄金可以代替货币、汇票等支付手段用于国际的债务清偿。当汇率的变动使以外汇结算方式进行交易的某一方不

利时,处于不利地位的这一方就会采用直接运送黄金的办法来结算,这就限制了汇率的波动幅度。然而,运送黄金是需要花费成本的,如运输费、包装费、保险费、检验费以及运程中的利息等。因此,当外汇市场上的汇率上涨达到或超过某一界限时,本国债务人用本币购买外汇的成本会超过黄金直接输出国境用于支付的成本,从而引起黄金输出,引起黄金输出的这一汇率界限就是"黄金输出点"。反之,当外汇市场上汇率下跌,达到或低于某一界限时,本国拥有外汇债权者用外汇兑换本币所得会少于用外汇在国外购买黄金再输回国内所得,从而引起黄金输入,引起黄金输入的这一汇率界限就是"黄金输入点"。黄金输出点和黄金输入点共同构成了金本位制下汇率波动的上下限。

例如,在直接标价法下,假设1英镑=10克黄金,1美元=5克黄金,所以铸币平价=1英镑=2美元,运送黄金成本为0.5美元。若美国某企业向英国进口价值100万英镑的机器设备,付款时,该企业需要先在国内把美元兑换成英镑,若此时1英镑=2.5美元,在金本位制下,由于黄金可以自由流通,所以,美国进口商可选择两种支付方式,支付英镑或是运送黄金到英国,此时两者代价相同,均需花费250万美元。但若此时英镑受供求关系影响,升值为1英镑=2.6美元,则美国企业要兑换100万英镑需260万美元,那么理性的经纪人会放弃支付英镑而选择运送黄金,以减少成本。大量企业的这种理性行为自然会减少英镑的需求量,从而调节英镑汇率,使其稳定在黄金输送点的上下限范围以内。

在金本位制下,铸币平价是决定汇率的基础,汇率波动的界限是黄金输送点。由于黄金运送费用占黄金的价值很小,故汇率的波动幅度很小,基本上是固定的。

②纸币制度下汇率的决定

金本位制度崩溃以后,各国普遍实行了纸币流通制度,包括法定含金量时期和1978年4月1日以后的无法定含金量时期两个阶段。纸币本身没有价值,但是其作为价值符号,是金属货币的取代物,在金属货币退出流通之后,执行流通手段和支付手段的职能。这种职能是各国政府以法令形式赋予它并保证其实施的。在实行纸币制度时,各国政府都规定了本国货币所代表的含金量,即代表的一定价值。因此,在国际汇兑中,各国货币之间的汇率也就成了它们所代表的价值之比。

布雷顿森林货币体系崩溃以后,货币与黄金脱钩,各国黄金间的汇率不再以其含金量之比来确定,而是以其各自在国内代表的实际价值(一般指一国货币的国内购买力)来衡量。因此,货币的购买力之比就成为纸币制度下汇率决定的基础。

纸币制度下汇率的波动,已经不再有天然的制约,没有了金本位制度下黄金输送点的界限,就需要人为地维持和调整。在布雷顿森林货币体系下,国际货币基金组织各成员国达成协议,要求各国必须将汇率波动幅度维持在±1%的幅度以内,各成员国有义务通过行政或市场手段维持这种固定汇率制度。因此,这段时期的汇率是在规定的限度内调整。布雷顿森林体系崩溃后,汇率调整范围没有明确限制,各国政府大都根据本国经济发展需求,通过直接进入外汇市场进行外汇买卖的方式调整汇率。

(4)汇率波动的影响因素

如果将外汇看作是一种特殊的商品,汇率就是这种商品的价格,那么,汇率的波动就是不可避免的,影响汇率变动的直接原因是外汇供求的变动,而影响外汇供求的因素又有很多。其中既包括国际收支差额、通货膨胀的差异以及经济增长率的差异,又包括利率变动、政府干预、外汇市场上的投机活动以及心理预期等。

①影响汇率变动的长期因素

a.国际收支

国际收支状况受汇率变化的影响,同时它又会影响到外汇供求关系和汇率变化。一国国际收支出现持续逆差时,说明本国外汇收入少于外汇支出,对外汇的需求大于外汇的供给,外汇汇率上涨,本币对外币贬值;反之,当一国国际收支出现持续顺差时,说明本国外汇收入增加,支出减少,外汇供给大于需求,同时外国对本国货币需求增加,会造成外汇汇率下跌,本币对外币升值。

国际收支是影响汇率变动的直接因素之一,但是需要指出的是,某些国际收支状况是否必然都会直接影响到汇率发生变动,还要看国际收支差额的性质。长期巨额的国际收支逆差一般来说肯定会导致本币贬值,而暂时的、小规模的国际收支差额可以较容易地被国际资本流动等有关因素所抵消或调整,不一定会最终影响到汇率的变动。我国长期巨额的国际收支顺差,就是造成人民币升值的重要原因之一。

b.通货膨胀

正如前面所讲,纸币制度下,货币代表的实际价值(可用货币购买力体现)是汇率决定的基础,那么,当一国发生通货膨胀时,商品价格上升,其货币所代表的价值量就减少,实际购买力下降,直接降低了该国商品及劳务在世界市场上的竞争能力,从而引起出口商品的减少和进口商品的增加,使本币需求减少,外汇需求增加,外汇供求关系的变化导致汇率变动,从而使外汇汇率上涨,本国货币贬值。需要指出的是,汇率是两国货币的比价,其变化受制于两国通货膨胀程度的比较。如果两国都发生通货膨胀,则高通货膨胀国家的货币会对低通货膨胀国家的货币贬值,而后者则对前者升值。

c.经济增长

一国经济状况的好坏是影响汇率变动的根本原因,其对汇率的影响是多方面的。就国际收支经常项目而言,一方面,一国的经济增长率高,意味着该国的收入相对增加,从而进口需求增加;另一方面,高的经济增长意味着劳动生产率的提高,本国产品的竞争能力增强,从而有利于出口。因而,经济增长对汇率的影响要看两方面作用的力量对比。就资本和金融账户而言,一国经济增长率提高,国内对资本的需求就比较大,国外投资者也愿意将资本投入到增长速度快、前景好的经济中去,于是,资本的流入致使本币有增值趋势。经济增长对汇率的影响需要较长的时间才能显现出来,且持续的时间也较长。

②影响汇率变动的短期因素

a.利率水平

利率作为货币资产的一种"特殊价格",其变化与汇率变化息息相关。各国利率的相对差异会引起资金从低利率国家流向高利率国家以追求利润,进而通过影响一国的资本和金融账户来影响汇率。而利率的升降也会带来国内经济的紧缩和扩张,同样可以影响国际收支。

通常情况下,当一国利率高于外国利率时,在货币流通无限制的情况下,自然引起资本流入,由此对本国货币需求增大,使本币升值,外汇贬值;反之,当一国利率低于外国利率时,在货币流通无限制的情况下,自然引起资本流出,由此对本国货币需求减少,使本币贬值,外汇升值。而国际收支逆差同样会引起外汇汇率上涨。

多数情况下,一国提高利率水平是为了控制投资的扩大和经济过热,它对外汇市场的作用在于使本币在短期内升值;而一国降低利率水平则主要是为了鼓励投资、刺激经济增长,它对外汇市场的作用在于使本币在短期内贬值。利率政策是同一国中央银行的贴现政策和该国鼓励或限制资本流动的政策联系在一起的,都会对汇率起到调节作用。在短期内,利率政策在汇率变动中的作用非常明显。

b.货币当局的干预

为了维持汇率的稳定或使汇率变动符合经济政策实施方向,一国中央银行常会对外汇市场进行干预。通常,中央银行干预外汇市场的措施有三种:一是公开市场业务,直接在外汇市场上买卖外汇,以调节外汇供求关系;二是在国际范围内公开发表具有导向性的言论以影响市场心理;三是与国际金融组织和有关国家配合进行直接或间接干预。其中,公开市场业务对汇率的影响最为明显。进行外汇市场干预,一国需要有充足的外汇储备,或建立专门基金,如外汇平准基金,以便随时用于外汇市场的干预。政府干预汇率往往是在特殊情况下(如市场汇率剧烈波动或是本币大幅升值或贬值等,或者是为了特定的目标如促进出口、改善贸易状况等)进行的,它对汇率变化的作用一般是短期的。

金融视野

2019年3月10日上午,十三届全国人大二次会议新闻中心在梅地亚中心新闻发布厅举行记者会,中国人民银行行长在回应汇率与货币政策的关系时表示,随着中国经济的发展,市场在整个汇率决定机制里占的比重越来越大,人民银行已经基本退出了对汇率市场的日常干预。在中国过去这些年的实践中,货币政策一直以国内的情况为主要考虑,汇率方面的考虑不占重要地位。

(资料来源:证券日报网)

c.市场心理预期

心理预期是人们对将来事物发展变化的预计。当外汇市场参与者预期某种货币在今后有可能贬值时,他们为了避免损失或获取额外的好处,便会大量地抛出这种货币,引起这种货币汇率下跌。反之,则大量购进,引起汇率上升。

影响人们心理预期的主要因素有信息、新闻和传闻。信息指同外汇买卖有关的资料、数据和消息。新闻则既包括经济新闻又包括政治新闻。传闻是未经证实的消息。就影响心理预期因素的内容来讲,则包括一国的国际收支、经济增长、通货膨胀、利率前景、经济政策等诸多方面。心理预期具有易变和难以把握的特点。

d.经济政策

经济政策主要指货币政策和财政政策两种。货币政策的松紧直接影响汇率的变化。财政政策中的税收调节,也会对汇率产生影响。如调整进出口税率则会改变进出口贸易状况,进而对汇率产生影响。

e.投机因素

在当今国际金融市场,各种投机活动十分普遍。因此,投机资本对市场供求关系和外汇行市的影响也就不容忽视。投机资本对汇率的变化产生的巨大作用,有时甚至连几国政府的联合干预在短期内也难以控制。特别是跨国公司的外汇投机活动,有时会使汇率发生剧烈动荡。例如在亚洲金融危机中,国际投机者冲击中国香港金融市场时,先在货币市场上大量拆借港币,抛售港币,迫使香港政府为维持港币汇率稳定而急剧拉高货币市场同业拆息;货币市场同业拆息急剧上升引起股票市场下跌,同时引起衍生市场上恒生股票指数期货大幅下跌;恒生股票指数期货大幅下跌又加速了股票市场的下跌;股票市场的下跌又使外国投资者对香港经济和港币信心锐减,纷纷抛出港股并换回美元,使港币面临新一轮贬值压力,形成恶性循环。

上述各种影响汇率变动的因素及其相互关系是错综复杂的,各个因素的作用时间、方向也存在较大差异,在实践中很难用单一的因素说明汇率变动的情况,往往要进行综合考虑。

问题思考

国际收支有哪些差额项目?它们之间存在什么关系?

任务二 分析开放经济下的国际金融业务

一、分析国际收支账户

1. 国际收支平衡与失衡的判断

国际收支状况是一国宏观经济运行质量的重要衡量标准。国际收支状况是指一国在一定时期内全部对外交易所引起的收入总额与支出总额的对比关系。国际收支的不平衡状况一般以顺差和逆差两个术语表示,对外交易的收入总额大于支出总额为顺差,反之为逆差。

国际收支平衡表是根据复式记账原理编制的,因此其借贷两方科目差额必然为零,从会计意义上来看国际收支总是平衡的,但这种平衡只是形式上的平衡而非实质上的平衡。要判断国际收支实质上是否平衡,需将国际经济交易区分为两大类:自主性交易和调节性交易。

自主性交易是指经济主体或居民个人由于自身利益需要而进行的交易,例如商品和劳务的输入输出、旅游、侨汇、赠予等,包括经常项目和资本项目的长期资本收支。这些交易活动体现了各经济主体或个人的意志,不以政府的意志为转移,因此叫作自主性交易。

调节性交易是指为了弥补自主性交易所造成的收支不平衡而进行的交易。例如,当一国一定时期内的自主性交易引起国际收支出现较大逆差时,一国政府往往会减少储备或向国外借款以弥补这一差额,使国际收支达到平衡。

通常判断一国国际收支是否平衡主要是看自主性交易是否平衡。如果一国国际收支不必依靠调节性交易就能实现基本平衡就是真正的平衡,反之,如果自主性交易收支出现差额,必须通过调节性交易来维持收支平衡,则为国际收支失衡。

2.国际收支差额

由于自主性交易与调节性交易的分类方法出自于分类者对交易者主观动机的判断,从而在区别自主性交易与调节性交易时,并不存在明确的标准,所以,需要结合所分析问题的侧重点,对国际收支的差额进行仔细分析。

(1)贸易差额

贸易差额是国际收支失衡最狭义的定义,指货物与服务的进出口差额。出口大于进口,差额在贷方,为贸易顺差;反之,为贸易逆差。贸易差额传统上是一国国际收支的代表。即使是现在,对一些发展中国家而言,由于其国际收支中其他交易较少,因此贸易差额仍然足以反映其整个国际收支状况。

(2)经常项目差额

以贸易差额为基础加上收入项目和经常转移项目的差额,就构成了经常项目差额。经常项目差额不仅反映了商品和服务的进出口差额,还反映了在开放经济下,资本、劳动力等生产要素在国际的流动而引起的收入差额。在开放的宏观经济中,经常项目差额还能够清楚地反映一国内外经济的紧密联系。当本国储蓄不足以支持本国投资时,一国可以通过经常项目的逆差即货物与服务的净进口来满足投资的需要,从而促进本国经济的发展。

但是,经常项目差额是否能够体现国际收支失衡,还要具体分析。如发展中国家往往希望引导长期资本流入,通过经常项目逆差融资;另一些国家可能希望经常项目顺差,以便对外投资。因此,一国经常项目差额往往与一国国内财政政策的运用有一定联系。

(3)国际收支总差额

国际收支总差额,也称为国际收支综合差额,它包含了除储备资产以外的所有国际收支项目差额,具体由经常项目差额和资本项目差额以及直接投资、证券投资、其他投资项目的差额构成。国际收支总差额的状况会使一国国际储备量发生变化。如果总差额表现为盈余,则储备资产增加;如果总差额表现为赤字,则要动用储备资产来弥补赤字,储备资产就会相应减少。同时,国际收支总差额持续盈余或赤字还会引起外汇供求的变化。固定汇率制下,一国只能依靠中央银行动用储备资产来干预市场,调节外汇供求量,以实现外汇汇率的稳定。浮动汇率制下,汇率随着外汇市场供求变化而变化,一国中央银行可以不动用储备资产而通过汇率的变化来调节国际收支平衡,因此,对于国际收支总差额的重视程度有所弱化。

3.国际收支的调节

一国国际收支失衡,无论是出现持续性逆差或是顺差,都会对国内经济产生不良影响。国际收支持续逆差将导致外汇储备大量流失,外汇短缺,从而造成外汇汇率上升,本币贬值,削弱本币的国际地位,严重者会导致该国货币信用的下降,国际资本大量外逃,引发货币危机。国际收支持续顺差在外汇市场上表现为大量的外汇供应,增加了外汇对本国货币的需求,导致外汇贬值,本币升值,提高了以外币表示的出口产品价格,降低了本国商品的国际竞争力,减少国际贸易额。

因此,必须对国际收支进行调节,以维持国际收支平衡。国际收支调节既有自动调节,也有人为调节。在市场经济条件下,一国国际收支变动,一些经济变量如汇率、利率、物价、国际储备等就会发生相应变化,形成自动矫正机制,使国际收支趋向平衡。例如,当一国国际收支出现顺差时,其货币供给量的增加会使物价上涨,而国内物价水平的上涨会在一定程度上抑制出口并扩大进口,最终逐渐使国际收支的顺差消失,反之亦然。但是,应该看到,自动调节只是国际收支调节的一个方面,存在很大的局限性,它只有在某些条件下才会发生作用,其程度和效果无法保证,所需时间也比较长。因此,各国国际收支失衡时,政府往往需要主动采取适当的政策措施,促进国际收支平衡,主要措施有以下几种。

(1)财政政策调节

财政政策调节主要是通过调节税率和控制收支的增减来改变社会总需求和物价水平的。当一国出现国际收支逆差,政府应采取紧缩性的财政政策,减少财政支出和提高税率,从不同途径减少国民收入。收入的减少必然导致本国居民投资和消费需求下降,从而抑制进口;同时,投资和消费的减少还能在一定程度上引起物价的下跌,从而使本国商品更有竞争力,扩大出口最终达到改善国际收支的目的。反之,当一国出现国际收支顺差时,政府采取扩张性财政政策,抑制出口,鼓励进口,达到国际收支平衡的目的。

(2)货币政策调节

货币政策的调节主要依靠改变法定存款准备金率、再贴现率和公开市场业务操作等手段,来控制及调节总需求和物价水平。当一国出现国际收支逆差时,货币当局采取紧缩性的货币政策,提高法定存款准备金率和再贴现率,卖出政府债券,通过减少货币供应量,提高金融市场利率来抑制社会总需求,减少进口。金融市场利率的提高还可以吸引外资流入,抑制本国资本流出,使国际收支逆差得以改善。反之则采取扩张性的货币政策,抑制出口,改善国际收支顺差。

(3)汇率政策调节

汇率政策的调节主要是利用本国汇率的变动,提高或降低本国商品竞争力从而调节国际收支。若一国货币对外汇率较低,则本国商品出口价格相对外国商品较低廉,进口商品相对本国商品则较昂贵。理性的消费者自然会更多地选用本国商品,减少进口商品的消费,从而促使出口增加,进口减少。若一国国际收支发生逆差,则政府可以通过调节外汇供应量降低本国货币对外汇率,提高本国商品的国际竞争力,鼓励出口,抑制进口,促进国际收支平衡。反之,若一国国际收支发生顺差,则可通过提高本币对外汇率,抑制出口,鼓励进口,使得国际收支趋向平衡。

(4)直接管制政策调节

直接管制政策是一国政府通过发布行政命令或法规直接干预对外经济交易,以改善本国国际收支状况。直接管制政策包括外汇管制和贸易管制。

外汇管制是指一国政府为了平衡国际收支、稳定本国货币汇率,通过法律、法令、条例等方式对外汇资金的收支和存贷、资本的输入和输出、本国货币的兑换以及兑换率所做的安排和管理。当前,除少数发达国家外,多数国家都还或多或少地使用外汇管制政策,例如限制私人持有和买卖外汇、限制资本输出输入等方法。贸易管制则是政府以行政行为直接鼓励或限制进出口数量,如提供出口补贴,实行出口退税,实行进口配额,制定高关税和技术壁垒等。

直接管制政策由于其行政强制性,效果一般较为显著和迅速。但是,直接管制容易引起恶性循环或是国家之间的"贸易战",因而一般国家对该政策都持谨慎态度。

金融视野

2020年,世界经济出现严重衰退,国际金融市场大幅波动。在以习近平同志为核心的党中央坚强领导下,我国国内经济稳定恢复,高水平双向开放稳步推进,人民币汇率弹性增强,外汇市场保持平稳运行。

2020年,国际收支延续基本平衡的发展格局,外汇储备规模稳定在3.2万亿美元左右。

经常账户和非储备性质的金融账户呈现"一顺一逆"。2020年,我国经常账户顺差2 740亿美元,非储备性质的金融账户逆差778亿美元。

货物贸易顺差扩大。按国际收支统计口径1,2020年,我国货物贸易出口24 972亿美元,较2019年增长5%,进口19 822亿美元,略降0.6%;贸易顺差5 150亿美元,增长31%。

服务贸易逆差收窄。2020年,服务贸易收入2 352亿美元,较2019年下降4%;支出3 805亿美元,下降25%;逆差1 453亿美元,下降44%。其中,运输项目逆差381亿美元,下降35%;旅行项目逆差1 163亿美元,下降47%。初次收入2呈现逆差。2020年,初次收入项下收入2 417亿美元,较2019年下降12%;支出3 469亿美元,增长11%;逆差1 052亿美元。其中,投资收益为主要项目,我国对外投资的收益为2 244亿美元,外商来华投资的利润利息、股息红利等合计3 315亿美元,投资收益总体为逆差1 071亿美元。

二次收入保持小幅顺差。2020年,二次收入项下收入376亿美元,较2019年增长45%;支出281亿美元,增长80%;顺差95亿美元,下降8%。

直接投资顺差增加。按国际收支统计口径3,2020年,直接投资顺差1 026亿美元,较2019年增长1倍。我国对外直接投资(资产净增加)1 099亿美元,下降20%;境外对我国直接投资(负债净增加)2 125亿美元,增长14%,说明外资看好国内经济发展前景。

证券投资保持顺差。2020年,证券投资顺差873亿美元,其中第一季度小幅逆差,第二季度以后恢复顺差。2020年,我国对外证券投资(资产净增加)1 673亿美元,较2019年增长87%;境外对我国证券投资(负债净增加)2 547亿美元,增长73%,反映双向证券投资更趋活跃。

其他投资呈现逆差。2020年,存贷款、贸易应收应付等其他投资逆差2 562亿美元,发挥了平衡跨境资本流动的作用。2020年,我国对外的其他投资净流出(资产净增加)3 142亿美元,主要是境内外汇流动性相对充裕,境内主体的多元化资产配置需求上升;境外对我国的其他投资净流入(负债净增加)579亿美元,2019年为净流出(负债净减少)437亿美元。

储备资产保持稳定。2020年,因交易形成的储备资产(剔除汇率、价格等非交易价值变动影响)增加280亿美元。其中,交易形成的外汇储备上升262亿美元,保持基本稳定。综合考虑交易、汇率折算、资产价格变动等因素后,截至2020年年末,我国外汇储备余额32 165亿美元,较2019年年末增加1 086亿美元。

(资料来源:节选自国家外汇管理局发布的《2020年中国国际收支报告》)

> **请思考** 查找中国2011—2020年国际收支数据,结合所给资料中的数据,分析我国国际收支走势及原因。

二、开放经济下的国际金融活动

1. 国际资本流动

国际资本流动是指资本的国际转移,其发展最早可以追溯到19世纪工业革命时期的英国。正是由于工业革命使英国国内出现了相对过剩的资本,同时伴随着对原材料及食品的迫切需求,英国不得不进行对外投资,从而产生了资本的国际流动。

随着国际经济一体化的发展,现在的国际资本流动有两种流动方式。一种是利用一国原有的国内金融市场进行交易,使用市场所在国发行的货币,受到该国金融市场上的惯例和政策法令的约束。简单来说,就是本国投资者与外国借款人在本国交易本国货币的活动,这种国际金融市场称为在岸金融市场。另外一种流动方式则是利用与各国国内金融市场相独立的市场进行,与在岸金融市场相对,这些市场上交易的双方一般都是市场所在国的非居民,交易的货币一般也不是市场所在国发行的,因而不受任何一国国内政策法令的管制。这种外国投资者与外国借款人在本国交易以外币为面值货币的金融工具的市场称为离岸金融市场,从货币定义的角度又可称之为欧洲货币市场。

2. 国际金融市场

各种国际金融业务活动都是在国际金融市场上进行的。国际金融市场是指从事各种国际金融业务的场所和网络,包括有形的市场和无形的市场两种形式。金融业务包括长短期资金的借贷,外汇、有价证券和黄金的买卖,国际结算,国际投资等金融活动。这些活动形成了相互联系的不同市场。按照市场功能的不同,可以将国际金融市场分为国际货币市场、国际资本市场、外汇市场和国际黄金市场。

国际货币市场,指资金借贷期在1年以内(含1年)的交易市场,或称短期资金市场。国际货币市场具有融资期限短、信用工具流动性强、利率多变的特点,主要为市场的参与者调剂资金余缺之用。按照借贷方式不同可分为银行短期借贷市场、贴现市场和短期票据市场。

国际资本市场,指资金借贷期在1年以上的中长期信贷或证券发行市场,也称长期资金市场。国际资本市场包括国际银行中长期贷款市场和证券市场等。

外汇市场,指外汇供求双方进行外汇买卖的交易场所或营运网络。

国际黄金市场,指进行国际性黄金买卖的场所。目前,国际上主要的黄金市场有伦敦、苏黎世、纽约、芝加哥、中国香港、东京和新加坡黄金市场。其中,伦敦、苏黎世黄金市场以现货交易为主,纽约、芝加哥和香港黄金市场则以期货交易为主,是黄金期货交易中心。

国际金融市场的基本构架如图 6-1 所示。

```
                    ┌ 银行短期信贷市场
         ┌国际货币市场┤ 贴现市场
         │          └ 短期票据市场
         │          ┌ 银行中长期信贷市场
         │          │         ┌ 债券市场
         ├国际资本市场┤ 证券市场┤
         │          │         └ 国际股票市场
国际金融市场┤          └ 国际租赁市场
         │          ┌ 即期外汇交易市场
         │          │ 远期外汇交易市场
         ├外汇市场  ┤ 金融期权市场
         │          │ 金融期货市场
         │          └ 金融掉期交易市场
         │          ┌ 黄金现货市场
         └国际黄金市场┤
                    └ 黄金期货市场
```

图 6-1 国际金融市场的基本架构

3.欧洲货币市场

传统意义上的欧洲货币市场是指非居民间以银行为中介在某种货币发行国国境之外从事该种货币借贷的市场,又可以称为离岸金融市场,如存放在伦敦银行的美元,从德国银行贷款美元等。最早的欧洲货币市场出现在 20 世纪 50 年代。1957 年,东西方冷战,苏联和东欧国家因为害怕美国冻结其在美国的美元储备而将它们调往欧洲,存入伦敦,由此导致了欧洲美元的产生。从事欧洲货币业务的银行相应地被称为欧洲银行。此时,"欧洲"和"美元"均为实指。欧洲美元,是指存放在美国境外各银行(主要是欧洲银行和美国、日本等银行在欧洲的分行)内的美元存款,或者从这些银行借到的美元贷款。这与美国国内流通的美元是同一货币,具有同等价值。

美国战后出现的国际收支逆差、资本输出入的限制、欧洲美元市场的利率优势等共同促使欧洲美元市场获得长足发展。20 世纪 60 年代后,这一市场上交易的货币不再仅限于美元,马克、瑞士法郎等货币也在这一市场上出现。同时,这一市场的地理位置进一步扩大,亚洲的新加坡、中国香港等地也相继出现了对美元、马克等货币进行借贷的市场。至此,欧洲美元市场演变为欧洲货币市场,这里所谓的"欧洲"一词,实际上是"非国内的""境外的""离岸的"意思,"欧洲货币"指在货币发行国境外流通的货币。现代意义上的欧洲货币市场含义有所扩展,具体指在一国国境以外进行该国货币的存贷、投资、债券发行和买卖业务的市场。

三、分析外汇市场交易活动

1. 外汇市场概述

(1) 外汇市场的参与者

外汇市场的参与者主要有中央银行、商业银行、外汇经纪商、外汇交易商以及经济实体(客户)。

银行是外汇市场的核心经营者,包括中央银行和经本国中央银行批准或授权经营外汇业务的商业银行。其业务主要有中央银行与商业银行之间的外汇交易、商业银行之间的外汇交易(批发业务)以及商业银行与客户之间的外汇交易(零售业务)。其中,商业银行之间的外汇交易占主要地位。

外汇经纪商是指专门在外汇交易中介绍成交、充当外汇供求双方中介并从中赚取佣金的中间商。其主要任务是提供正确、迅速的交易情报,促进外汇交易的顺利进行。

外汇交易商是指专门从事外汇自营买卖业务的外汇经营者。他们运用自身的外汇,根据汇率在时间、空间上的差异,贱买贵卖,获得利润,并在一定程度上起到了平抑市场价格、稳定市场的作用。

客户是与外汇银行和外汇经纪人进行外汇业务往来的法人和自然人。例如,买入支付外汇和卖出收入外汇的进出口商,利用汇率变动赚取买卖差价的外汇投机者,需用外汇支付的旅游者等。

(2) 外汇交易时间

世界上大约有 30 多个外汇市场,主要分布在亚洲、欧洲、美洲。其中亚洲外汇市场主要有东京、新加坡、中国香港;欧洲外汇市场主要有伦敦、巴黎、法兰克福、苏黎世;美洲外汇市场主要有纽约、洛杉矶、蒙特利尔等。

世界各地外汇市场均有各自固定的交易时间,见表 6-4。但是,由于时差的存在,各外汇市场一个收市,另一个开市,依次循环往复,形成了一个可以 24 小时连续不间断运转的市场。

表 6-4 世界各主要外汇市场交易时间表(北京时间)

地点	交易时间
惠灵顿	05:00—13:00(夏时制)
悉尼	07:00—15:00(夏时制)
东京	08:00—15:30
新加坡	09:00—16:00
法兰克福	15:30—23:00
伦敦	16:30—(次日)23:30(夏时制)
纽约	21:00—(次日)03:00(夏时制)

(3) 外汇市场交易方式

传统的外汇交易方式有交易所的公开竞价拍卖方式和柜台交易的双向报价方式。随着科技及电子通信技术的发展,无形市场占据了外汇市场的主要地位。如今的外汇市场通常没有固定的交易场所,是一个由电话、电传、电报、电脑终端和其他通信工具构成的复杂信息网络。电脑终端将各个市场连接起来,各个银行及时报出汇率,外汇交易员根据信息安排交易,交易结果立即进入系统并在电脑终端上显示出来。交易完全由电文形式完成,电文通过电信网络发送。

2.外汇市场的交易活动

外汇市场主要交易种类有即期外汇交易、远期外汇交易、掉期外汇交易以及套汇交易等。

(1)即期外汇交易

即期外汇交易又称现汇交易,指成交后两个营业日内办理交割的外汇交易行为。这种外汇交易一般需在当日结清,但在亚洲地区,外汇银行间的即期外汇交易多在第二个营业日结算。欧美各国的即期外汇交易通常是在交易后的两个营业日内结算。即期外汇交易是外汇市场上最普遍的交易方式,全球外汇交易量的一半左右均通过即期外汇交易。一般来说,在外汇市场上的外汇交易,除非指定日期,都可视为即期外汇交易。

即期外汇交易既可以满足买方临时性付款需求,也可以帮助买卖双方调整外汇头寸的货币比例,控制货币风险。

(2)远期外汇交易

远期外汇交易又称期汇交易,指外汇买卖合同成立后,双方并不立即进行交割,而是先约定交易的币种、数额和汇率,以便在将来某个约定的时间再进行交割的外汇交易。远期外汇交易的交割期限最短的为3天,最长的为5年,其中以1个月、2个月、3个月、6个月较为常见。

人们进行远期外汇交易的目的主要是保值和投机。由于远期外汇交易能够事先以合约的方式确定交割时采用的汇率,将换汇成本固定,从而规避了汇率波动可能给换汇者带来的风险。例如,A公司从德国进口一批机器设备,价值5 000万欧元,3个月后以欧元付款。合同签署时的即期汇率为1欧元=10.10元人民币,此时,这批机器设备价值折合人民币50 500万元。如果3个月后汇率变为1欧元=10.20元人民币,该企业到时需支付51 000万元人民币;如果3个月后汇率变为1欧元=10.00元人民币,则该企业到时需支付50 000万元人民币。由于汇率的波动无法预测,企业的换汇成本也无法确定,将给企业带来一定风险。为了确定换汇成本,企业可以选择从银行买入为期3个月的远期外汇合约,合约确定了3个月后的欧元兑换人民币汇率,从而规避汇率波动给企业带来的换汇风险。

需要说明的是,直接标价法下,如果一种货币的远期汇率高于即期汇率,那么称该货币远期升水;如果远期汇率低于即期汇率,则称该货币为远期贴水;如果两者相等则为平价。

(3)掉期外汇交易

掉期外汇交易是即期外汇交易与远期外汇交易相结合的一种外汇交易方式。掉期外汇是指投资者同时进行两笔方向相反、交割期限不同、数额相等的外汇交易。也就是说在买进或卖出即期外汇的同时,卖出或买进等额的远期外汇。调整掉期不会改变交易者的外币持有额,但会对该外币的持有时间进行调整,其目的在于轧平外汇头寸,防止由于汇率变动而遭受的损失。例如,某银行由于业务需要以美元购买1亿英镑存放在伦敦银行,预计3个月后提取。为防止3个月后汇率下跌,英镑贬值,使存放在伦敦银行的英镑不能换回原来数目的美元而蒙受损失,该银行在买进1亿英镑现汇的同时,卖出3个月的英镑期汇,数额相同,方向相反。因为期汇汇率是合同约定的汇率,3个月后以合同约定的汇率交易,避免了汇率波动的不确定性,从而转移了英镑贬值可能给该银行造成的风险。当然,该银行买进卖出英镑的两笔交易中所使用的汇率不同,两个汇率的差额就是掉期率。实际上,掉期率是远期汇率与即期汇率的差额。

掉期外汇这种形式主要用于银行同业间市场的外汇交易,但一些大公司也经常利用掉期交易进行套利活动。

(4)套汇交易

套汇交易是利用不同外汇市场上现汇汇率的差异或不同交割期限所存在的汇率差异贱买贵卖,从而谋取利益的外汇交易行为。例如,2019年1月9日,投机者持有10 000欧元,当时欧元兑美元的汇率为1.050 0,投资者预测1月底欧元汇率下跌。此时,投机者将10 000欧元卖出,以1.050 0的价格买入10 500美元。到了1月25日,如该投资者所预测,欧元兑美元汇率变为1.023 0,该投机者趁机卖出10 500美元,买入10 263.93欧元,赚取263.93欧元差价。套汇交易多为24小时内的即时套汇。虽然目前通信发达,信息传递迅速,资金调拨顺畅,使得发达国家地区外汇市场间的汇率非常接近,但是依然有短暂差异,从而引发大量套汇活动。需要指出的是,也正是由于套汇活动的存在,不同外汇市场的汇率才会趋于一致。

四、汇率变动对经济的影响

1.汇率变动对一国经济的影响

汇率变动对一国经济的影响是多方面的。货币贬值与升值的方向相反,作用也正好相反,考虑到危害性问题,下面以本币贬值为例分析汇率变动对经济的影响。

(1)对进出口贸易的影响

如果一国进出口商品的需求弹性较高,即价格变动引起需求量的大幅变动,且存在大量的闲置资源能够用于出口品以及进口替代品的生产,那么,如果该国货币贬值,就出口商品来说,出口商品的外币价格下降,国际竞争力增强,出口增加;就进口商品而言,本币贬值造成进口品的外币价格上升,即进口商品相对更加昂贵,必然导致进口减少,从而改善进出口贸易收支状况。

金融观察

汇率变化对进出口是双刃剑

2018年年初以来,人民币对美元汇率持续升值,引起全球市场的关注。那么人民币升值对今年的国内进、出口企业各有哪些影响?

海关总署新闻发言人表示汇率变化对进出口是一把双刃剑,人民币贬值的时候,理论上会使企业出口从中相对受益,但同时也会使企业进口成本相应上升。同时在全球价值链背景下,由于跨区域上下游分工和产业内贸易普遍存在,某一个经济体的币值变化及其对进出口的影响,都将快速传导至其他链内经济体,进而分散对单一经济体的影响。

在世界经济复苏和主要经济体货币政策正常化仍有不确定性的背景下,保持人民币汇率在合理、均衡水平上的基本稳定,有利于企业稳定汇率预期,促进外贸平稳发展,为此我国相关部门也一直积极的加强不断扩大跨境贸易和投资领域人民币结算工作,帮助企业增强应对汇率风险的能力。

对于中美贸易,发言人称,美国是我国第二大贸易伙伴。据海关统计,2017年中美贸易总值为3.95万亿元人民币,同比增长15.2%,占我国进出口总值的14.2%,其中对美出口2.91万亿元,增长14.5%,自美进口1.04万亿元,增长17.3%,对美贸易顺差1.87万亿元,扩大13%。

资料来源:中国新闻网

请思考 举例说明,货币币值变化对一国国际贸易的影响主要体现在哪些方面?

(2)对物价水平的影响

本币贬值可能通过多种方式导致国内物价水平上升。一方面,如果进口品为必需品,进口品价格上涨推动生活费用抬升,导致名义工资的上升。工资水平的上升直接导致产品生产成本的上升,促使进一步追加名义工资,进入恶性循环,最终使整个市场价格水平上涨。另一方面,如果进口品为主要生产原料,且本币贬值,进口品价格上涨使以其为原料的产品成本上升,通过成本机制导致物价水平上升。这两者既有可能诱发货币供给量的增加,又有可能形成成本推动型通货膨胀,从而使国内物价水平上涨。

金融观察

人民币升值在对出口价格和进口价格的作用上不同。例如,两台质量、品牌均相同的相机,在中国市场上售价800元人民币,在美国市场上售价100美元。当汇率为1美元兑换8元人民币时,用外币标价的中国市场800元人民币折合为100美元,同样美国市场100美元折合为800元人民币,两个市场间不存在套利的空间,在任何一个市场购买相机所支付的货币量相等。而当汇率为1美元兑换6元人民币时,情况就有所不同。中国市场800元人民币售价的相机用外币标价为133美元,美国市场100美元折合为600元人民币。显然,中国商品相对于美国商品变得昂贵,美国商品相对于中国商品就变得便宜。因此就会造成中国出口成本增加,进口成本减少;中国的对外出口额减少,进口额增加。这也是国外施压于中国政府要求人民币升值的重要原因,通过人民币升值使中国出口商品价格上升,成本增加,达到使中国出口数量减少的目的。

(3)对资本流动的影响

汇率变动对资本流动的影响关键在于人们的预期。如果本币贬值,其对资本流动的影响将伴随人们的预期变化而产生三种效应：第一，如果市场上普遍认为本币贬值幅度不够，本币汇率可能进一步下跌，为避免损失，资本将流出本国金融市场，其结果是一国资本流出增加，市场本币汇率下降。第二，如果市场上普遍认为本币贬值是合理的，使以前高估的汇率回归均衡水平，这种预期可能导致以前流出本国金融市场的部分外汇资金回流。第三，如果市场上普遍认为本币贬值过多，使本币对外价格严重偏离均衡水平，那么会有大量资本流入本国寻求套汇机会，赚取收益，其市场结果将是资本流入增加，汇率水平回升。

金融观察

我国2005年启动人民币汇率"形成机制"改革，多次宣布人民币汇率参考一篮子货币而不是盯住单一美元的汇率均衡基准，是双边波动而不是单向升值的汇率浮动。但是，从2005年启动汇率制度改革到2013年，人民币汇率基本保持参考美元且单向升值的长期趋势，因而对于吸引外商直接投资产生了各种影响。

根据我国的特殊经济背景，对华直接投资可划分为成本导向型和市场导向型两种。确认了人民币汇率对成本导向型投资产生负向影响，对市场导向型投资具有正向影响。但成本导向型投资所占比重高于市场导向型投资，因此人民币升值仍会抑制我国对外商直接投资的吸引力。人民币升值的趋势是不可逆转的，要减弱人民币升值对我国吸引外商直接投资的影响，就要加强对市场导向型外资的引进，使其占外商对华投资额的比例上升，从而抵消人民币升值对成本导向型投资的抑制作用。

人民币升值将会减弱我国吸引成本导向型对华投资的能力，但却能增强对市场导向型对华投资的吸引力。近年来，我国引进外资越来越注重质量，力求"以市场换技术"。汇率适度升值可能会集中影响那些技术含量较低、管理无特色的成本导向型企业，但并不会对市场导向型对华投资产生很大的影响。此外，人民币升值将会使以劳动密集型企业为主的成本导向型投资受损，使以技术密集型和资本密集型企业为主的市场导向型投资受益，从而促进我国的产业优化升级。

（资料来源：新浪财经）

(4) 对国际储备的影响

本币贬值，出口增加，进口减少，外汇收入增多，外汇支出减少，外汇储备相应增加。但是，汇率的下跌又会引起资本外流，减少外汇储备。因此，汇率变动对外汇储备数量的增减变动取决于进出口外汇收支变化与资本收支变化的对比情况。另外，目前世界各国持有的国际储备大部分都是外汇储备，如果储备货币汇率发生变动，必然影响到一国国际储备的实际价值，从而造成外汇储备的风险损失。

(5) 对就业的影响

传统理论下，本币下跌对经济具有扩张作用，在乘数效应下，通过增加出口，增加进口替代品的生产，使国民收入增加，从而增加社会总需求，推动经济积极发展，提高国内就业水平。

需要指出的是，汇率变动对一国经济影响的广度和深度受一国的对外开放程度、经济结构、外汇管制程度等因素的制约,具有不确定性,因而,需要具体问题具体分析。

2.汇率变动对国际经济的影响

汇率变动对国际经济的影响主要体现在三个方面:一是对国际贸易的影响。毫无疑问,稳定的汇率促进国际贸易的发展,这也是二战后布雷顿森林体系建立的初衷之一。汇率经常性波动使得国际贸易双方无法准确估算进出口贸易的支付成本与收益,不确定性带来的风险在影响一国对外贸易的同时,必然影响世界范围内国际贸易总量的增长和扩大。二是对资本流动的影响。汇率稳定能够确保投资者获得预期利润,减少投资的汇率风险。而汇率动荡往往会增强国际游资的投机性流动,不利于世界经济的稳定发展。三是对国际关系的影响。汇率不稳,往往加剧国际的矛盾。战后美元的两次贬值,使初级产品生产国家的外汇收入遭受损失,而它们的美元债务,由于事先订有黄金保值条款,丝毫没有减轻,最终爆发债务危机,影响世界和平稳定发展。

问题思考

1.国际收支有哪些差额项目?它们之间存在什么关系?
2.简述四种外汇交易活动的不同之处。
3.人民币升值对老百姓是好是坏?

项目延伸

人民币汇率制度

人民币汇率制度是我国经济政策体系中的重要组成部分,它规范了人民币的运动方式。目前,人民币汇率实行以市场供求为基础、参考一篮子货币进行调节的有管理的浮动汇率制度。

人民币汇率是人民币与外国货币的比价,是人民币对外价值的体现,中国人民银行授权中国外汇交易中心,每日公布人民币对美元、日元、港元、欧元交易的基准汇价。外汇指定银行和经营外汇业务的其他金融机构以基准汇价为依据,根据国际外汇市场行情自行套算出人民币对其他各种可自由兑换货币的中间价。

每日银行间即期外汇市场美元对人民币交易价在中国外汇交易中心公布的美元交易中间价上下5‰的幅度内浮动,各外汇银行在此浮动幅度内自行制定外汇买入价、外汇卖出价以及现钞买入价,办理外汇业务并对外挂牌。

人民币汇率采用直接标价法,实行外汇买卖双价制,现汇卖出价与买入价差不超过当日交易中间价的1%,且卖出价与买入价形成的区间包含当日交易中间价。

我国人民币汇率制度的发展可以分为四个时期。

1.国民经济恢复时期,即第一阶段,1949—1952年,在这期间我国实行单一浮动汇率制度。

1949年1月9日,人民币汇率开始在天津挂牌,1美元兑换80元旧人民币,对其他国家货币的汇率,则根据国际金融市场上各国货币对美元的汇率套算而来。1952年1月

1日起,我国停止制定对美元的汇率,改为将英镑作为基础货币,开始制定对英镑的汇率,对其他国家的汇率也改为按英镑套算。

1953年以前,我国国民经济初步恢复。这段时期,我国物价波动很大,通货膨胀严重,外汇短缺现象十分突出,侨汇成为我国外汇收入的重要来源,外贸领域私有经济成分比重很大。因此,当时制定人民币汇率的方针是"奖励出口、兼顾进口、照顾侨汇"。在该方针下,人民币汇率制度的主要内容为禁止外币在市场流通和携带出境,建立了供汇和结汇制度,国家集中外汇收入统一分配使用,按物价对比法制定和调整人民币汇率。人民币汇率政策以出口商品国内外价格的比价为主,同时兼顾进口商品国内外价格的比价和侨汇的购买能力,逐步进行调整。

2.计划经济时期,这一时期分为两个阶段。

1953—1972年为第二阶段,这一期间实行盯住自定货币篮子的汇率制度。

从1953年起,我国实行计划经济体制,国内物价稳定。对外贸易由国营对外贸易公司专营,外汇业务由中国银行统一经营。国家对外贸和外汇实行统一经营,用汇分口管理。同时,国内主要产品的生产、销售以及价格的制定都纳入了国家计划,人民币汇率的高低已不再是调节进出口贸易的工具,而是作为内部核算和编制计划之用,进出口贸易的盈利与亏损的平衡问题由国家财政统一解决。为配合高度集中的计划经济体制,中国外汇管理政策也体现出高度集中的计划管理特征,实行集中管理,统收统支,以收定支,收支平衡,一切外汇收入必须卖给国家,用汇按国家计划统一分配的体制。对非贸易的外汇收支加强了审批管理,排斥利用外资。这一时期人民币汇率采取稳定方针。

1973—1980年为第三阶段,这一期间采用"一篮子货币"单一浮动汇率制度。

1973年,以美元为中心的固定汇率制度彻底崩溃,西方国家货币纷纷实行浮动汇率制度,汇率波动频繁且剧烈。为避免汇率波动对我国对外经济活动带来的不利影响,人民币汇率的确定也发生了变化,由过去按国内物价比改为"一篮子货币"确定方法,即选择若干有代表性的可自由兑换货币作为"货币篮子",但"货币篮子"中选用的货币币种、数量和权数并不是一成不变的,而是根据我国的对外贸易国别对象适时调整,美元、日元、英镑、原德国马克及瑞士法郎一直都是货币篮子中的重要币种。对所选中的货币篮子中的货币,分别规定变动的幅度,当这些货币汇率变动达到一定限度时,人民币汇率就做相应调整,但并不随这些货币浮动的幅度等比例调整,而是根据国内外经济状况和我国实际需要适当调整。这一期间,由于我国对外推行人民币计价结算的目的是保值,所以在制定人民币汇率的指导思想上要求把人民币定的高一些,这一时期人民币汇率稳定在各国之间汇率的中间偏上的水平上。

3.经济转型时期,这一时期分为两个阶段。

1981—1984年为第四阶段,这一期间实行官方汇率和贸易外汇内部结算汇率的双重汇率制度。

1978年党的十一届三中全会后,我国开始进行经济体制改革。为了鼓励出口、适当限制进口,加强对外贸的经济核算,适应我国对外贸易体制的改革,又不影响我国非贸易外汇收入,我国从1981年1月1日起实行双重官方汇率,即用于非贸易外汇收支的人民币官方汇率和用于贸易外汇收支的贸易外汇内部结算汇率并存。双重汇率制度的实施，在一定程度上起到了鼓励出口和适当限制进口的积极作用，但此种汇率制度也存在不少的问题。比如，双重汇率的结算界限不清，造成外汇管理工作的混乱，影响了非贸易部门的创汇积极性。双重汇率使非贸易项下人民币币值被高估，出现"以物代汇"和"以钞代汇"等侨汇改道现象，影响了国家侨汇收入。另外，双重汇率被国际货币基金组织视为我国政府对出口的补贴，因而，当时不少发达国家威胁要对我国出口商品征收反补贴税等。

1985—1993年为第五阶段，这一期间实行官方汇率和外汇调剂汇率（市场汇率）并存的双重汇率制度。

1985年1月1日起，取消了实行贸易外汇内部结算价。同年11月，深圳经济特区成立了第一家外汇调剂中心，到1988年全国各地先后建立了外汇调剂中心，形成了官方汇率和外汇调剂汇率并存的新的双重汇率制度。

1985年以来，人民币汇率大幅下调，这期间人民币汇率下调的主要原因是我国国内物价上涨水平远远超过主要发达国家的同期物价上涨水平，使人民币汇率逐渐脱离人民币的价值而处于高估状态。因此，对高估的人民币进行贬值是一种必然发展趋势。但是，应当提出，人民币汇率虽经大幅调整，但是仍高于调剂市场汇率，并未从根本上改变人民币高估问题，导致出口亏损每年都达数百亿元。同时，新的双重汇率助长了寻租行为的泛滥，人民币汇率改革势在必行。

4.社会主义市场经济建设时期，即第六阶段，1994年至今，这一期间我国建立健全了以市场供求为基础的、单一的、有管理的浮动汇率制度。

1993年12月29日，中央发布了《关于进一步改革外汇管理体制的公告》，提出1994年1月1日起，改进汇率形成机制，实现汇率并轨，取消外汇留成制度，实行以市场供求为基础的、单一的、有管理的浮动汇率制度。并轨后的人民币汇率，是以市场供求为基础的汇率，外汇市场的供求状况及汇率水平是决定人民币汇率水平的主要因素；并轨后的人民币汇率也是单一的汇率，国家外汇指定银行对外挂牌的汇率适用于所有的外汇与人民币的结算与兑换、国内企业和三资企业、中国人和外国人；并轨后的人民币汇率还是有管理的汇率，国家对人民币汇率实施宏观调控与监管，适时干预外汇市场以使汇率稳定在合理的水平上；并轨后的人民币汇率亦是浮动的汇率，中国人民银行每天公布的市场汇率是浮动的，各外汇指定银行对外挂牌的汇率可在规定的幅度内浮动。

1994年的外汇体制改革实现了预期的主要目标，此后的两年时间里我国对外经济发展势头良好，人民币在经常项目上可兑换条件日益成熟。1996年我国又提出了一系列的外汇体制改革措施：从1996年4月1日起，消除若干对经常项目中的非贸易、非经营性交易的汇兑限制；从1996年7月1日起，将外商投资企业外汇买卖纳入银行结售汇体系，并解除尚存的少量汇兑限制。通过这一系列的改革，另外再通过进一步清理和修改现存的外汇管理法规，我国于1996年年底以前达到了国际货币基金组织第八条款的要求，于1996年12月1日起宣布实现人民币经常项目可兑换。

2005年7月21日，经国务院批准，中国人民银行宣布我国开始实行以市场供求为基础、参考一篮子货币进行调节、有管理的浮动汇率制度。中国人民银行于每个工作日闭市后公布当日银行间外汇市场美元等交易货币对人民币汇率的收盘价,作为下一个工作日该货币对人民币交易的中间价格。2005年7月21日19时,美元对人民币交易价格调整为1美元兑8.11元人民币,作为次日银行间外汇市场上外汇指定银行之间交易的中间价,外汇指定银行可在此时调整对客户的挂牌汇价。

为了配合人民币汇率形成机制改革,进一步增强银行自主定价能力,有效管理价格风险,中国人民银行于2005年9月23日发布了《关于进一步改善银行间外汇市场交易汇价和外汇指定银行挂牌汇价管理的通知》,扩大了银行间即期外汇市场非美元货币对人民币交易价的浮动幅度,从原来的上下浮动1.5%扩大到上下浮动3%;调整了银行对客户美元挂牌汇价的管理方式,实行价差幅度管理,美元现汇卖出价与买入价之差不得超过交易中间价的1%;现钞卖出价与买入价之差不得超过交易中间价的4%,银行可在规定价差幅度内自行调整当日美元挂牌价格。《通知》还取消了银行对客户挂牌的非美元货币的价差幅度限制,银行可自行制定非美元对人民币价格,可与客户议定所有挂牌货币的现汇和现钞买卖价格。2007年5月21日起,中国人民银行再次宣布,银行间即期外汇市场人民币兑美元交易价浮动幅度由3‰扩大至5‰,即每日银行间即期外汇市场人民币兑美元的交易价可在中国外汇交易中心对外公布的当日人民币兑美元中间价上下5‰的幅度内浮动。

2008年7月在全球爆发金融危机的时候,中国重新将人民币钉住美元,汇率规定为6.83,至2010年6月,中国放弃6.83的钉住美元的固定汇率制度,重新回到有管理的浮动汇率制度。2012年4月人民币兑美元的汇率波动幅度进一步扩大至±1.0%,2014年该幅度进一步扩大至±2.0%。

2015年8月11日,央行宣布调整人民币对美元汇率中间价报价机制,做市商参考上日银行间外汇市场收盘汇率,向中国外汇交易中心提供中间价报价,形成"收盘汇率+一篮子货币汇率变化"机制的人民币中间价定价机制;人民币汇率制度的规则性、透明度、市场化水平显著提升。

2015年12月1日,国际货币基金组织宣布人民币将在2016年10月1日加入特别提款权(SDR)货币篮子,比重达到10.92%。人民币国际化进程迈出了坚实一步。

项目结论

1.国际收支是一定时期内一个国家和其他国家之间进行的全部经济交易的系统记录。它包括货物、服务和收益、对世界其他地区的金融债权、债务关系的交易以及单项转移。

2.国际收支平衡表是反映一定时期内一国国际收支状况的一种统计报表。国际收支平衡表包括经常项目、资本与金融项目和平衡项目三大组成部分。

3.外汇是指以外币表示的、国际公认的可用于清偿国际债权债务关系的支付手段和工具。具有外币性、自由兑换性和可偿性三个特征。

4.汇率是用一种货币表示的另一种货币的价格。汇率分为买入汇率、卖出汇率和中间汇率;基础汇率和交叉汇率等。影响汇率变动的长期因素有国际收支、通货膨胀、经济增长等;短期因素有利率水平、货币当局的干预、市场心理预期、经济政策、投机因素等。

5.通常判断一国国际收支是否平衡主要是看自主性交易是否平衡。国际收支调节手段包括使用财政政策、货币政策、汇率政策以及直接管制政策等。

6.外汇市场参与者主要有中央银行、商业银行、外汇经纪商、外汇交易商以及经济实体（客户）。外汇市场主要交易种类有即期外汇交易、远期外汇交易、调期外汇交易以及套汇交易等。

7.汇率变动对一国经济的影响主要体现在影响一国进出口贸易、物价水平、资本流动、国际储备以及就业等方面。

项目训练

一、名词解释

❶ 国际收支　　　　　　　　　❷ 外汇
❸ 汇率　　　　　　　　　　　❹ 直接标价法
❺ 欧洲货币市场

二、判断对错并说明理由

❶ 国际收支是一个流动量的、事后的概念。（　　）
❷ 经常项目主要反映一国居民与非居民之间金融资产的转移。（　　）
❸ 间接标价法是指以一定单位的外国货币作为标准来表示本国货币的汇率。（　　）
❹ 通常所说的欧洲货币市场是指离岸金融市场。（　　）
❺ 纽约外汇市场上外汇牌价中前面较低的价格是买入价。（　　）
❻ 国家干预外汇市场，当本币对外币的汇价偏高时，则买进外汇；当本币对外币的汇价偏低时，则卖出外汇。（　　）

三、选择题

❶ 国际收支顺差时，应采取的调节政策有（　　）。
A.增加政府支出　　　　　　　B.降低再贴现率
C.在公开市场上卖出政府债券　D.本币贬值

❷ 下列不属于金融账户项目的有（　　）。
A.直接投资　　　　　　　　　B.证券投资
C.其他投资　　　　　　　　　D.货物和服务

❸ 下列选项中，应计入国际收支平衡表的其他投资项目中的项目是（　　）。
A.投资捐赠　　　　　　　　　B.购买外国股票
C.居民与非居民之间的存贷款交易　D.购买外国专利权

❹ 在直接标价法下，如果一定单位的外国货币折合成的本国货币数额减少，则说明（　　）。
A.外币币值上升，外汇汇率上升　B.外币币值下降，外汇汇率下降
C.本币币值上升，外汇汇率上升　D.本币币值下降，外汇汇率下降

❺ 在间接标价法下,如果一定单位的外国货币折合成的本国货币数额减少,则说明(　　)。

A.外币币值上升,外汇汇率上升　　B.外币币值下降,外汇汇率上升
C.本币币值上升,外汇汇率下降　　D.本币币值下降,外汇汇率下降

❻ 若中国出口商要将所得外币折算成本币,则换汇时所用价格应该为(　　)。

A.买入价　　B.卖出价
C.现钞买入价　　D.现钞卖出价

四、技能实训题

❶ 某年 1 月外汇市场行情:即期汇率为 EUR/CNY＝10.170 0,6 个月远期汇率 EUR/CNY＝10.370 0。

若某中国进口商于 2010 年 1 月 7 日向德国进口大型机器设备 10 台,共计 1 300 万欧元,合同约定 6 个月后付款。假若该进口商预测 6 个月后 EUR/CNY 即期汇率水平将变至 10.570 0。则该进口商应如何操作? 操作结果如何?

❷ 国际收支平衡表分析实训

要求:通过网上调研的方式:

(1)分析近几年中国国际收支平衡表的收支平衡状况。

(2)通过研读中国国际收支平衡表的数字,计算分析中国贸易差额、经常项目差额和总差额各是多少。这些差额分别说明了什么?

(3)根据目前我国国际收支状况,联系企业和个人实际,谈谈近年来我国国际收支发展给我们带来的影响。

❸ 汇率报价实训

要求:通过网上调研、实地调查等方式查阅各种汇率报价,并说明汇率报价中报价数字的含义和运用法则,并撰写实训报告。

❹ 外汇交易模拟操作

(1)实训目的:学会外汇交易行为。

(2)实训形式:进行模拟交易。

(3)项目内容:根据某银行外汇牌价进行模拟交易。

(4)实训指导:

第一步:选择银行并分析所选银行外汇牌价特点。

拟选对象包括:

国有银行:中国银行、中国工商银行、中国建设银行、中国农业银行。

股份制银行:招商银行、交通银行、中信银行、光大银行、广东发展银行、浦发银行、民生银行等。

外资银行:汇丰银行、花旗银行等。

第二步:分组模拟,每组 6～8 人,针对所选银行外汇牌价模拟交易。

每位学员初始资金:模拟货币金额为 10 万美元,10 万英镑,模拟交易有效时间

为1~2个月。

第三步:进行模拟交易。

每日对当日情况进行清算总结,写出日总结报告,分析当日外汇汇率走势及可能原因。

第四步:期末撰写实训报告总结。分组进行组内分析,并撰写小组报告。

第五步:每组推荐一位同学,进行课堂专题讨论。

项目七
认知金融风险和金融监管

知识链接

通过实施该项目,学生能够认知货币的来源、货币的职能、货币的演化,了解信用的内涵、信用的形式及各类信用工具。

能力塑造

能分析和解决有关货币制度的实际问题;
能运用信用的基本理论和基础知识分析、解释现代信用相关现象。

素质培养

培养学生细致入微、细心谨慎、严格把关、善于钻研的工匠精神;
培养学生客观公正、廉洁自律的职业道德;
培养学生的民族责任感和民族自豪感。

案例导入

加强互联网金融监管刻不容缓

近年来,互联网金融迎来了快速和持续发展的局面。互联网在给金融交易带来方便快捷的同时,由于"开放"的特性,让一些不法经营者钻了空子,给投资者造成重大经济损失的事件时有发生,也给社会带来不稳定因素。

互联网金融因突破时间和地域的限制,使互联网寻求交易需求的金融资源、金融服务更加直接,供求双方涉及面更加广泛。加之互联网金融客户以小微企业为主,涵盖了部分传统金融业的服务盲区,能有效提升金融资源配置。消费者在任一能上网的电脑或手机中,就可以在开放透明的平台上快速找到适合自己的金融产品,选择性更强,省时又省力。

互联网金融监管较弱。由于互联网金融处于起步阶段,还没有完善的监管和法律硬约束,缺乏互联网平台有效的准入标准和准入限制,整个行业面临诸多政策、法律和交易风险。金融机构和非金融机构,特别是非金融机构在互联网上发布产品的准入及交易还没有明确具体的操作规则,加之信用体系共享机制目前还没有实现,很有可能导致不良经营者在互联网平台从事非法经营活动。投资者一旦有问题,"向谁投诉,找谁解决"的问题

认知金融风险和金融监管　项目七

显现。

在当前互联网金融违约成本较低的情况下,很容易诱发恶意骗贷、卷款跑路等风险。违规公司以投资理财和高额收益为诱饵,通过线下广泛宣传,线上进行"产品"交易,从一些投资者手中骗取巨额资金,直接沉淀在其公司个人手中,形成完全的"资金池"后卷款走人,使投资者血本无归事件时有发生。

此外,一旦遭遇黑客攻击,互联网金融的正常运作也会受到严重影响,危及消费者的资金安全和个人信息安全。因此,互联网金融监管刻不容缓。

资料来源:上海金融新闻网《加强互联网金融监管刻不容缓》,吴祝华,2019年2月14日

请思考 根据导入案例思考防范金融风险的重要性及防范措施。

视频:金融风险和金融监管

任务一　认识金融风险和金融监管

一、认识金融风险

1. 金融风险的概念

金融风险,是指由于形势、政策、法律、市场、决策、操作、管理等诸因素的变化或缺陷而导致损失的不确定性,即在货币经营、资金融通的活动中,由于各种因素随机变化的影响,使金融机构或金融投资者的实际收益与预期收益发生偏差,从而使其有蒙受损失或获得额外收益的机会和可能性。

金融风险与一般意义上的风险概念有很大区别:从内涵来说,金融风险的内容比一般风险要丰富得多;从外延来说,金融风险要比一般风险的范围小得多。前者仅限于发生与存在于资金借贷和经营过程中的风险,而后者则包括发生与存在的一切风险。

一家金融机构发生的风险所导致的后果,往往超过对其自身的影响。金融机构在具体的金融交易活动中出现的风险,有可能对该金融机构的生存构成威胁;具体的一家金融机构因经营不善而出现危机,有可能对整个金融体系的稳健运行构成威胁;一旦发生系统风险,金融体系运转失灵,必然会导致全社会经济秩序的混乱,甚至引发严重的政治危机。

2. 金融风险的主要表现

金融风险在经济生活中处处都能找到。其表现主要有以下方面:风险可能来自借款人不履行约定的还款承诺;风险可能来自金融机构支付能力的不足;风险可能来自市场利率的变动;风险可能来自汇率的变化;风险可能来自国家宏观经济金融决策的不合时宜或失误;风险可能来自金融机构重要人员的违规经营;风险可能来自其他国家或地区的政治

203

经济形势变化;风险可能来自金融衍生产品的过度使用;风险可能来自金融机构的过快发展。

3.金融风险的分类

从金融风险产生的原因看,金融风险一般可分为宏观层面的金融风险和微观层面的金融风险两种。

(1)宏观层面的金融风险

宏观层面的金融风险分为调控偏差型和制度缺陷型两类。调控偏差型金融风险是由于宏观调控部门,尤其是金融调控当局在进行经济、金融调控运作过程中,其调控目标、调控时机、调控力度以及调控手段等选择偏差而造成的金融风险。如墨西哥金融危机就是因在不适宜的时机(政局动荡、外国投资者信心减弱、经济严重依赖进口、贸易连年逆差、外资流入、中短期投机性资金比重过高等情况下)宣布比索贬值引发的。泰国金融危机也属于此类型。制度缺陷型金融风险则是由于宏观调控部门,特别是金融调控当局对经济、金融制度建设安排的缺陷导致的金融风险。如日本金融危机产生的主要原因:一是政府任由股票、房地产等资产价格飞涨,没有安排相应的约束制度,以致经济泡沫不断膨胀;二是金融监管当局对金融机构大量资金进入房地产领域、对泡沫经济推波助澜,没有建立起有效的监管和控制制度。此外,一国外债结构币种搭配不合理或缺乏及时调整机制,造成对外偿债负担加重的风险等也会导致宏观层面的金融风险。

(2)微观层面的金融风险

微观层面的金融风险可以一家金融机构为例,对于一家金融机构而言,它所面临的风险是多重的,具体可以划分为以下八大类:

①资产风险:从某种意义上来说,资产风险是金融机构的根本性风险,这是由于金融机构(如银行)运用资金,对客户进行贷款,借款人不能按期归还贷款人贷款本息,如贷款逾期、发生呆账等所形成的风险。与资产风险相关联的还有抵押品处置、变现时其价值降低所形成的风险,后者是指对债务进行担保的第三方信用的不确定性。

②市场风险:也称利率风险,这是一种由于市场价格变化(利率变化)引起金融机构持有资产价格变动或银行及其他金融机构协定利率跟不上市场利率变化而带来的风险。尤其是金融衍生产品交易风险,即金融机构从事期货、期权等金融衍生工具交易时对市场行情错误预计而发生损失的风险,这种风险如果不能很好地控制,对于金融机构而言往往是致命的风险。

③汇率风险:也称外汇风险,这是由于汇率变动而出现的风险。主要包括:一是买卖风险,即外汇买卖后所持头寸(多头或空头)在汇率升降时出现损失的可能性。对于外汇银行来说,这是主要风险。二是交易结算风险,即以外币约定交易时所发生的风险。三是汇价风险,即会计处理中某些项目需要在本币和外币之间换算时因所用的汇率不同而承受的风险,主要是交易发生日汇率同财务决算日汇率之间的差异,会造成现金债权债务及其损益和分配上利益的不确定性,这种风险通常包含了上述两种风险,但范围更广些。

④流动性风险:是指存款人按照正当理由要求提款时银行或其他金融机构不能支付的风险:一是现金支付能力不足,不能保证存款者的提现需求;二是银行不能满足企业、单位等存款者转账支付需求。严重的流动性风险会触发银行信用风险,即存款者挤兑存款

而银行无法支付的风险。挤兑会造成银行破产,甚至发生连锁反应,危及整个银行体系的安全。

⑤系统风险:总的来说是金融系统如银行系统内部软硬件发生错误、损坏而危害金融机构经营管理的风险。如火灾、地震、雷电等自然灾害导致金融机构无法正常经营;软硬件错误、电脑病毒侵袭或不正当使用对银行电子清算系统、管理信息系统等造成的破坏;数据丢失、被盗用、更改、自动存取款机无法工作等。

⑥管理风险:指金融机构管理层在管理程序、管理机制或管理环节中出现纰漏而给金融机构带来的风险,如内部稽核监管制度力度不到位或疏于执行以及银行经营管理人员风险意识淡薄、不遵循谨慎经营原则而造成的风险损失。

⑦犯罪风险:指金融机构要时刻面对来自外部和内部或内外勾结的针对金融机构的犯罪活动而带来的风险。如暴力抢劫银行、诈骗银行资金,篡改、伪造、隐瞒交易记录,撰写虚假报告,通过电脑开立非法账户、转移资金等。

⑧国家、政府和法规风险:指一国政府更迭或首脑更替带来的政策变化的风险,或一个国家政策、法规的调整给金融机构带来的各种各样的风险。

4.金融风险的特性

金融风险的类型很多,不同的金融风险除了自身的产生、影响和表现形式相异外,还有一些共同特性:

(1)客观性和普遍性

金融的基础是信用关系,它以资金所有权和使用权的暂时分离为基础。在所有者让渡资金使用权的过程中,影响资金正常回流的因素和环节有很多,任何一个因素和环节出现问题,都会造成与预期的差异。因此,金融机构的各种经营活动都会不同程度地包含金融风险。

(2)可传递性

可传递性指个别金融企业经营出现危机,会迅速波及其他金融企业,乃至整个金融体系。金融企业自有资本比率低,主要依靠扩充负债来增加资产,其经营与发展是建立在社会公众高度信任的基础上的。所有金融企业都只有在存款人或存款保证金存入者不同时提取存款的情况下才具有清偿能力。而且整个银行业中各家金融机构又是紧密联系、互相依存的。一家金融企业倒闭,会造成社会公众对所有金融企业的信任危机,诱发挤兑的金融风潮,引起一系列债权债务关系的破裂,产生金融企业相继倒闭的"多米诺骨牌效应",殃及整个金融系统。

(3)社会性

社会性指金融风险的爆发有其深刻的社会经济根源,是社会经济危机积累到临界状态的集中反映,其防范与化解往往需要整个社会机制的作用。例如1929年,美国经济出现大崩溃后的大萧条,关于金融诈骗的流言开始传播,储户纷纷涌向银行提取存款,银行倒闭像瘟疫一样蔓延。政府关闭了所有的银行,联邦储备委员会将银行清理、整顿后才重新开业。美国政府随之完善金融立法,通过制定《格拉斯-斯蒂格尔法》等一系列金融法律法规,保障了商业银行的经营安全,使商业银行逐步从危机中挣脱出来。

金融风险的社会性

(4)周期性

周期性指金融风险受国民经济循环周期和货币政策变化的影响,呈现周期性、规律性的变化。一般来说,在货币政策宽松期,存款、放款、投资、还款、结算等环节运行相对顺畅,资金流动量大,货币供需矛盾缓和,影响金融机构安全的因素减弱,金融风险较小。反之,在货币政策缩紧期,各经济主体、金融运行各环节之间的矛盾加剧,货币供需出现较大缺口,影响金融机构安全性的因素逐渐增强,社会经济运行的链条常常发生断裂,金融风险较大。

(5)可控性

金融风险的产生与发展都有一定的规律可循,是可以防范与控制的。从微观来看,金融机构可以通过增加资本金、减少风险资产,增强抵御风险的能力;可以通过完善的内部控制机制来防范风险;可以通过贷款保险、资产保全、债权和债务重组分解风险。从宏观来看,可以通过加强宏观监管、金融同业严格自律、禁止不正当竞争行为、成立存款保险公司、完善金融和经济法规等防范和化解金融风险。

(6)双重性

金融风险既有可能给从事金融活动的主体带来收益的机会,也有可能给活动主体带来损失的机会。金融风险的双重性表现为动态性和投机性。

金融视野

防范化解金融风险需要"关口"前移

2021年12月31日,中国人民银行发布《宏观审慎政策指引(试行)》(以下简称《指引》),以增强市场主体对宏观审慎政策的认识和理解,凝聚共识,切实发挥宏观审慎政策在防范系统性金融风险方面的重要作用。

中央经济工作会议提出,要正确认识和把握防范化解重大风险,继续按照稳定大局、统筹协调、分类施策、精准拆弹的方针,抓好风险处置工作。当前,防范化解重大风险,重点就是要防控金融风险,守住不发生系统性金融风险的底线。而宏观审慎政策的目标正是防范系统性金融风险。

健全宏观审慎政策框架有助于将防范金融风险的"关口"前移。宏观审慎政策的推出是为了筑起风险的"防火墙",防止系统性金融风险顺周期累积以及跨机构、跨行业、跨市场和跨境传染,提高金融体系韧性和稳健性,降低金融危机发生的可能性和破坏性,促进金融体系的整体健康与稳定。同时,宏观审慎政策又有着"时变"的特征,能够根据系统性金融风险状况动态调整,从而起到逆周期调节的作用。

近年来,主要国际组织就建立健全宏观审慎政策框架发布了一系列标准和最佳实践,主要国家也先后构建了宏观审慎政策框架。党中央、国务院高度重视防范化解系统性金融风险工作,要求"关口"前移。党的十九大强调要"健全货币政策和宏观审慎政策双支柱调控框架"。第五次全国金融工作会议也明确要求建立宏观审慎管理框架。在此时出台《指引》,是立足我国实际,结合国际经验,落实健全宏观审慎政策框架、防范化解系统性金融风险决策部署的重要举措。

《指引》出台后,如何做到可理解、可落地、可操作、能见效,是个关键问题。一方面,《指引》为宏观审慎政策打好了基础、搭起了框架。下一步,针对不同类型的金融风险,如何找准金融体系关键节点,合理设置较高的监管要求,仍然需要进一步考量。另一方面,要让政策落地见效,关键是要协同发力,健全货币政策和宏观审慎政策双支柱调控框架。这需要进一步深化金融领域基础性关键性改革,创新金融调控方式,健全金融调控体系,改革完善金融监管体制。一是完善货币政策目标和工具,处理好保持币值稳定、促进经济增长和防范金融风险的关系;二是深化利率汇率市场化改革,健全中央银行利率调控体系;三是健全货币政策决策与传导机制;四是健全金融监管协调机制;五是加强金融宏观审慎管理制度建设。这样一来,最终可形成货币政策、宏观审慎政策和微观审慎监管协调配合的良好局面。

下一步,防范化解重大风险仍需统筹好发展与安全的关系,结合宏观审慎政策在我国的具体实践和形势发展需要,不断完善宏观审慎政策框架,强化系统性金融风险监测、评估和预警,丰富和优化宏观审慎政策工具,探索完善宏观审慎政策治理机制。推动宏观审慎政策落地见效,切实提高我国系统性金融风险防范化解能力。

(资料来源:经济日报)

5.金融风险的成因

导致金融风险的因素是复杂的,是多种因素作用积累的结果:既有政治因素,又有体制因素;既有外部因素,又有内部因素。结合世界各国的经验教训和我国的实际情况,导致金融风险的主要因素可以归纳为以下几个方面:

(1)政策失误与政府干预不当

在现代市场经济条件下,政府的宏观调控对于弥补市场缺陷、保证经济健康运行是必要的。但是,政府对经济干预不当,特别是政策决策失误也会导致经济秩序混乱。金融机构作为整个国民经济的神经中枢,常常成为政府宏观调控的重要部门之一。政策失误与政府干预不当导致的金融风险,主要表现在以下几个方面:政府决策失误、内在的扩张冲动、寻租行为和干预不当,会增大货币供给量、恶化存量,导致金融机构资产质量下降,呆账坏账增加,金融风险加大;政府对中央银行活动的过度干预,会削弱中央银行的独立性,扭曲货币政策,使货币政策不能完全符合经济发展的实际要求,导致金融体系运行不稳定;政府对信用活动的直接参与和对信贷活动的行政干预可能带来金融机构经营行为的非自主性、资金非商业化经营和信贷软约束的后果,从而可能促成或扩大金融风险。

(2)金融监管体制不健全

目前,世界各国政府都非常重视通过中央银行对金融活动实施严厉的监管,这是维护金融体系的安全和稳定、防范金融风险的根本保证。但是,由于各国市场经济发展水平和金融监管体制完善程度不同,金融监管的力度和实效也不一样。在我国,金融监管主要存在以下问题:

①监管者的缺陷。由于我国社会主义市场经济体制尚在建立之中,与之相适应,中央银行——中国人民银行的独立性很难保证,金融监管体制不完善,在其监管过程中很容易受到包括来自政府等各方面的干扰;而且由于实践不足,其监管实际操作也缺乏经验。

②被监管者的缺陷。我国以商业银行为主体的被监管者,普遍存在内控乏力的问题,体现在操作的非规范性和从业人员素质不高等各个方面,为金融监管带来了很大的难度,也为金融风险的形成和积累埋下了巨大的隐患。

③金融监管指标体系和监管方式的缺陷。随着金融体制改革不断深化,虽然初步建立了一些金融监管指标,但尚未形成符合我国实际的完整的指标体系,因而对金融风险的预警和监管缺乏科学的依据;特别是目前的金融监管,仍以行政监管为主,法规监管和监管对象的行业自律性较弱,由此导致金融监管力度不够强,实效较差。

(3)金融机构内部管理落后

从金融机构角度来说,防范和化解金融风险的根本性措施是实施科学的管理和有效的内部控制。目前,我国金融业管理落后,内部控制机制不完善是防范和控制金融风险的重大问题。

(4)企业风险的转嫁

金融机构资产质量在很大程度上取决于借款者的生产经营状况和经济效益。在我国,由于国有企业改革不到位、产权制度不完善、组织结构不合理、投资行为不当、企业债权的软约束以及银企关系尚未理顺,银行难以监控企业,无法对欠债企业实施惩罚,致使国有企业的亏损转嫁给银行,加大了银行的信用风险。

(5)国际金融风险的传导

随着经济全球化程度的加深,金融国际化日益以强劲之势不断发展,由此使各国金融之间及其国内金融与国际金融之间互相融合、相互依赖、相互作用,资本流动迅速、量大而频繁,这进一步加大了金融风险。主要因为:

①在金融国际化条件下,受"溢出和溢入"效应的影响,一国货币政策受到严重干扰,货币政策的自主性被弱化;同时,规模巨大的国际资本在国与国之间的迅速转移,使中央银行干预外汇市场的能力下降;此外,专业化金融体制逐渐向综合化金融体制转变,增加了中央银行监管的难度。因此,必然弱化一国中央银行的金融宏观调控能力,金融风险和不确定性增大。

②在金融国际化条件下,金融创新迅速发展,金融创新仅仅转移或分散了金融体系的风险,但并没有从根本上或整体上消除或减少金融风险,反而又产生了新的金融风险。这是由于金融创新一方面加剧了国际资本投机行为,从而为引发一个国家或一个地区乃至全球性金融动荡提供了条件,直接危及整个金融体系的稳定;另一方面,由于金融创新工具中的不确定性因素增加,从而增加了金融机构经营中的不可控性,经营风险增大。

③在金融国际化条件下,各国金融活动有机联系和相互依赖性增强,使一国金融运行在更大程度上受他国的金融运行的影响,从而进一步增强了波动传递机制的作用,使一国或国际金融问题都会迅速地"传染"给其他国家,导致整个金融体系更加不稳定,金融安全受到更大的冲击和威胁。近几年,世界上爆发的金融危机,大多由一国金融危机传导所致。

6.金融风险与金融危机

金融风险具有客观性,普遍地存在于经济活动之中,并随着国民经济及金融运行,金融风险在不同时期所呈现的风险程度也不同。轻度的金融风险虽然不足以威胁金融业的整体安全,不一定产生金融危机,但它是金融危机产生的前提,具有引发金融危机的可能性,而不具有必然性。当金融风险积累到一定程度或受到更大的风险事故冲击并以突发性、破坏性方式表现出来时,就有可能产生如金融机构破产、挤兑银行存款、货币贬值等现象,这实际上已出现了金融危机,威胁到了金融体系的安全。因此,金融危机是金融风险积累爆发的结果,是金融风险的现实化。

金融危机是指金融制度和货币体系的极度混乱和剧烈动荡,表现为股市狂泻、货币贬值、利率极高、工厂倒闭、银行破产、工人失业、市场一片混乱,是诱发经济危机、政治危机的根源。金融危机具体表现为银行危机、货币危机和债务危机。

(1)银行危机及其表现

国际货币基金组织在1998年5月出版的《世界经济展望》中曾给银行危机下了定义。银行危机是指这样一种情况:实际或潜在的银行挤兑与银行失败引致银行停止负债或为防止这一情况的出现政府被迫大规模提供援助的情形。银行危机是较早出现的一种金融危机,是在金融业的发展历史上反复出现的现象,表现为银行系统范围内挤兑存款,即由个别银行出现挤兑波及银行系统。银行是负债经营的典型机构,吸收存款是银行负债的主要资金来源,也就是说存款人可随时提取其存款,可兑现性和流动性决定着银行系统永远存在着内在的不稳定性,它是银行发生挤兑或倒闭的内在原因。

一家银行出现挤兑会迅速波及其他银行,这是银行危机的传染效应。银行危机传染渠道有两条,一是接触传染,二是非接触传染。

①接触传染渠道。一个国家的银行体系是由许多单个银行组成的,这些单个银行相互之间因同业拆借、结算、票据转贴现、证券回购、投资等业务活动而形成了一个广泛的债权债务关系,银行间的债权债务链条使一家银行的危机可以迅速传染给另一家银行,甚至传染给整个银行体系,引起银行恐慌。这是银行危机的接触传染,银行之间的资金联系是银行危机接触传染的渠道。

②非接触传染渠道。在信用经济下,银行之所以能通过吸收公众存款进行资产运用,在某种程度上依赖于公众对银行的信任。公众信任是银行业正常经营发展的最终基础。存款人愿意将其货币存放在银行是因为他们信任存款会得到保护和增值。如果银行失去了公众对它的信任,就容易在公众中产生恐慌心理,而且恐慌心理会迅速传递,就是各银行之间没有任何资金上、业务上的联系和接触,挤兑存款也会发生连锁反应,这是银行危机的非接触传染,传染渠道是无形的,是人们失去对银行的信任而产生的银行恐慌。银行恐慌是一种信任危机,是银行危机自我复制和循环的根源,也就是说银行危机发展到一定程度,信心取代其他因素,推动银行危机向纵深发展,即使经营管理完善、无太大风险的好银行也会被连累,出现"多米诺骨牌效应",从而导致系统性银行危机。

(2)货币危机及其表现

货币危机是指对一国货币的投机导致该种货币贬值或迫使货币当局通过急剧提高利率或消耗大量储备来保卫货币的情况。一国货币大幅贬值,对内表现为出现物价上涨、通货膨胀加剧、企业经营成本上升、市场混乱等现象,对外表现为本币对外币汇率急剧下降,迫使金融管理当局投放储备资产或提高利率来保护本币。例如,1997年7月泰国实行盯住美元的固定汇率制度,但在国际对冲基金的冲击下,泰铢难以维持和美元的固定比价时,泰国中央银行大量投放外汇储备,以保持固定比价,但泰国中央银行外汇储备终究有限,难以抵抗国际游资的冲击。于是,泰国在1997年7月2日放弃固定汇率制,实行浮动汇率制度,随后泰铢贬值一发不可收拾,到 1997 年 11 月,泰铢对美元贬值最高幅度达到 55%,通货膨胀接近 10%,这是泰国较严重的货币危机表现。

(3)债务危机及其表现

据《新帕尔格雷夫货币金融大辞典》的解释,债务危机是一个普遍的用语,用于任何不能按计划还本付息并由此损害其他债权人财务健康的情况,通常债权人会接着切断进一步的贷款,从而使最初的情况加剧。如果无力偿还是一个长期状况,它通常被归结为"无力偿付"的问题,如果它是由暂时现金短缺造成的,那么可以将它看成流动性不足的问题。在高利率的条件下,流动性不足的问题可以迅速变为无力偿付问题。

1982 年 8 月,墨西哥政府告知美国财政部、国际货币基金组织和主要国际商业银行,它已无力偿还其所欠的银行外债。随后阿根廷、巴西、智利、委内瑞拉等国家相继违约,停止对所欠债务的偿还,这是著名的拉美国家债务危机,此后的债务危机通常是指国家债务危机。2001 年 12 月,阿根廷再次发生债务危机,其标志是萨阿总统宣布暂停支付 1 320 亿美元外债,这使得阿根廷成为世界上有史以来最大的倒账(default)国。债务危机出现后,债权人和债务人都会付出高昂的代价,它会导致债务国的投资和经济增长急剧下降,物价上涨,社会动荡,以后举债的难度加大。而对债权国的投资者来讲,其资本受到侵蚀,利润减少,竞争力也会下降。

金融危机的发生既可以是以上三种危机交织在一起爆发的,也可以是单独发展形成的某一形式的危机。不过在经济发达的今天,由于金融部门之间以及与经济各部门之间有着密切的债权债务联系,现代金融危机很难做到只表现为货币、银行、外债等部门危机,通常会表现为系统性的金融危机。而且一国的金融危机还会通过国际贸易、国际资本流动、人们的心理效应等渠道传递给周边国家和地区。

二、金融监管

1.金融监管的概念

金融监管是金融监督与金融管理的复合称谓。金融监管有狭义和广义之分。狭义的金融监管是指金融监管当局依据国家法律法规的授权对整个金融业(包括金融机构以及金融机构在金融市场上所有的业务活动)实施的监督管理。广义的金融监管除上述监管之外,还包括金融机构内部控制和稽核的自律性监管、同业组织的互律性监管、社会中介组织和舆论的社会性监管等。

2.金融监管的特征

金融监管在市场经济中,具有三个基本特征:

(1)法制性

金融监管属于国家的法定制度,市场经济国家的金融监管制度都是通过立法程序确定的,是一国金融体制的有机组成部分。金融监管当局在国家授权下依法实施监管,其法律关系的内容体现在被监管者和监管者同受法律约束,即被监管者必须在法律许可的范围内从事金融活动并依法接受监管;监管者也只能在法定权限职责范围内依法行使监管权,包括采取命令、许可或免除、赋予或剥夺、认可或拒绝、审查或督导等基本措施行使形成权、命令权、处罚权和管理权等基本权利，监管者必须依法行事，决不允许越权、滥施权威或横加干涉。因此，金融监管既非单纯的检查监督或处罚，也非纯技术性的调查或评价，而是金融监管当局在法定权限下的具体执法行为和管理行为，具有权威性、严肃性和相对确定性。

(2) 系统性

金融监管是一个庞大的系统工程，它是由监管的依据（金融法律法规体系）、监管体制（监管主体及基本运作机制）、监管客体（银行和各类金融机构）、监管的目标以及为实现目标而确定的监管内容和采取的手段方法等几大部分组成，各部分之间存在有机联系，缺一不可，共同形成一个完整的系统。

(3) 社会性

金融业具有明显的"公共性"，其活动范围遍及社会各部门，因此，尽管狭义的金融监管是核心，但广义的金融监管更为重要。一般认为，有效的金融监管应该是一种社会性监管，需要社会各界的协调配合，即不仅要有监管者与被监管者间的纵向监管和自律性监管，而且还要包括行业公会等组织的同业横向监管、社会各部门及公众舆论的社会性监管，从而形成一个相互联系、相互补充、相互制约的大监管体系营造良好的社会监管环境。

3. 金融监管的历程

在各市场经济国家，金融业自始至终都是作为产业来发展与管理的。各种金融机构首先要受《公司法》的制约，但由于金融业的特殊性，各国对金融业的管理要比一般工商企业严格得多。从历史的角度看，在经济和金融发展的不同时期，金融监管的目标、内容、方式和力度都不尽相同，金融监管体系也是随着经济和金融的发展而不断充实和完善。

各市场经济国家的金融监管大致经历了三个阶段：

(1) 相对宽松阶段

20世纪30年代前，各国早期的金融机构基本上处于自由放任、自由经营的状态。人们意识到金融机构不同于一般工商企业，它因经营特殊商品而具备强大的渗透力和作用力，对社会公众利益和经济稳定有特殊影响，于是采取了某种法律约束行为。这种法律约束最初是个别的、特指的、间断的、非系统的，加之没有专门的监督管理机构来执法，故而约束力薄弱。世界金融史上首次对银行业的公共管理和监督出现在15世纪的西欧。自1407年第一个国家存款银行——热那亚的圣乔治银行建立以后，政府就开始了对银行业的管理，当时的管理主要在注册登记等行政管理方面。17世纪末到19世纪初，西欧各国通行以皇帝、国王、国会或政府的名义颁布法令的制度，授予某一金融机构某种许可、权利和业务，或限制某些金融机构业务的经营范围与规模。如美国1783年的北美银行、1791年的第一银行、1816年的第二银行都是由州或联邦国会单独通过法案设立的。

19世纪中央银行制度的建立，使金融监管发生了较大的变化，当时中央银行监管的重点在于货币的发行和流通方面，即集中货币发行权并建立了银行准备金制度，其目的是解决商业银行分散和过度发行银行券而导致的货币混乱、兑付困难和破产倒闭等问题。随着西方经济危机、信用危机的频繁爆发，中央银行仅仅监管货币发行和流通显然不足，自19世纪中叶开始，各国逐步加强了对金融业的监管，通过制定法律和条例，开始对各个金融机构从设立到经营进行法律约束。其中最有代表性的是1863年美国联邦国会通过的《国民银行法》,该法建立了国民银行制度,针对1837—1863年自由银行制度所带来的货币流通和银行信用危机等问题,对建立银行的最低股东人数、最低资本额、存款准备、发行准备及比例和发行总额度、拥有不动产的条件、权利和义务、贷款条件和最高限额等事项,做了较为详尽的规定。根据该法案规定,美国财政部专门设立了通货监理官,负责监理国民银行的活动。该法案的颁布实施,意味着现代意义上金融监管的形成,对各国产生了重要影响。此后,各国纷纷效仿,逐渐制定出较为规范和经常性的监管法令,对金融机构的业务活动进行规范、约束、纠正或督察。但总的来说,在20世纪30年代前经济自由主义占主导地位的时期,各国的金融监管是粗线条和宽松的,监管主体的职能作用有限,监管的目标不甚明确,内容不全,措施不力,方法原始,手段单一,监管的有效性不高,但由于当时金融风险的问题并不突出,所以矛盾尚不尖锐。

(2) 严格管制阶段

20世纪30年代至70年代,由华尔街股票暴跌引发的西方经济大危机,由于交织着金融大恐慌,使危机愈演愈烈,长达5年之久。大危机过后,以凯恩斯学派为代表的国家干预主义登上官方经济学宝座,随着政府对经济干预的增强,金融监管方面也出现了巨大的变化。各国对加强金融监管的重要性取得了一致共识,都把稳定金融业作为发展经济、稳定社会的必要条件,开始对金融业实施全面而严格的管制,很快形成了较为完善的金融监管体系。各国根据本国(地区)社会经济历史条件,在监管的体制上各有创新,如美国式的"双线多头",法、德、意式的"一线多头",英、澳、东欧式的"单一集中",西非、中非式的"跨国监管"等,这些模式各具特色。各国在监管主体上虽有差别,但中央银行都义不容辞地成为唯一的监管者或监管者之一。在监管目标上,各国一致选定了"维护金融业的安全与稳定、协调各金融机构之间的关系、保护公众利益"三大目标。在监管的内容上涵盖了金融机构从市场准入、日常经营到市场退出的全过程。在监管的措施上以预防性为主,加强风险防范与监测,建立了银行存款保险制度,这一制度同时兼备事先监管、事中援救和事后保险理赔的功能,为金融体系的运作设立了一道"安全网";同时辅之以应急性的补救或抢救措施,对一旦挽救失败的金融机构则采取平稳退出市场的措施。在监管的方法上以严格的法律为准绳,采用灵活的监管方式,对金融业实施强有力的监管。

这一阶段各国金融监管的基本特征是严格的限制性,主要表现在对利率的限制、对国内外金融市场活动的限制、对资本国际流动的限制、对金融机构业务活动的限制等。例如许多国家通过法律实行分业经营和分业管理模式,严格限制金融机构业务交叉。仍以美国为例,在20世纪30年代大危机中,因大批银行卷入证券投机,既加大了股市风暴,又招致了自身的倒闭。鉴于此教训,美国1933年的《银行法》和《证券法》规定银行业与证券业分业经营,严禁商业银行认购企业股票和债券,更不能从事与银行业无关的商业活动。为了加强对证券业的监管,美国于1933年颁布了《证券法》,1934年出台了《证券交易法》,1939年发布了《信托契约法》,1940年发布了《投资公司法和投资顾问法》,于1934年特设了"证券交易委员会",专门监管证券业。强有力的金融监管对维护金融业的稳健经营、确立公众信心发挥了重要作用,使各国经济在较为安全的金融环境中得到快速发展。

(3) 完善强化阶段

20世纪70年代前后,在金融创新的高潮中,世界金融业的发展带有鲜明的自由化和国际化趋势。在这两大趋势下,各市场经济国家的金融运作出现了双重效果:一方面优化了资金配置效果,提高了金融效率,完善了金融服务,使金融业得到空前的繁荣与发展;另一方面,出现了较大的信用风险、市场风险、经营风险、国际风险,以及各种金融犯罪,干扰了货币政策和宏观调控的实施与传导效果,影响并威胁着金融业的安全与稳定。为了扬利抑弊,各国加强并进一步完善了金融监管,增强其力度与规范性,使之更为规范化和全球一体化。20世纪70年代以来的金融监管与过去限制性的金融管制不同,其强化并不表现在僵化或机械地加强或扩大管制,而是更多地体现在增强监管的适应性和提高监管的效率性上。这一特点集中体现在以下两个方面:

第一,审时度势地调整监管的内容与措施。在放宽某些与新情况不符的管制的同时,加强并扩充了金融安定化方面的监管措施。例如美国于1999年通过了新的金融服务法案,从法律上放弃了实施半个世纪以上的银行业与证券业的分业经营制度,与此同时,强化对金融机构稳健性经营方面的事先预防性措施。

第二,各国金融监管逐步向统一化和国际化方向发展。随着金融国际化的趋势增强,以国界为范围的金融监管之局限性日益突出,漏洞不断扩大。为了维护国际金融业的平稳运营与公平竞争,保护国际投资者的利益,各国开始联手进行金融监管。一方面各国金融监管的目标、内容和手段逐步趋同;另一方面各国共同制定新的国际监管规则,加强了监管的国际化进程。

4.金融监管的目标性

金融监管的目标是实现有效监管的前提和监管当局采取监管行动的依据。金融监管的目标可分为一般目标和具体目标。监管的一般目标是促成建立和维护一个稳定、健全、高效的金融体系,保证金融机构和金融市场健康发展,从而保护金融活动各方特别是存款人的利益,推动经济和金融业稳定协调发展。各国历史、经济、文化背景和发展的程度不同,因此,各国的具体监管目标也有所差别。我国现阶段的金融监管目标可概括为以下几点:

(1)一般目标

金融监管的一般目标就是要防范和化解金融风险,维护金融体系的稳定与安全,保护公平竞争和金融效率的提高,保证中国金融业的稳健运行和货币政策的有效实施。

(2)具体目标

金融监管的具体目标就是经营的安全性、竞争的公平性和政策的一致性。经营的安全性包括两个方面,保护存款人和其他债权人的合法权益;规范金融机构的行为,提高信贷资产质量。竞争的公平性是指通过金融监管机构的监管,创造一个平等合作、有序竞争的金融环境,鼓励金融机构在公平竞争的基础上,增强经营活力,提高经营效率和生存发展能力。政策的一致性,即通过监管,使金融机构的经营行为与货币政策目标责任制保持一致。通过金融监管,促进和保证整个金融业和社会主义市场经济的健康发展。

问题思考

1.金融风险是怎样形成的?
2."金融风险就是金融危机",你认为这句话对吗?

任务二　理解金融风险　加强金融监管

一、金融风险的危害

金融风险的不确定性意味着它有朝两个方向发展的可能：一是未加防范或防范不利使损失成为事实；二是采取了防范措施且措施得当，使损失没有发生或将损失降低到最低限度。我们应当尽量避免出现第一种可能，争取实现第二种可能。

金融风险的直接危害，不仅会破坏金融业务活动的正常进行，削弱金融业本身存在的抵抗各种金融风险的能力，还可能危及金融安全和国家经济安全，使金融风险发展到金融危机或金融风暴。金融风暴可以把一个国家的经济挤到崩溃的边缘，从而出现政治危机和社会动荡，历史的和现实的、地区的和国家的以及国际社会的金融危机都说明了这一点。理论上"金融是现代经济的核心"，现代经济亦称金融经济，可见金融业对经济发展的重要性。

二、从不同角度看金融风险

要保障金融安全，首先需要了解在金融活动中可能会出现哪些风险，以便有针对性地防范和化解风险。对于金融风险的种类，从不同的角度出发，会有不同的认识或不同的关注点。

1. 从经营金融者的角度看金融风险

对于经营金融者来说，金融风险是指所从事的经营活动给自己造成经济损失的风险。此类风险主要有利率风险、外汇风险、管理风险和信用风险。

所谓利率风险，是指由于预期利率水平和到期实际市场利率水平的差异而造成损失的可能性。所谓外汇风险，是指因汇率变动而蒙受损失或丧失所预期的利益的可能性。所谓管理风险，是指由于金融机构或经营者经营管理不善而造成损失的可能性。所谓信用风险，亦称信贷风险，是指债务人不能按期偿还债务本息，使债权人受到一定经济损失的可能性。其中，造成信用风险的原因主要有以下几种：

（1）债务人没有偿还债务的意愿

这种原因又有三种状况：其一，债务人有能力归还债务本息，但故意逃避责任，不予归还；其二，债务人虽然暂时没有偿还全部债务的能力，但经过努力可以偿还，却长期拖欠，缺乏承担还债义务的责任感；其三，采取种种非法的欺诈手段骗取贷款，即金融诈骗行为。

(2)金融机构内部人员的违法失职行为

银行或其他金融机构内部的信贷人员,甚至高级管理人员,以权谋私,非法放贷,收受贿赂,挪用公款,非法出具金融票证等,致使放出的贷款无法回收或不能按期回收,造成金融机构的重大损失。

(3)金融机构内部人员与外部人员内外勾结作案

为了提高作案的隐蔽性和成功率,金融机构内部的人员往往与外部人员勾结作案。目前,这种内外勾结作案的手段越来越多样化,也越来越巧妙,已成为危害金融安全的主要风险之一,应当成为今后法律打击和防范的重点。

由于上述原因和情况,造成国家金融资产的大量流失,银行和金融机构出现大量的呆账坏账,如果这些不良资产多到一定程度,即超过金融机构的资本金时,金融机构将面临破产的危险。

2.从政治、法律界人士和国家的角度看金融风险

从政治和法律以及国家的角度来看,金融风险是指可能影响金融业务正常进行、破坏金融秩序、危害经济安全的不确定因素。它不完全以经营者的盈亏为标准。从这一角度出发,金融风险有以下两大类:

(1)国家金融风险

国家金融风险是指由于国家宏观经济和政治因素的变化可能对金融造成的潜在损失,是与国家行为有关金融企业和个人行为无法左右的,并可导致投资、信贷等损失的风险。它表现为以下几种情况:战争、内乱导致金融业营业停滞;政策与法律的重大变化导致金融业营业状况改变;经济环境的急剧变化(急剧的物价上涨、货币贬值等)导致金融业营业困难;政权变更导致没收或冻结私人或外国资本;社会信用危机,三角债、连环债络绎不断,不良金融资产严重超过警戒线。

(2)国际金融风险

国际金融风险是指在国际金融交流活动中,由于外国政府、企业或金融投机家的某些行为而使本国遭受损失的可能性。这种风险主要表现在以下几个方面:

①国际贸易方面:贸易对方国单方面撕毁合同,并拒绝赔偿本国的经济损失;贸易对方国强制关闭市场,限制本国商品进入;税率变化无常;战争、政变等导致本国的经济损失。

②国际投资方面:外国政府实行国有化政策,将本国投资者的资产予以无偿征用、没收或者冻结,造成本国投资者的经济损失。

③国际贷款方面:债务国否认债务,拒绝履行还债义务;债务国政府单方面要求重议债务;债务国国际收支困难,实行严格外汇管制等。

④国际金融投机方面:某些国际金融投机家动用大量资金,大规模炒买炒卖外国的金融产品,致使某些国家和地区出现金融危机。

当了解和认识了金融风险的种类之后,就可以有的放矢,针对各种风险的具体特点和风险程度,采取包括经济的、行政的和法律的手段予以防范,把金融风险降低到最低,从而最大限度地保障金融安全。

无论是金融机构,还是企业或个人,都应当树立风险意识,对金融活动中可能出现的各种风险予以关注,及早做出清醒的认识和判断,提前采取必要措施,防范和化解各种金融风险。

三、金融风险的新趋势

1.金融风险事件的风险规模与风险损失出现扩大化趋势

从近20年来世界上发生的金融风险事件来看,各国的金融风险事件频频发生,风险规模与危害影响越来越大,在国际债务、利率汇率、股票市场、衍生操作、经济结构等方面均有表现。

2.引发金融风险的因素出现高度复杂化趋势

引发金融风险的因素出现高度复杂化趋势,不确定性因素增加、复杂性加大、技术性上升,涉及金融市场、金融工具、金融衍生品、金融机构、利率、汇率、银行体制、货币政策,甚至有经济发展模式和政府干预方法等方面。尤其是在金融市场高速发展和新产品层出不穷的环境中,日益高度复杂、规模庞大的金融衍生组合技术,使许多参与机构的作风日趋冒进。金融衍生品作为对冲和套期保值工具,被投机操作淹没,操作风险越来越大。譬如,英国"巴林银行倒闭案"、日本"大和银行纽约分部舞弊案"等,都因投资或投机失败而招致重大损失。

3.金融风险出现传导速度加快、范围扩大、系统性影响加重趋势

世界范围的金融创新活动空前活跃,投资技术日益复杂,加之现代化的信息传播手段迅猛发展,致使引发金融风险的诸多单个因素紧密相连,系统性风险因素出现加大趋势,现代金融活动中的不稳定性更为突出,金融风险的扩散性、隐蔽性和突发性更加严重。在此情况下,任何原先比较孤立的重大金融风险都有连锁反应、加倍扩张的趋向。譬如,美国"黑色星期一"股市风险危机、日本金融泡沫危机等,都是由单个金融风险演变成系统性金融危机。

4.国际短期金融资本的投机性炒作使国际金融风险问题呈现扩大趋势

金融全球化为世界性的投机活动提供了极其广阔的舞台,这在一定程度上加大了金融风险产生的可能性。近年来,大量短期国际资本的无序流动,是造成国际金融风险和金融危机的一个重要根源。目前,统一性的国际金融监管体制建设大大落后于金融全球化进程,这就为国际巨额金融资本投机留下了巨大的市场投机和炒作空间,据统计,在如此庞大的国际资本流动中,只有10%与现实的贸易和投资有关,外汇买卖和资本流动已经严重脱离生产贸易和投资活动。

5.市场化和法制化弱化趋势

金融风险在市场经济发展程度不高的国家中,还表现出明显的市场化和法制化弱化的特征。非法金融行为和投机心理导致金融风险事件不断发生,譬如俄罗斯和阿尔巴尼亚的非法集资案,就是由于非法集资而导致支付困难酿成的地区性或全国性骚乱。

四、金融监管的新趋势

由于世界经济形势和国际金融环境发生了重大变化,金融风险与现代经济社会的关

联度日益增强,这就要求金融监管应适应其需要,提高风险抵御能力,以维持国际金融秩序的稳定。近十年来,国际金融监管发展趋势如下:

1. 金融监管理念的改变

新的金融监管理念要求金融监管做出调整,由原来的严格管制走向监管机构与监管对象的协调和配合;由行政命令式的限制业务经营范围发展到鼓励和倡导金融创新,进而切实提高整个金融体系的运行效率。市场约束将在金融监管中发挥越来越大的作用,在《新的资本充足比率框架》中,监管约束与市场约束被认为是保障金融体系安全的两个重要手段,它们之间的关系是相互补充、不可替代的。发达国家在金融监管的实践中,也越来越倾向于依赖市场参与者的监督力量对金融机构进行监控。金融监管方式、方法越来越趋于灵活。在发达国家,监管当局越来越注重借用银行内部的力量加强风险防范,例如对银行内部开发、使用的各类复杂的风险管理模型持积极态度,无论是风险价值(VAR)的概念,还是信贷衍生产品的发展均是如此。

2. 金融监管体制的组织结构体系向部分混业监管或完全混业监管的模式过渡

各国金融监管体制的组织结构千差万别。英国的大卫·T.卢埃林教授在 1997 年对 73 个国家的金融监管组织结构进行研究,发现有 13 个国家实行单一机构混业监管;35 个国家实行银行、证券、保险业分业监管;25 个国家实行部分混业监管,包括银行证券统一监管、保险单独监管,银行保险统一监管、证券单独监管,证券保险统一监管、银行单独监管三种形式。受金融混业经营的影响,指定的专业监管机构即完全分业监管的国家在数目上逐渐减少,各国金融监管的组织机构正向部分混业监管或完全混业监管的模式过渡。

3. 金融监管法制呈现出趋同化、国际化发展趋势

金融监管法制的趋同化是指各国在监管模式及具体制度上相互影响、相互协调而日趋接近。由于经济、社会文化及法制传统的差异,金融监管法制形成了一定的地区风格,在世界上影响较大的有两类:一是英国模式,以非制度化著称,加拿大、澳大利亚即属此类;二是美国模式,以规范化闻名于世,监管严厉,日本、欧洲大陆国家多属此类。随着不断加深的金融国际化,使金融机构及其业务活动跨越了国界的局限。在这种背景下,客观上需要将各国独特的监管法规和惯例纳入一个统一的国际框架之中,金融监管法制逐渐走向国际化。双边协定、区域范围内监管法制一体化,尤其是巴塞尔委员会通过的一系列协议、原则、标准等在世界各国的推广和运用,都将给世界各国金融监管法制的变革带来冲击。

4. 金融监管更加注重风险性监管和创新业务的监管

从监管内容看,世界各国监管当局的监管重点实现了两个转变:

第一,从注重合规性监管向合规性监管和风险监管并重转变。过去监管当局一直将监管重点放在合规性方面,认为只要制定好市场游戏规则,并确保市场参与者遵照执行,就能实现监管目标。但随着银行业的创新和变革,合规性监管的缺点不断暴露,这种方法市场敏感度较低,不能及时反映银行风险,相应的监管措施也滞后于市场发展。鉴于此,国际银行监管组织及一些国家的监管当局相继推出一系列以风险监管为基础的审慎规则,实现了合规性监管向合规性监管和风险监管并重转变。

第二,从注重传统银行业务监管向传统业务和创新业务监管并重转变。随着金融市场的不断发展,金融创新产品层出不穷,在增加收益的同时也增大了风险,且更易扩散,对金融市场的冲击也更加直接和猛烈。因此，只注重传统银行业务的监管已经不能全面、客观地反映整个银行业的风险状况，只有"双管齐下"，传统业务和创新业务并重监管，才能有效地防范和化解银行业的整体风险。

5.金融监管向国际化方向发展

随着金融国际化的发展及不断深化，各国金融市场之间的联系和依赖性也不断加强，各种风险在国家之间相互转移、扩散便在所难免。金融国际化要求实现金融监管本身的国际化，如果各国在监管措施上松紧不一，不仅会削弱各国监管措施的效应，还会导致国际资金大规模的投机性转移，影响国际金融的稳定。因此，西方各国致力于国际银行联合监管，如巴塞尔银行监管委员会通过的《巴塞尔协议》统一了国际银行的资本定义与资本率标准。各种国际性监管组织也纷纷成立，并保持着合作与交流。国际化的另一个体现是各国对跨国银行的监管趋于统一和规范。

金融视野

何为金融科技监管

金融科技的迅猛发展成为现代金融体系中的新兴元素，一方面塑造着新的金融业态，另一方面也给金融监管带来了严峻挑战。金融科技的跨界性、技术性以及复杂性等特征使其明显区别于传统的金融活动，因而不能简单地将传统的金融监管方式直接"套用"在金融科技的监管上。如何在平衡金融稳定与效率、保护消费者合法权益、维持市场公平竞争环境等监管目标不变的情况下，实现对金融科技审慎而具有包容性的监管，是目前监管当局所面临的主要问题。在此背景下，金融监管当局开始求助于监管科技，用科技来解决科技带来的问题，这种"以子之矛攻子之盾"的做法被认为是针对金融科技的有效监管方式。

所谓监管科技，本质上是科技与金融监管相融合的产物，最早出现在英国。根据英国金融行为监管局（FCA）的定义，监管科技是金融科技企业为金融机构提供的自动化解决方案，旨在通过新技术的应用有效解决金融机构监管合规和降低合规成本等问题。根据上述定义不难看出，早期的监管科技实际上是金融机构为了开展自动化合规审查和降低合规成本而引入的一种应用技术产品。不过，当越来越多的金融机构都开始使用监管科技手段时，金融监管当局也不得不开始使用相应的科技手段进行监管，否则就会出现与金融机构之间的"技术不对称"以及监管套利等有损监管效果的现象。因此，监管科技的内涵既包括金融机构利用监管科技提高自身的合规经营和风险管理能力，满足监管和业务发展的需要，也包括监管部门利用新技术来增强监管能力和效率。

特别是2008年国际金融危机之后，全球金融监管整体趋严，合规成本大幅提升，这在很大程度上催化了监管科技的创新和飞速发展。监管科技能够利用大数据、云计算等新兴数字技术，帮助金融机构核查其是否符合反洗钱等监管政策、遵守相关监管制度，避免因违反监管合规要求而带来的巨额罚款。同时，金融科技的快速发展也导致金融风险日益复杂化，不同业务之间相互关联、渗透，跨行业、跨市场风险不断提升。为适应金融市场的新变化，促进金融行业健康发展，监管部门也开始越来越主动地进行各种监管科技工具的研发和创新,以更好地适应新兴金融科技业态条件下的金融监管需求。

总体来看,监管科技实际上是金融科技的一个分支,其目标主要聚焦于研发各种能够更加有效满足监管要求的工具,但由于二者发展的内在动因不同,监管科技与金融科技又存在一定的差异:金融科技的发展主要由信息技术公司和金融创新公司推动,是市场机制下"自下而上"的自发生长,而监管科技则是在监管当局回应金融机构需求的过程中"自上而下"地得到发展。从诞生背景看,由于监管科技本来就是对金融科技跨界性、技术性和复杂性等特征的直接回应,目标是为各种金融科技业务提供"量身定制"式的监管工具设计,因此,监管科技的引入无疑会在提高金融科技监管的针对性和有效性、降低监管成本和推动监管合作等方面发挥积极作用,从而使持续有效的金融科技监管成为可能。

(节选自:马勇《金融监管学》2021年7月出版)

五、金融监管的必要性

现代市场经济从某种意义上说是一种法制经济,因为在相对自由的交易市场上,面对众多分散而又自主经营的市场参与者,只有用统一严格、公平公开并具有相对确定性的法律才能协调各种市场关系,规范参与者行为,建立并维持有序的良性运作。金融业在市场经济中居于核心地位,其经营活动具有作用力大、影响面广、风险性高等特点,因此,依法对金融业实施有力和有效的监管,既是市场经济运作的内在要求,又是由金融业本身的特殊性所决定的。

1. 市场经济的内在要求

从市场经济的内在要求看,金融监管的理论依据源于一般管制理论。该理论认为,在现实经济运作中,由于存在垄断、价格黏性、市场信息不对称、外部负效应等情况,竞争有效发挥作用的各种条件在现实中不能得到满足,从而导致经常性的市场失效。因此,完全的自由放任并不能使市场运行实现规范合理和效率最优,需要借助政府的力量,从市场外部通过法令、政策和各种措施对市场主体及其行为进行必要的管制,以弥补市场缺陷。由于金融业在市场经济中的特殊地位,更需要通过外部监管来克服市场缺陷。例如,为了防止金融力量过于集中而产生垄断或金融力量过小而无法实现规模经济,需要监管当局对金融机构的开业、分支行设立、合并或兼并等进行监管;又如,根据管制理论中的社会利益论,当某个机构个体利益大于社会利益并可能对社会公众利益造成损害时,往往会发生由外部负效应和信息不对称带来的不公平问题,这是因为单个金融机构并没有能力承担全部的风险成本,而是由公众、整个金融体系乃至整个社会经济体系来承担,这样社会公众的利益就会受到极大损害。金融监管的基本出发点就是要维护社会公众的利益,但由于社会公众利益分散于千家万户、各行各业,维护这种利益的职权只能由国家法律授权的机构去行使。特别是金融机构的风险具有连带性,一个金融机构陷入风险危机,往往会引起社会公众对其他金融机构丧失信任,从而极易在整个金融体系产生风险的连锁反应,动摇整个国家的信用基础,导致以"信用经济"为特征的现代市场经济运行陷入瘫痪。特别是在现代金融的国际化发展中,一个国家的金融风险还会连累其他国家,可能引发世界性的金融危机。所以,为了控制金融机构的经营风险,避免发生国内外金融风险的"多米诺骨牌效应",需要国家对金融业实施严格的金融监管,保证市场经济的稳健运行。

2. 金融业的特殊性

从金融业本身的特殊性看,金融监管的必要性主要体现在以下四点:

(1) 金融业在国民经济中的特殊重要地位和作用

在现代市场经济中,金融业是货币流通中心、资金融通中心、社会支付结算中心。特别是在当代完全的信用货币制度下,金融业已不再扮演简单的"中介"角色,而是积极地发挥着创造货币和信用流通工具的功能,对经济发展的作用从最初适应性的便利发展到现在主动性的推动,成为一国经济发展的关键因素。因此,金融业的稳定与效率直接影响国民经济的运作与发展,甚至会影响社会的安定,由此决定了必须对金融业严加监管,以保证金融体系的安全和有效运行。

(2) 金融业的内在风险

与其他行业相比,金融业是一个特殊的高风险行业,这种特殊性决定了国家特别需要对该行业进行监管。

第一,金融业特殊的高风险,表现在所经营对象的特殊性上,金融机构经营的不是普通商品,而是货币资金,包括债券、股票、保险单等虚拟商品,它们与客户的经营关系都以信用为基础,而信用本身就包含了许多不确定因素,这就决定了金融机构的经营具有内在的风险,例如银行的经营必然受利率、汇率、存款总量与结构、借款人信誉和偿债能力、经济形势变化等因素的影响,从而面临着利率风险、汇率风险、流动性风险、信用风险等;此外,金融业的现代化发展还会带来系统性风险、电子风险、国际风险、创新风险等,一旦风险成为现实,就会动摇社会公众对金融机构的信任,引发金融危机。

第二,金融业具有很高的负债比率,自有资本少,其运营主要依靠外部资金来源,特别是银行采取部分准备金制度,从事短借长贷的资金运用及证券投资等高风险经营,同时必须随时满足客户提款或支付的需要,这就使银行的经营具有内在的不稳定性,其生存在很大程度上依赖公众的信任,一旦金融机构出现风险动摇了公众信心,极易引发挤提存款、抛售有价证券等金融恐慌现象,后果不堪设想。但由于在经营过程中金融机构的管理人员因涉及自身利益或能力所限,往往不能充分评估和处理经营中存在的问题和风险,所以需要金融当局从外部对其进行以风险管理为重点的监管,帮助管理者将风险控制在一定范围之内,保证金融体系的安全与稳定运营。只有金融体系安全运行,才能保持公众对金融体系的信心,从而保证国民经济的健康发展。

(3) 金融业的公共性

金融业的公共性与金融业活动的广泛性相关,金融业一方面面对其债权人,主要是指存款人、证券持有人、投保人等;另一方面又面对贷款户、证券发行者等债务人。在这两方面的关系中,金融机构面对的都是社会公众,金融机构的经营活动及其成果都对社会公众产生影响。但由于金融业具有相对垄断性,不是任何人都能参与自由竞争的行业,有可能做出不利于债权人或债务人的安排,或向客户提供不公平的服务。同时在金融活动中也会存在信息供应不充分情形,有可能是有人故意隐瞒事实真相、掩盖事实信息,甚至提供虚假的信息造成的。信息不对称是指交易双方有信息优劣的差异，如证券公司相对于一般投资者能掌握更多的市场动态信息。由于银行、证券公司、保险公司等金融机构拥有比公众更为充分的信息，它们就可能利用这个有利条件，将金融风险或损失转嫁给公众。所以为了防止相对垄断可能带来的不公平和信息不对称造成的评价、选择及其约束困难，需要通过金融监管来约束金融机构的行为，以保护公众利益。

（4）维护金融秩序，保护公平竞争

良好的金融秩序是保证金融安全的重要前提，公平竞争是保持金融秩序和金融效率的重要条件。为了保持金融业的健康发展，金融机构都应该按照有关法律的规定规范地经营，不能搞无序竞争和不公平竞争。这就需要金融主管当局通过金融监管实现这一目的，以保证金融业运行有序、竞争公平且有效率。

自 17 世纪的近代银行产生以来，随着银行业的快速发展，金融风险也一直伴随其中。但从 20 世纪 70 年代以来，金融风险明显加剧，金融危机的频率加快，影响也越来越深。同时由于各类金融创新和大量衍生工具的出现，也加大了银行内外部监管的难度。尤其是进入 20 世纪 90 年代以来，世界经济和国际金融市场发生了极大变化，无论是在金融商品交易数量方面，还是在交易品种、交易方式等方面都是日新月异。但在快速发展的背后，金融风险也大大增加了。例如，1991 年国际商业信贷银行的倒闭，1992 年和 1993 年出现的欧洲金融市场动荡，1994 年底爆发的墨西哥金融危机，1995 年出现的美元汇率暴跌、英国巴林银行倒闭以及 1997 年开始的东南亚金融危机等。金融业的大动荡反映了世界范围内各国经济在新形势下的调整与剧变，也使金融监管的必要性更加突出。

问题思考

金融风险有何危害？请举一个具体的例子说明。

任务三　规避金融风险　进行金融监管

一、风险管理

1. 风险管理的必要性

风险管理计划往往是区别赢家与输家的关键。无论是什么类型的交易者，是短线交易者或长期投资人，还是运用纯机械性系统或主观判断的投资者，如果遵循严格的风险管理计划，就会增加成功的可能性。很多交易者根本没有风险管理计划，即使有，可能也不知道如何遵循。风险管理经常是决定交易成败的关键所在，只要有健全的风险管理计划，适当管理风险，最单纯的系统也能够获得理想绩效。

2. 金融风险管理的基本程序

金融风险管理是指人们对金融风险的认识、控制和处理的主动行为。金融风险管理的基本程序是金融风险的识别与评估、金融风险的控制与评价等环节。

(1) 金融风险的识别与评估

识别与评估风险是金融风险管理的基础。金融风险管理人员在进行了实地调查研究之后，运用各种方法对潜在的及现实的各种金融风险进行系统归类和全面识别。金融风险识别所要解决的主要问题是：影响金融风险的因素、性质及其后果，识别的方法及其效果。金融风险的评估是对金融风险存在及发生的可能性、风险损失的范围和程度进行估计和度量，其基本内容为：运用概率统计方法对金融风险的发生及其后果加以估计，给出一个比较准确的概率水平，从而为金融风险管理奠定可靠的基础。

(2) 金融风险的控制与评价

金融风险的控制是根据风险评价结果，为实现风险管理目标，选择最佳风险管理技术并实施的过程。金融风险的管理效果评价是指对风险管理技术适用性及其收益性的分析、检查、修正和评估。它是在金融风险的识别和评估的基础上，有效地控制与处置金融风险，用最经济合理的方法来实现最大安全保障的科学管理方法。

> **金融视野**
>
> 在一次游戏中，与巴菲特在一起的高尔夫球友们决定同他打一个赌。他们认为巴菲特在三天户外运动中，一杆进洞的成绩为零。如果巴菲特输了，需要付出 10 美元；一旦他赢了，可以获得 20 000 美元。每个人都接受了这个建议，但巴菲特先生拒绝了。他说："如果你不学会在小的事情上约束自己，你在大的事情上也不会受内心的约束。"
>
> 对于这个事件，我们似乎并不能因为巴菲特先生具有的巨额财富而认为 20 000 美元对他没有吸引力。问题的关键是巴菲特先生具有明显的风险厌恶性特点。

3. 金融风险的处理方式

(1) 规避风险

规避风险是指考虑到风险事件的存在与发生的可能性，事先采取措施回避风险因素，或主动放弃和拒绝实施某项可能导致风险损失的方案。这是一种最简单易行、全面、彻底的风险处理方法。但在规避风险的同时，也放弃了获取风险利润的机会。

(2) 风险预防

风险预防指金融机构在损失发生之前，采取各种措施，通过消除或减少风险因素，降低损失发生的频率。这一策略在金融机构的风险管理体系中占有重要地位。对于信用风险、操作风险、法律风险等风险不仅难以量化管理，同时也不容易通过市场进行转移或对冲，风险预防策略因而显得尤为重要。例如，审贷分离的信贷原则和严格的信用分析与审查制度在全球范围内的商业银行业中已经成为信用风险管理的经典方式。覆盖金融机构风险管理各个方面的内控机制的建立近些年在全球范围内也得到大力倡导，巴塞尔银行监管委员会于1998年9月针对加强对银行内控机制的监管和指导达成了协议,并通过了名为"银行机构内控体系的框架"的国际性文件。

预防策略的另一方面就是要求金融机构针对风险事件发生的可能性提取足够的风险准备金,以保证风险发生之后金融机构仍然能正常运行。这一策略被普遍运用于金融机构的流动性风险管理,即为防范存款户意外的大量提款,银行必须保持以现金和中央银行准备金存款形式持有的一线准备金和以流动性较强的短期政府债券等形式持有的二线、三线准备金。在信贷风险管理中,除强化信用审查和贷款发放制度外,提取一定量的呆账坏账准备金以应付信用风险的实际发生也是金融机构从整体上管理信用风险的一个重要方面,这与提取存款准备金在风险管理上具有类似的意义。

(3) 风险分散

风险分散指通过多样化的投资来分散和降低风险。这已经是一个深入人心的投资和风险管理理念。在证券投资中,多样化投资的风险分散策略成为投资者(尤其是机构投资者)消除非系统性风险的基本策略。同样,风险分散的策略在银行信用风险管理中也有重要的意义。根据这一原理,银行的信贷业务应是全面的,不要集中于同一行业、同一性质甚至同一国家的借款者,银行可以通过贷款出售或与其他银行组成银团贷款的方式,使自己的授信对象多样化,从而分散和降低风险。

(4) 风险转嫁

这种风险管理策略是指通过购买某种金融产品或采取其他合法的经济措施将风险转移给其他经济主体承担。多样化的风险分散策略只能降低非系统性风险,而对由于共同因素引起的系统性风险却无能为力。这时,采用风险转嫁策略是最为有效的。最常见的转嫁风险的做法就是购买保险单。通过投保,投保人以缴纳保险费为代价将特定风险转嫁给保险公司。在金融风险管理中,除出口信贷保险和存款保险等少数金额险种外,以市场风险为代表的投机性风险一般得不到保险。此外,金融市场还创造了以期权合约来转移市场风险的方式。投资者购买期权合约,实际上是以缴纳期权费为代价将利率或汇率等不利变动的风险转嫁给了期权合约的卖出方,同时又保留了这些市场价格有利变动的利益。同样,担保、备用信用证、远期合约和期货合约等也可以成为投资者转嫁风险的工具。

(5) 风险对冲

风险对冲指通过投资或购买收益受某一因素影响呈反向变化的另一资产,以防范在该因素出现不利变化时遭受损失。用以对冲风险的工具可以是一般的金融资产,如股票、债券等,也可以是专门设计的各种衍生金融工具,如期权、期货等。风险对冲是管理利率、汇率等市场风险非常有效的办法。近些年,由于信用衍生产品的发展,风险对冲也被用来管理信用风险。与风险分散策略不同,风险对冲可以管理包括系统性风险在内的全部风险,而且风险对冲还可以根据投资者的风险承受能力和需要,通过对冲比率的调节和选择,将风险降低到投资者希望的任意水平,因此,用风险对冲策略来管理风险的关键问题在于对冲比率的确定,这一比率直接关系到对冲风险管理的效果和成本。

(6)风险补偿

这里的风险补偿主要是指事前(损失发生以前)的价格补偿,而将事后以抵押、担保或保险等形式获取的实物或资金补偿归于风险转嫁策略一类。对于那些无法通过分散或转嫁等方法进行管理,而且又无法规避、不得不承担的风险,投资者可以采取在交易价格上加进风险因素,即风险回报的方式,获得承担风险的价格补偿。风险是有价值的,就如同时间价值一样,这在现代市场经济中已成为共识。因此,承担风险就要获得风险回报,转嫁或减少风险就要付出成本。承担风险获取风险补偿的策略和风险转嫁策略一样成为投资者管理风险的有效方法。

二、金融监管的组织体制

当代各国在不同的经济和金融制度安排下,都是根据本国的实际情况来架构金融监管体系的,因此,各国的金融监管体系各有特色。但总的来说,各国监管体系的构成基本相同,即主要是由监管的组织体制、监管原则、内容与措施、手段与方式等方面构成的。

金融监管体制的类型有两种划分方法。按监管机构的设立划分,大致可区分为两类:一类是由中央银行独家行使金融监管职责的单一监管体制;另一类是由中央银行和其他金融监管机构共同承担监管职责的多元监管体制。按监管机构的监管范围划分,又可分为集中监管体制和分业监管体制。一般来说,实行单一监管体制的国家在监管范围上都是实行集中统一监管,而实行多元监管体制的国家在监管范围上大都实行分业监管,但这种对应并不是绝对的。下面着重介绍按监管范围划分的监管机构。

1.集中监管体制

集中监管体制是指把金融业作为一个相互联系的整体统一进行监管,一般由一个金融监管机构承担监管的职责。绝大多数国家是由中央银行来承担的,有时又称为"一元化"监管体制,即同一个金融监管当局实施对整个金融业的监管。例如,英国是实行"一元化"监管体制的国家,由英格兰银行承担整个金融业监管的职责,这与英格兰银行在英国金融界享有崇高的威望和历史传统有关。目前,实行集中监管体制的国家还有澳大利亚、比利时、奥地利、意大利、卢森堡、荷兰、加拿大、新西兰、瑞典、瑞士等。

2.分业监管体制

分业监管体制是根据金融业内不同的机构主体及其业务范围的划分而分别进行监管的体制。各国的分业监管体制通常由多个金融监管机构共同承担监管责任,一般银行业由中央银行负责监管;证券业由证券监督管理委员会负责监管;保险业由保险监督管理委员会负责监管。各监管机构既分工负责,又协调配合,共同组成一个国家的金融监管组织体制。例如,美国的金融监管是由多个监管机构承担的,属于多元化监管体制。从监管的业务范围看,各监管机构虽有所交叉,但都有自己的侧重点,基本上属于分业监管体制。美国的金融监管机构在联邦一级,主要有六个,虽然管理机构复杂,职能交叉,但其监管各有侧重点:联邦储备体系负责管理会员银行和一切银行的持股公司;货币监理局负责对联邦注册银行的审批和检查;联邦存款保险公司,主要监督参加保险的非会员银行和已参加保险的州注册的储蓄银行；联邦住宅贷款银行及下设的联邦储贷保险公司，负责管理和监督储蓄银行和储贷协会；全国信用合作社管理局，负责管理和监督信用合作社和协调各管理机构之间及同各州监督官员之间的关系；证券交易委员会，是根据《1934 年证券交易法》设立的专门的证券管理机构，该委员会是对证券发行、交易管理的最高机构。目前，实行分业监管体制的国家还有加拿大、法国、新加坡、芬兰、西班牙、土耳其、挪威等。

以上两种监管组织体制各有特色，亦各有利弊。各国选择何种组织体制，应该充分考虑本国的经济、金融现状及特点、现有的管理结构和要求、未来的发展等因素。我国目前采用分业监管的组织体制，由中国证券监督管理委员会负责证券业的监管；由中国保险监督管理委员会负责保险业监管；由中国银行业监督管理委员会负责监管银行业和其他金融机构。

三、金融监管依据的原则

由于政治、经济、法律、历史、传统乃至特定时期体制的不同，各国在金融监管的具体方面存在着差异。但有些一般性原则却贯穿在各国金融监管的各个环节与整个过程之中。

1.依法监管原则

世界各国中央银行金融监管体制和风格虽有不同，但在依法监管这一点上是相同的。依法监管有两方面的含义：一是所有金融机构都必须接受国家金融监管当局的监管，不能有例外；二是金融监管必须依法进行，以确保金融监管的权威性、严肃性、强制性和一贯性，从而确保金融监管的有效性。因此，金融法规的完善和依法监管是有效监管的基本前提，依法监管也就成为中央银行金融监管的首要原则。

2.适度竞争原则

在市场经济体制下，竞争是必然规律，但竞争必须适度，才能提高效率，克服市场经济的负面效应。适度竞争原则要求中央银行金融监管的重心应放在创造适度竞争的环境上，放在形成和保持适度竞争的格局和程度监测上，放在避免造成金融高度垄断而失去竞争从而失去活力和生机上，放在防止出现过度竞争、破坏性竞争从而危及金融业的安全和稳定上，这就要求中央银行金融监管做到"管而不死，活而不乱，限制过度竞争，而又不消灭竞争"。

3.不干涉金融业内部管理原则

各国中央银行对金融业进行监督管理时，普遍奉行不干涉金融业内部管理的原则。按照这一原则要求，只要金融业的经营活动符合金融法律、法规规定的范围、种类和可承担的风险程度，并依法经营，中央银行就不应该做过多的干涉。

4.综合管理原则

金融监管综合化原则的提出，是着眼于管理的系统化、最优化和效能，将行政的、经济的、法律的管理手段综合配套使用，将直接的与间接的、外部的与内部的、自愿的与强制的、正式的与非正式的、报表的与现场的、事先的与事后的、国内的与国外的、经常性的与突发性的、专业的与非专业的、资产的与负债的等各种不同管理方式和管理技术手段结合起来，综合配套使用。

5. 社会经济效益原则

一般来说，安全、稳健是一切金融法规和金融监督管理的中心目的，但并非唯一目的或终极目的。从某种意义上讲，金融业存在发展的终极目的是满足社会经济的需要，促进社会经济的稳定发展，所以，金融法规和金融监管必须同时考虑严格管理与促进金融机构效益之间的协调关系。

6. 机构一元化原则

金融监管机构一元化是指行使金融监管职能的各级机构应该一元化，避免多元化，这样才能做到金融监管的原则、目的、体制、技术手段、管理口径和管理程度的统一标准化。金融法规和金融监管的一元化原则，在世界大多数国家都得以体现。但也有的国家由于社会历史和经济政治的原因而形成多元化金融法规和金融管理体制，美国就是这种实例的典型。在这种情况下，会产生若干矛盾和问题，各有关金融监管当局的协调合作便具有更加重要的意义。

四、金融监管的内容与措施

金融监管从对象上看，主要是对商业银行及非银行金融机构和金融市场的监管，具体监管内容主要有三个方面，即市场准入的监管、市场运作过程的监管、市场退出的监管。

1. 市场准入的监管

所有国家对银行等金融机构的监管都是从市场准入开始的。各个国家的金融监管当局一般都参与金融机构设立的审批过程。金融机构申请设立必须符合法律规定，主要包括两个方面：一是具有素质较高的管理人员；二是具有最低限度的认缴资本额。管理人员的条件和资本额的标准，各国都有具体规定。我国金融机构的设立申请，一般也是主要审查这两个方面。市场准入的监管内容主要包括：

(1) 确定金融机构设立的程序；

(2) 规定金融机构设立的组织形式；

(3) 审查批准申请设立金融机构的可行性报告；

(4) 审查批准金融机构拟定的章程；

(5) 规定最低的资本金要求；

(6) 审查批准金融机构的经营方针和营业场所；

(7) 审查法定代表人及主要负责人的任职资格；

(8) 金融机构的设立采用特许制度的国家，经监管当局审查批准后，颁发给新设立的金融机构法人许可证或营业许可证，凭许可证到管理部门办理登记，并领取营业执照。

2. 市场运作过程的监管

金融机构经批准开业后，监管当局要对金融机构的运作过程进行有效监管，以便更好地实现监管目标的要求。各国对金融机构市场运作构成监管的具体内容并不完全相同，但一般都将监管的重点放在以下几个方面：

（1）金融机构业务经营的合法性。即监管金融机构是否严格遵守国家和地方政府颁布的各种金融法律、法规及各种有关规定，是否严格执行中央银行或监管当局的各种规章制度。

（2）资本充足性。资本是各种金融机构赖以生存和从事各种业务活动的基础。监管当局对金融机构资本水平和资本结构的监管，有利于金融机构在保持充足资本的条件下稳健运作，同时还可以通过规定资本与各种风险资产的比例关系来控制金融机构资产总量的扩张和风险的程度。

（3）资产质量。资产质量是衡量一家金融机构经营状况的最重要的依据。资产质量差会直接影响金融机构的各种业务活动、营利能力和社会信誉，甚至导致其破产倒闭。监管当局主要通过设定相关指标来监管金融机构的资产质量。

（4）流动性。这是指金融机构偿还到期债务的能力。流动性不足往往成为导致金融机构倒闭和引发金融危机的直接原因。监管当局通过评估金融机构负债的变动情况、对借入资金的依赖程度、可随时变成现金的流动性资产数量、紧急筹资能力，对金融机构是否保持了必要的流动性等进行监管。

（5）营利能力。监管当局要对金融机构的营利能力进行评估，还要对金融机构在利润分配中的行为进行监管，以使金融机构具备抵御风险和自我积累发展的条件，并保证金融机构的股东得到应有的回报。

（6）管理水平和内部控制能力。从根本上说，金融机构的经营失败，都是与其管理和内部控制薄弱直接或间接相关的，因而这成为监管的重要内容。由于管理和内部控制水平很难用一些定量的客观数据、指标来衡量，监管时往往以金融机构内部的各种规章制度、业务政策、经营计划、管理人员的经历与经验、职工的素质等非定量因素作为参考，故有一定的监管难度。

3.市场退出的监管

金融机构市场退出的原因和方式可以分为两类：主动退出与被动退出。主动退出是指金融机构因分立、合并或者出现公司章程规定的事由需要解散，因而退出市场。其主要特点是"主动地自行要求解散"。被动退出则是指由于法定的理由，如由法院宣布破产或因严重违规、资不抵债等原因而遭关闭，监管当局将依法关闭金融机构，取消其经营金融业务的资格，金融机构因此而退出市场。

各国对金融机构市场退出的监管都通过法律予以明确，并且有很细致的技术性规定。一般有接管、解散、撤销、破产等几种形式。无论采用哪种形式，当局都要对金融机构的市场退出过程进行监管，保持其退出的合理性和平稳性。

五、金融监管的手段与方式

中央银行的金融监管主要依据法律、法规来进行。在具体监管过程中，主要运用金融稽核手段。

1.依法实施金融监管

中央银行实施金融监管的依据是国家法律和法规,中央银行依法对金融机构及其经营活动实行外部监督、稽核、检查和对违法者进行处罚。各国金融监管体制和风格虽各有不同,但在依法管理这一点上是相同的,这是由金融业的特殊地位和对经济的重大影响所决定的。金融机构必须接受国家金融管理当局的监管,金融监管必须依法进行,这是金融监管的基本要点。只有保证监管的权威性、严肃性、强制性和一贯性,才能保证它的有效性。而要做到这一点,金融法规的完善和依法监管是必不可少的。市场经济就是要充分发挥各个生产要素和环节的主动性和积极性,鼓励和支持竞争,而竞争要做到规范有序,必须而且只能由法律作保障。

随着社会主义市场经济体制的逐步确立,我国也加快了金融监管法规体系的建设,已经先后颁布了《中国人民银行法》《商业银行法》《票据法》《保险法》《担保法》以及《关于惩治破坏金融秩序犯罪的决定》《金融违法行为处罚办法》等法规,为加强金融监管、消除金融隐患、防范和化解金融风险提供了法律保证。同时,一些具体的法律法规也处于研究制定过程中。

2.运用金融稽核手段实施金融监管

"稽"就是审查,"核"就是认真地对照、考查、核算、核实。金融稽核,是中央银行或监管当局根据国家规定的稽核职责,对金融业务活动进行的监督和检查。它是由管辖行的稽核机构派出人员以超脱的、公正的客观地位,对辖属行、处、所,或业务领导范围内的专业行处,运用专门的方法,就其真实性、合法性、正确性、完整性做出评价或建议,向派出机构及有关单位提出报告。因此,金融稽核,是做好金融宏观控制的一项重要手段,是经济监督体系中的一个重要组成部分,与纪检、监察、审计工作有着紧密的联系。

问题思考

1. 如何规避金融风险?
2. 为什么要进行金融监管?如何进行金融监管?

项目延伸

最高检发布案例规范地方金融组织违规发放贷款行为

《中国经营报》记者从最高检了解到,2020年起两年内,全国检察机关共办结民事生效裁判监督案件约19.1万件,其中经审查提出抗诉1.2万件、提出再审检察建议2.3万件,抗诉改变率、再审检察建议采纳率均大幅上升。

小额贷款公司设立关联公司,以收取咨询费、管理费等名义预先扣除借款本金、变相收取高额利息。最高检检委会委员、第六检察厅厅长向记者表示,检察机关在办理相关案件中要加强对小额贷款公司等地方金融组织违规发放贷款行为的审查和调查,发挥司法能动作用,依法维护金融秩序和金融安全。在最高检发布的相关指导性案例并通报民事生效裁判监督工作中就有这样一起"某小额贷款公司与某置业公司借款合同纠纷抗诉案"。

案情回溯,2012年11月,某置业公司与某小额贷款公司签订《借款合同》,约定借款金额为1 300万元,借款期限为90天,借款月利率15‰,若中国人民银行调整贷款基准利率,则以提款日人民银行公布的同期贷款基准利率的4倍为准,逾期罚息在借款利率基础上加收50%。

同日,该置业公司又与某信息咨询服务部签订《咨询服务协议》,约定后者为其提供贷款基本资料、贷款抵押品估价等办理贷款相关手续的咨询服务,并向后者缴纳服务费总额78万元,超过首次约定贷款期限的,按月收取服务费,不足一个月按一个月收取,收取标准为:以贷款金额为标的,每月按20‰收取咨询服务费。

后因还款产生纠纷,2015年6月,小额贷款公司将置业公司诉至重庆市永川区人民法院,请求判令:置业公司偿还借款本金1 300万元及约定的借期与逾期利息。

一审法院认定,《借款合同》合法有效,但小额贷款公司主张逾期月利率为22.5‰过高,调整为按中国人民银行同期同类贷款基准利率的四倍计息。置业公司与信息咨询服务部签订的《咨询服务协议》合法有效且已经实际履行,故置业公司辩称咨询服务费应作为本金抵扣的理由不能成立。当事人双方均未上诉,一审判决生效。

重庆市永川区人民检察院发现本案监督线索。经查证,某信息咨询服务部是某小额贷款公司设立,实际上是"一套人马、两块牌子",赵某露既是某信息咨询服务部负责人,也是某小额贷款公司出纳;赵某露收到某置业公司咨询费后,最终将钱款转入某小额贷款公司账户。该小额贷款公司做账时,将每月收取的钱款分别做成利息与咨询费,本案实际年利率达到42%。

重庆市人民检察院第五分院提出抗诉,认为当事人履行合同不得扰乱金融监管秩序。本案中信息咨询服务部名义上向置业公司收取的咨询费、服务费,实际是代小额贷款公司收取的利息,旨在规避国家金融监管,违规获取高息。涉案借款本金数额应扣除借款当日支付的咨询服务费,即"砍头息"45.5万元,其后支付的咨询服务费应抵扣借款本息。故原审判决认定事实错误,应予纠正。

再审法院审理后撤销原判,并采纳了检察机关的抗诉意见。

实践中,部分小额贷款公司背离有效配置金融资源的政策初衷,违背"小额、分散"原则,违法违规放贷,甚至违背国家房地产调控措施,以首付贷、经营贷等形式违规向买房人放贷。这不仅增加自身经营风险,还会加大金融杠杆,增大金融风险,乃至危及国家金融安全。

资料来源:中国经营报

项目结论

本项目从对金融风险和金融监管的认识出发,分析了金融风险的特性、表现和成因,金融监管的特性和目标等。并进一步感受金融风险、呼唤金融监管,阐述了金融风险的危害以及金融风险和金融监管的新趋势。最后分别从金融监管的组织体制、金融监管依据的原则、金融监管的内容与措施和金融监管的手段与方式四个层次说明在金融实践活动中该如何规避金融风险,进行金融监管。

项目训练

一、判断题

① 金融风险最终一定导致金融危机。　　　　　　　　　　　　　　　（　　）
② 随着金融体系的完善,金融风险在不远的将来会消失。　　　　　　（　　）
③ 金融风险,是指由于形势、政策、法律、市场、决策、操作、管理等诸因素的变化或缺陷而导致损失的不确定性。　　　　　　　　　　　　　　　　　　　　（　　）
④ 金融监管是指金融监管当局依据国家法律法规的授权对整个金融业(包括金融机构以及金融机构在金融市场上所有的业务活动)实施的监督管理。　　　　　（　　）

二、选择题(不定项选择)

① 金融风险在经济生活中处处都能找到,其表现主要有(　　)。
A.借款人不履行约定的还款承诺　　B.金融机构支付能力不足
C.市场利率的变动　　　　　　　　D.金融机构的过快发展

② 汇率风险也称外汇风险,是由于汇率变动而出现的风险,主要包括(　　)。
A.买卖风险　　　　　　　　　　　B.交易结算风险
C.汇价风险　　　　　　　　　　　D.政策风险

③ 金融监管在市场经济中具有的基本特征包括(　　)。
A.社会性　　　　　　　　　　　　B.系统性
C.法制性　　　　　　　　　　　　D.风险性

④ 金融监管的具体目标包括(　　)。
A.经营的安全性　　　　　　　　　B.竞争的公平性
C.政策的一致性　　　　　　　　　D.监管的社会性

⑤ 金融业在市场经济中居于核心地位,其经营活动具有作用力大、影响面广、风险性高等特点,应依法对金融业实施有力和有效的监管,其具体原因是(　　)。
A.市场经济运作的内在要求　　　　B.金融业本身的特殊性所决定的
C.政府的社会管理决定的　　　　　D.金融业的内在要求

三、技能实训

① 组织询问金融投资者的实际收益与预期收益以及哪些因素影响他们的金融投资,如何防范金融风险。然后,结合本教材介绍的知识,你从中能得到什么启示?
② 采用线上或线下访问方式,询问某金融机构在具体的金融交易活动中可能出现的风险,对该金融机构的生存是否构成威胁。分析具体的一家金融机构因经营不善而出现

危机,是否有可能对整个金融体系的稳健运行构成威胁。一旦发生系统风险,是否会导致全社会经济秩序的混乱?

❸ 分别对上面的访问写出经过、结论和感受,并形成书面作业上交。

❹ 分组收集金融发展历史中郁金香泡沫、东南亚金融风暴、美国次贷危机、欧洲主权债务危机等国际重大金融危机相关资料,分析整理各危机的成因、影响及对策,体会金融监管的重要性。

项目八
模拟金融实践

知识链接

本项目全部以实践性内容为主，通过实施该项目使得学生能了解三大金融机构的一些基本业务操作，能简单进行诸如公司贷款、证券公司开户、保险内勤相关工作等业务操作，以加深学生对金融市场与金融机构的了解。

能力塑造

能为客户仔细介绍银行贷款流程；
能帮助客户完成基金账户开立工作；
能策划并主持一场创业说明会；
能策划并主持一场产品说明会。

素质培养

培养学生爱岗敬业、遵纪守法、诚实守信的职业道德；
培养学生一切以客户利益为先的职业操守；
培养学生的社会责任感和职业使命感。

任务一 模拟商业银行的业务操作

一、商业银行公司贷款任务材料与要求

贷款业务是商业银行最重要的资产业务，通过放款收回本金和利息，扣除成本后获得利润，所以信贷是商业银行的主要赢利手段。

某商业银行决定举办公司贷款业务流程操作规范月活动，为时一个月。

要求：明确公司贷款业务一般流程，审查与审批所需材料，核准贷款发放后检查与回收操作。

二、商业银行公司贷款任务模拟操作

公司贷款业务流程一般包括建立信贷关系、受理贷款申请、贷前调查、贷款审查、贷款签批、贷款发放、贷款检查、贷款回收或展期等重要步骤。

1.建立信贷关系

银行与客户建立信贷关系，一般按以下四个步骤进行操作：

(1)客户申请建立信贷关系

客户首次向贷款行申请贷款或借款人变更法人主体时，应首先向贷款行申请建立信贷关系或重新建立信贷关系，填写《建立信贷关系申请书》，并向银行提供下列资料：

①国家有关部门注册登记或批准成立的有关文件复印件，会(审)计师事务所出具的验资报告，有特殊规定的行业应有由有权批准机关核发的生产许可证或专营证件。

②客户经济或财务状况资料，法人客户应提供上一年度财务报表和最近一期财务报表及审计报告。

③企(事)业法人单位的章程，或个人合伙企业的合同或协议复印件。

④法定代表人身份证明。借款人是股份有限公司和有限责任公司的还应同时提供董事会或股东会授权法定代表人办理借款事宜的授权书。

⑤银行开户许可证、预留印鉴卡和贷款证(卡)。

(2)银行受理审查和审批

银行接到客户提交的《建立信贷关系申请书》及有关资料后，安排双人对客户提供的情况进行核实，对照贷款要求，判别其是否具备建立信贷关系的条件。填写《建立信贷关系审批书》，报有权审批部门审批。

(3)企业信用等级评估

按《贷款通则》要求和现行制度规定，要对企业评定信用等级，并按信用等级掌握贷款。对新开户的企业应在建立信贷关系前评定企业的信用等级，对已经在本行、本社开户的企业，国有控股银行一般由二级分行于年初(一季度前)根据企业生产经营情况评定企业信用等级。农村信用社应该由县级联社在年初一定时限内根据企业生产经营情况评定企业信用等级。

企业信用等级评估标准及具体流程各行各有特色。以中国工商银行为例，工商银行制定的评估标准，主要是围绕借款人的领导者素质、经济实力、资金结构、经营效益、信誉状况、发展前景等指标进行定量定性分析评估。信用等级依次为 AAA、AA、A、BBB、BB、B 六类。

(4)建立信贷关系

经有权人审查同意建立信贷关系的，由贷款调查部门与客户签订《建立信贷关系协议书》。签字生效后由调查部门将有关材料存档备查。如不同意建立信贷关系的，应说明理由,由贷款调查部门负责向客户退回有关资料。

2.贷款申请与贷前调查

银行接到借款人贷款申请后,首先要查验贷款申请是否符合申请贷款的基本条件和要求;是否已建立信贷关系;是否按银行要求提供相关的资料。然后查验借款人的信用等级。对于基本符合银行贷款条件和信用等级要求的贷款申请,进入贷款调查程序。对于不符合银行贷款条件或信用等级要求的贷款申请,不予贷款,并通知借款人。

(1)客户申请贷款时应提供的资料

①填写并提交《借款申请书》;

②客户上一年度经工商行政管理部门办理年检手续证明文件的复印件;

③客户上一年度和最近一期的财务报表及生产经营、物资材料供应、产品销售等有关统计资料;

④客户在银行开立基本账户情况和原有借款还本付息情况;

⑤购销合同复印件或反映资金需求的有关凭证资料;

⑥贷款行需要的其他资料。

(2)贷前调查的内容和方法

贷款行接受客户提出的借款申请和有关资料后,应由调查人员进行贷款调查,对首次申请贷款的客户应进行双人调查。

贷前调查的基本内容如下:

①客户生产经营是否符合国家和本地区的经济政策、产业政策。分析行业前景、产品销路以及竞争能力。

②借款用途是否真实、正常、合规、合法。如银行承兑汇票申请人必须有真实的商品交易合同。

③借款人的偿债能力。分析客户的主要财务指标变动情况及其真实性。

④调查和核实客户提供的抵押物、质押物或保证人情况。

⑤调查客户的销售收入回行情况。

⑥测定贷款的风险度。

(3)撰写贷前调查报告

贷款调查人员进行贷前调查和贷款风险度测算后,要填写《贷款调查书》,必要时写出详细的贷前调查报告,包括客户生产经营和资金使用情况,客户发展前景、偿债能力和贷款用途等情况。同时要提出贷与不贷、贷款金额、贷款期限和利率的建议。调查人员应将借款申请书和签有信贷调查部门负责人意见的《贷款调查书》一同送交贷款审查部门。

3.贷款审查和签批

(1)贷款审查的主要内容

贷款审查是贷款审查部门根据贷款"三性"原则和贷款政策,对贷款调查部门提供的资料进行审核、评价和复测贷款风险度,提出贷款决策建议,提供贷款有权审批人决策参考。贷款审查的主要内容有以下几项:

①核查调查部门提供的数据和资料是否完整和准确;

②根据国家产业政策、贷款原则审查贷款投向投量；

③审查贷款金额以及用途是否合法合规；贷款期限是否根据借款人的生产经营周期、还款能力和银行的资金供给能力确定；利率是否在规定的上下限范围内；贷款是否有可靠的还款来源。

④审查担保的合法性、合规性和可靠性；

⑤复算贷款风险度、贷款资产风险度；

⑥审查该笔贷款发放后，借款人贷款总余额有无超过对该借款人的授信额；

⑦按照授权授信管理办法，确定该笔贷款的最终审批人。

(2)贷款审查审批表的填写与审批

贷款审查员初审贷款后，在《贷款审查审批表》上如实填写审查情况，提出是否贷款、贷款金额、期限、利率、贷款方式等初审意见，交审查主管复审并签署审查意见。审查同意贷款的，按照审批权限规定，报有权签批人签批。批准的贷款，由调查部门办理贷款发放手续；审查或审批人不同意贷款的，说明理由将有关资料退还给贷款调查部门，并由贷款调查部门通知借款人。

4.贷款发放

贷款发放是贷款决策的执行阶段，所有贷款在发放之前，必须与借款人签订借款合同，保证贷款必须与保证人签订保证合同，抵押、质押贷款必须与抵押人、出质人签订抵(质)押合同，并依法办理抵押、质押登记。通过合同把借贷双方及担保方的责任、义务、权利以条文的形式固定下来并作为法律依据，这是贷款程序中的一个重要环节。只有在完成上述有关法律文书之后，才能发放贷款。

5.贷款检查

贷款检查是保障贷款安全回收的一种必要手段。通过贷款检查，可以发现贷款在运行中存在的问题，并提出防范贷款风险、保全信贷资产的措施和建议。贷款检查分日常检查和重点检查两种形式。

(1)日常检查

贷款发放后次日，调查部门要将贷款发放的法律文书、调查审批表等有关资料交贷款检查部门进行贷款的合规、合法性检查，检查的主要内容是：

①贷款是否按规定的操作程序办理；

②贷款申请书、借款合同、担保合同、借据等有关贷款发放的法律文书，各栏目、各要素的填写是否齐全有效，是否合规合法，有无错漏；贷款决策过程中，调查情况是否完整清楚；贷款审查审批表中的建议、意见是否明确，审批责任是否落实；

③有无越权和拆分贷款；

④有无超过贷款规模和超过对借款人的授信额度等。

检查部门对贷款的日常检查情况，要填制《贷款日常检查记录》，并及时将检查情况和整改意见反馈到贷款调查、审查部门，必要时要另附书面检查材料报送主任或上级主管部门。

(2)重点检查

抽查未到期贷款的使用情况。检查的主要内容有：

①检查贷款调查是否真实、完整,贷款审查是否准确;

②检查贷款是否按约定用途使用,有无挤占挪用情况;

③检查借款人和保证人的资产负债情况,经营状况是否正常,贷款风险以及还本付息的能力等情况;检查抵押物是否完好无损,有无擅自处置抵押物、有无逃废银行债务现象。

检查逾期贷款。检查的主要内容有:

①检查贷款逾期的原因;

②分析逾期贷款转为正常贷款的可能性,研究转化或保全的措施;

③检查贷款的审、贷、批各环节有无失误,衔接如何,如有问题,要进一步检查对贷款风险造成的影响,核查并提出有关部门和当事人应承担的责任。

检查人员对重点检查的情况,要填写《贷款重点检查表》,并附书面检查材料。针对检查中发现的问题,提出责任的划分、整改意见建议,经主任或审贷委员会审批后,由信贷调查、审查部门组织实施,检查部门负责督办。

6.贷款的回收或展期

(1)贷款本息的收回

借款人在规定的付息日付息时,由贷款行会计部门按合同约定的利率和付息方式计算利息,从借款人账户上划收。

借款人还清贷款后,贷款行应将质押物交还出质人,或者向抵押人出具借款合同履行完结的证明,抵押人凭此到登记部门办理抵押登记注销手续。

(2)贷款展期

流动资金贷款到期后,客户因各种原因不能按期归还,可在贷款到期前10个工作日向银行申请展期,项目贷款客户不能按期归还借款,应提前一个月向贷款行提出展期申请。申请保证、抵押、质押贷款展期的,还应由保证人、抵押人、出质人出具书面同意续保或续押文件。如原保证人、抵押人、出质人不愿续保或续押,借款人应征得贷款行同意,提供新的担保,否则,贷款行不予办理贷款展期。

经调查人员核实,按原贷款审批手续送有关部门和领导审查、审批。再由贷款行与借款人和担保人签订《贷款展期协议》作为原借款合同的补充协议。

短期贷款[指期限在一年以内(含一年)的贷款],展期期限累计最长不超过原贷款期限;中期贷款[指贷款期限在一年以上(不含一年)5年以下(含5年)的贷款],展期期限累计不超过原贷款期限的一半;长期贷款[指贷款期限在5年以上(不含5年)的贷款],展期期限累计不超过3年,国家另有规定者除外。贷款的展期期限加上原期限达到新的利率期限档次的,从展期之日起,贷款利息按新的期限档次利率计收。

(3)逾期或违约贷款的清收

借款人在贷款到期日未归还贷款又未办理贷款展期手续的,或申请贷款展期未获批准的,作贷款逾期处理。按人民银行规定计收逾期贷款利息;贷款调查人员应深入分析贷款逾期原因,并提出处理意见。

①建议立即从借款人账户上扣收贷款(但应事先在借款合同中约定);

②建议向贷款保证人和第三债务人追索代偿责任;

③建议处理抵押物、质物来偿还贷款;

④建议采取法律手段清收；
⑤其他可行措施。

对借款人未按借款合同规定用途使用贷款，贷款行应依合同规定要求借款人提前归还贷款，停止支付未使用的贷款直至收回全部贷款本息，并在挤占挪用期间按人民银行规定计收罚息。最后，信贷部门应就每笔逾期或收回的贷款登录贷款台账，建立贷款企业信用档案，便于在借款人再次申请借款时对其信用进行查阅。对不良贷款的管理，属于贷后管理工作，将另作专题分析。

任务二　模拟证券业务操作

一、证券公司基金代销业务模拟操作

1. 证券公司基金代销业务任务材料与要求

（1）基金代销业务基本内容

基金代销业务主要分为账户类业务和交易类业务：账户类业务，包括开放式基金账户的开立/登记、基金账户的取消登记/注销、基金账户的资料变更、基金账户的查询、基金账户的挂失（解挂）补办、基金账户的冻结/解冻（部分业务由营业部工作人员配合投资者向基金公司提出申请）等业务；交易类业务，指可以直接导致客户可用的基金份额权益发生变动的业务，包括基金认购、申购、赎回、分红、转托管、非交易过户、转换、定期定额申购（部分业务由营业部工作人员配合投资者向基金公司提出申请）等业务。

基金的认购、申购、赎回等一般交易类业务可以通过网上交易、电话委托等多种委托方式实现，其余交易类业务和账户类业务需客户到营业部柜台办理。

认购、申购、赎回证券投资基金的客户必须在公司所属营业部开立证券交易结算账户（其号码即客户代码），并拥有相应基金管理公司的基金账户。认购、申购基金前必须通过银证转账的方式将足额资金划入与该证券交易账户对应的客户交易结算资金账户。

各项业务的受理时间为交易所正常开市时间，即在开市交易日的9:30～15:00投资者递交业务申请，柜员予以办理。15:00后的交易类申请则自动顺延至下一交易日。

不同的基金管理公司有不同的业务规则，因此代理业务也不相同，营业部柜员在办理基金业务时必须详细阅读相应基金管理人的"开放式基金业务规则"。

（2）关于授权委托的说明

个人客户有关基金的各项操作，须由本人临柜办理。若有特殊情况需指定授权代理人的，须办理授权委托手续，但基金账户的开立/登记与取消登记/注销必须由本人亲自办理。

授权委托的程序上，个人客户如需指定授权代理人，则双方须同时去代销网点办理授权委托手续，填写《授权委托书》，提供双方的身份证原件；或提供经公证机关依法公证的《授权委托书》和授权代理人身份证原件。以后授权代理人可根据授权委托的内容，代理进行基金的有关操作。

机构客户办理授权委托手续，须提供工商行政管理机关颁发的有效法人营业执照（副本）或民政部门和其他主管部门颁发的注册登记书（以下统称营业执照或注册登记书），复印件需加盖机构公章；含相关内容的《授权委托书》，加盖机构公章和法人代表签章；加盖公章的授权人（法定代表人）身份证复印件、法定代表人身份证明书和授权代理人的身份证原件。

办理授权委托业务，对个人客户留存《授权委托书》原件一份、授权人和授权代理人身份证复印件；对机构客户，留存营业执照或注册登记书复印件（加盖公章）、机构授权委托书原件一份、授权人和授权代理人身份证复印件。

（3）证券公司基金代销业务任务材料与要求

某证券公司开立基金代销业务，要进行员工相关柜台业务培训，主要包括基金账号的开立、登记与销号等。

要求：熟练掌握证券公司基金代销柜台业务相关流程与操作步骤。

2. 证券公司基金代销业务任务分析操作

（1）基金账户的开立

①个人客户

个人客户指年满16周岁，合法持有现时有效的中华人民共和国居民身份证的中国居民，法律、法规及其他有关规定禁止购买开放式基金者除外。

个人客户开户时应提供：

• 本人有效身份证明文件（包括中华人民共和国居民身份证、军人证、武警证、士兵证、护照等，以下简称"本人有效身份证件"）及复印件；

• 已开立资金账户的应提供相关资金账户卡；

• 投资者已开立基金公司基金账户的，应提供基金公司基金账户卡，如无法提供基金账户卡的，应告知准确的基金账号；

• 填写《××证券有限责任公司开放式基金账户开户申请表》（以下简称《开户申请表》）（附件二）；

• 若客户未签署过《××证券基金投资人权益须知》（以下简称《投资人权益须知》）（附件一），则还需签署《投资人权益须知》；

• 若客户未进行过风险承受能力测评，则还需填写《××证券客户风险评估问卷》（以下简称《评估问卷》）。

②机构客户

机构客户指在中国境内合法注册登记或经有权政府部门批准设立的企业法人、事业法人、社会团体或其他组织，法律、法规及其他有关规定禁止购买开放式基金者除外。

机构客户开户时应提供：

• 营业执照（副本）或注册登记书原件，复印件需加盖机构公章；

• 有效组织机构代码证原件,复印件需加盖机构公章;
• 有效机构税务登记证原件,复印件需加盖机构公章;
• 法人资格证明原件,复印件需加盖机构公章;
• 含相关内容的加盖机构公章和法定代表人签章的《授权委托书》原件;
• 加盖公章的授权人(法定代表人)身份证复印件;
• 授权代理人的身份证原件;
• 已开立资金账户的应提供相关资金账户卡;
• 投资者已开立基金公司基金账户的,应提供基金公司基金账户卡,如无法提供基金账户卡的,应告知准确的基金账号;
• 填写《开户申请表》,加盖机构公章和法定代表人签章;
• 若未签署过《投资人权益须知》,则还需签署《投资人权益须知》。

柜台经办人员审核客户证件是否合规、齐全,《开户申请表》是否填写正确、完整,查询资金账户是否已正确开立,根据开放式基金相关法律法规对客户的资格进行审核,对于审核不合格的客户的开户申请予以拒绝。

经办人员、复核人员审核盖章后,经办人员将客户资料录入系统,进入相应的系统界面"开放式基金-账户-基金账号"开户,录入相关信息,打印《开户/登记凭证》后交客户核验并签字确认。

若客户进行了风险承受能力调查,则将《评估问卷》得出的客户风险承受力类型在"总部-基金参数设置-客户风险承受能力调查"中录入,打印后交客户核验并签字确认。

经办人员在《开户/登记凭证》和《客户风险评估问卷》上盖章并交复核人员复核盖章后,对个人客户留存身份证复印件、《开户申请表》、《投资人权益须知》及《开户/登记凭证》各一联,将剩余证件、凭证交还客户;对机构客户留存营业执照或注册登记书复印件(加盖公章)、机构授权委托书原件、授权人和授权代理人身份证复印件、《开户申请表》、《投资人权益须知》及《开户凭证》各一联,将剩余证件/凭证交还客户。

(2)基金账户的登记

凡是在基金直销机构或其他代理机构已开立某基金账户的客户,在申请办理该基金业务时,需办理该基金账户的登记手续,无须重新开户。

①柜台流程

个人客户和机构客户办理基金账户登记业务时,除须提供上述开户时所提供证件材料外,还要提供基金账户卡或开户确认书或其他开放式基金销售机构出具的标有该客户基金账号的凭证(以下统称《基金账户卡》)。

②业务流程

基金账户的登记业务进入系统界面"开放式基金-账号-基金交易账号开户"中办理。

流程与上述基金账户开立流程一致。

③注意事项

个人客户办理基金账户登记需本人亲自前来办理。

在录入资料时,必须录入客户基金账号。客户如未开设基金账户,其基金账户登记的申请将被拒绝。

客户 T 日办理的基金账户登记业务,当日即可使用,TA 于 T+1 日予以确认,T+2 日起客户可以至代销网点查询。

在某公司代销网点开立的基金账户,不能在某公司另一代销网点办理基金账户登记。如客户需要在某公司另一代销网点办理份额转移,则需要办理"内部转托管"业务。

(3)基金交易账号的销户

①柜台流程

个人客户应提供的有效证件:

- 本人有效身份证件;
- 资金账户卡;
- 基金账户卡;
- 填妥的《××证券有限责任公司开放式基金账户销户申请表》(以下简称《开放式基金销户申请表》)(附件三)。

机构客户应提供的有效证件:

- 营业执照(副本)或注册登记书原件,复印件需加盖机构公章;
- 含相关内容的加盖机构公章和法定代表人签章的《授权委托书》原件;
- 加盖公章的授权人(法定代表人)身份证复印件;
- 法人资格证明原件,复印件需加盖机构公章;
- 授权代理人的身份证原件;
- 资金账户卡;
- 基金账户卡;
- 填妥的《开放式基金销户申请表》。

经办人员、复核人员审核盖章后,经办人员为客户办理基金账户取消登记业务,进入相应的系统界面"开放式基金—账号—基金交易账号销户",打印《交易账号销户凭证》,交客户核验并签字确认。

经办人员在《交易账号销户凭证》上盖章并交复核人员复核盖章后,留存基金账户卡复印件、身份证复印件、代理人身份证复印件、《开放式基金销户申请表》及一联《交易账号销户凭证》,将剩余证件/凭证交还客户,并告知客户 T 日办理的基金账户销户业务,TA 于 T+1 日予以确认。

②注意事项

个人客户必须由本人亲自办理基金账户取消登记业务。

发生下列情况的,客户当日不能办理基金账户取消登记业务:

- 有基金单位余额或基金权益;
- 当日有开户申请或交易申请;
- 基金账户状态不正常;
- 当天已申请变更证件号码、证件类型等资料的。

(4)基金账户的注销

基金账户注销的柜台流程中,个人客户应提供的有效证件:

- 本人有效身份证件；
- 资金账户卡；
- 基金账户卡；
- 填妥的《××证券有限责任公司开放式基金账户注销申请表》（以下简称《开放式基金注销申请表》）。

机构客户应提供的有效证件：
- 营业执照（副本）或注册登记书原件，复印件需加盖机构公章；
- 含相关内容的加盖机构公章和法定代表人签章的《授权委托书》；
- 加盖公章的授权人（法定代表人）身份证复印件；
- 法人资格证明原件，复印件需加盖机构公章；
- 授权代理人的身份证原件；
- 资金账户卡；
- 基金账户卡；
- 填妥的《××证券有限责任公司开放式基金账户注销申请表》（以下简称《开放式基金注销申请表》）。

经办人员、复核人员审核盖章后，经办人员为客户办理基金账户注销业务，进入相应的系统界面"开放式基金－账号－基金账号销户"，打印注销凭证，交客户核验并签字确认。

经办人员在注销凭证上盖章并交复核人员复核盖章，留存基金账户卡复印件、身份证复印件、注销申请表及一联注销凭证，将剩余证件/凭证交还客户。

归档留存注销申请表、注销凭证、身份证件复印件等资料。

二、证券公司网上开户业务模拟操作

1. 证券公司网上开户业务任务材料与要求

随着网络的盛行，在证券公司进行网上开户的客户越来越多，××证券公司打算出版《××证券公司网上开户指南》，并培训某些员工进行网上开户业务指导。

要求：详细列明××证券公司网上开户流程与要点。

2. 证券公司网上开户业务任务分析操作

（1）证券公司网上开户业务流程

网上开户时应注意以下几点：

①网上开户业务是通过互联网为客户完成账户开立操作的全过程，客户无须到营业部现场进行签约确认操作。

②客户资金账户开立成功后，至回访完成前，客户交易受限，回访完成后，客户账户状态即为"正常"。

③整个开户过程中，视频见证、回访需要分支机构参与，其余步骤均为客户自行网上操作完成。

④为保证客户账户顺利开立，客户视频见证、证书下载以及开户操作必须在同一台电

脑上完成。

⑤网上开户业务所开立的客户账户状态分为两种：

回访未确认：未完成回访之前，客户账户处于该状态，在此状态下，客户可进行银证转账、证券账户的开立、基金账户的开立，可登录公司网上交易系统，但禁止一切交易操作。

正常：完成回访之后，该账户即为正常账户。

⑥第三方存管系统受理时间：交易日 8:00~16:00。

⑦证券账户和开放式基金账户受理时间：交易日 8:30~15:00。

(2)证券公司网上开户业务操作要点(图 8-1)

注册信息 → 客户资料 → 视频见证 → 安装证书 → 资金账户开立 → 建立三方存管 → 证券账户开立

图 8-1　证券公司网上开户业务操作要点

第一步：注册信息。获取客户真实的手机号码。

第二步：客户资料。客户填写完整身份证件信息，并选择开户营业部。

第三步：视频见证。客户上传或拍摄身份证正反面照片并拍摄头像。

第四步：安装证书。客户通过视频见证后，回到开户页面，此时可申请安装数字证书。

第五步：资金账户开立。客户安装完成数字证书后，补充完整开户信息，完成风险测评，阅读开户协议，提交成功后，完成对协议的电子签名并上传总部。

第六步：建立三方存管。资金账户开立成功后，客户使用资金账户登录系统后，方可建立三方存管。(建立三方存管：客户根据自己的使用习惯，选择相应存管银行。)

第七步：证券账户开立。客户根据系统提示的金额转入相应资金，即可申请开立证券账户及基金账户。

开户完成页面会提示客户所开立账户经过回访以后方可正常使用。

附件一：

××证券有限责任公司
证券投资基金投资人权益须知

尊敬的基金投资人：

基金投资在获取收益的同时存在投资风险。为了保护您的合法权益，请在投资基金前认真阅读以下内容：

一、基金的基本知识

(一)什么是基金

证券投资基金(简称基金)是指通过发售基金份额，将众多投资者的资金集中起来，形成独立财产，由基金托管人托管，基金管理人管理，以投资组合的方法进行证券投资的一种利益共享、风险共担的集合投资方式。

(二)基金与股票、债券、储蓄存款的区别(表 8-1)

表 8-1　　　　　　　　　　　基金与股票、债券、储蓄存款的区别

	基金	股票	债券	储蓄存款
反映的经济关系不同	信托关系,是一种受益凭证,投资者购买基金份额后成为基金受益人,基金管理人只是替投资者管理资金,并不承担投资损失风险	所有权关系,是一种所有权凭证,投资者购买后成为公司股东	债权债务关系,是一种债权凭证,投资者购买后成为该公司债权人	表现为银行的负债,是一种信用凭证,银行对存款者负有法定的保本付息责任
所筹资金的投向不同	间接投资工具,主要投向股票、债券等有价证券	直接投资工具,主要投向实业领域	直接投资工具,主要投向实业领域	间接投资工具,银行负责资金用途和投向
投资收益与风险大小不同	投资于众多有价证券,能有效分散风险,风险相对适中,收益相对稳健	价格波动性大,高风险、高收益	价格波动较股票小,低风险、低收益	银行存款利率相对固定,损失本金的可能性很小,投资比较安全
收益来源	利息收入、股利收入、资本利得	股利收入、资本利得	利息收入、资本利得	利息收入
投资渠道	基金管理公司及银行、证券公司等代销机构	证券公司	债券发行机构、证券公司及银行等代销机构	银行、信用社、邮政储蓄银行

(三)基金的分类

1.依据运作方式的不同,可分为封闭式基金与开放式基金

封闭式基金是指基金份额在基金合同期限内固定不变,基金份额可以在依法设立的证券交易所交易,但基金份额持有人不得申请赎回的一种基金运作方式。

开放式基金是指基金份额不固定,基金份额可以在基金合同约定的时间和场所进行申购和赎回的一种基金运作方式。

2.依据投资对象的不同,可分为股票基金、债券基金、货币市场基金、混合基金

根据《公开募集证券投资基金运作管理办法》,基金合同和基金招募说明书应当按照下列规定载明基金的类别:80%以上的基金资产投资于股票的,为股票基金;80%以上的基金资产投资于债券的,为债券基金;仅投资于货币市场工具的,为货币市场基金;80%以上的基金资产投资于其他基金份额的,为基金中基金;投资于股票、债券、货币市场工具或其他基金份额,并且股票投资、债券投资、基金投资的比例均不超过80%的,为混合基金。其中股票型基金风险和收益最高,货币市场基金风险和收益最低。

3.特殊类型基金

(1)系列基金。又被称为伞型基金,是指多个基金共用一个基金合同,子基金独立运作,子基金之间可以进行相互转换的一种基金结构形式。

(2)保本基金。是指通过采用投资组合保险技术,保证投资者的投资目标是在锁定下跌风险的同时力争有机会获得潜在的高回报。

(3)交易型开放式指数基金(ETF)与上市开放式基金(LOF)。交易型开放式指数基金,通常又被称为交易所交易基金(Exchange Traded Funds,简称"ETF"),是一种在交易所上市交易的、基金份额可变的一种开放式基金。上市开放式基金(Listed Open-ended

Funds,简称"LOF")是一种既可以在场外市场进行基金份额申购赎回,又可以在交易所(场内市场)进行基金份额交易、申购或赎回的开放式基金。

(4)QDII基金。是一种以境外证券市场为主要投资区域的证券投资基金,投资者可以用人民币或美元等外汇进行认购和申购,在承担境外市场相应投资风险的同时获取相应的投资收益。QDII基金与普通证券投资基金的最大区别在于投资范围不同。

(四)基金评级

基金评级是依据一定标准对基金产品进行分析从而做出优劣评价。投资人在投资基金时,可以适当参考基金评级结果,但切不可把基金评级作为选择基金的唯一依据。此外,基金评级是对基金管理人过往的业绩表现做出评价,并不代表基金未来长期业绩的表现。

本公司将根据销售适用性原则,对基金管理人进行审慎调查,并对基金产品进行风险评价。

(五)基金费用

基金费用一般包括两大类:一类是在基金销售过程中发生的由基金投资人自己承担的费用,主要包括认购费、申购费、赎回费和基金转换费。这些费用一般直接在投资人认购、申购、赎回或转换时收取。其中申购费可在投资人购买基金时收取,即前端申购费;也可在投资人卖出基金时收取,即后端申购费,其费率一般按持有期限递减。另一类是在基金管理过程中发生的费用,主要包括基金管理费、基金托管费、信息披露费等,这些费用由基金承担。对于不收取申购、赎回费的货币市场基金和部分债券基金,还可按不高于2.5‰的比例从基金资产中计提一定的销售服务费。

二、基金份额持有人的权利

根据《证券投资基金法》第四章第46条的规定,基金份额持有人享有下列权利:

(1)分享基金财产收益;
(2)参与分配清算后的剩余基金财产;
(3)依法转让或者申请赎回其持有的基金份额;
(4)按照规定要求召开基金份额持有人大会或者召集基金份额持有人大会;
(5)对基金份额持有人大会审议事项行使表决权;
(6)对基金管理人、基金托管人、基金服务机构损害其合法权益的行为依法提起诉讼;
(7)基金合同约定的其他权利。

公开募集基金的基金份额持有人有权查阅或者复制公开披露的基金信息资料;非公开募集基金的基金份额持有人对涉及自身利益的情况,有权查阅基金的财务会计账簿等财务资料。

三、基金投资风险提示

(1)证券投资基金是一种长期投资工具,其主要功能是分散投资,降低投资单一证券所带来的个别风险。基金不同于银行储蓄和债券等能够提供固定收益预期的金融工具,投资人购买基金,既可能按其持有份额分享基金投资所产生的收益,也可能承担基金投资所带来的损失。

(2)基金在投资运作过程中可能面临各种风险,既包括市场风险,也包括基金自身的管理风险、技术风险和合规风险等。巨额赎回风险是开放式基金所特有的一种风险,即当单个交易日基金的净赎回申请超过基金总份额的百分之十时,投资人将可能无法及时赎回持有的全部基金份额。

(3)基金投资人应当充分了解基金定期定额投资和零存整取等储蓄方式的区别。定期定额投资是引导投资人进行长期投资、平均投资成本的一种简单易行的投资方式,但并不能规避基金投资所固有的风险,不能保证投资人获得收益,也不是替代储蓄的等效理财方式。

(4)基金管理人承诺以诚实守信、勤勉尽责的原则管理和运用基金资产,但不保证旗下基金一定盈利,也不保证最低收益。旗下基金的过往业绩及其净值高低并不预示其未来业绩表现。基金管理人提醒投资人基金投资的"买者自负"原则,在做出投资决策后,基金运营状况与基金净值变化引致的投资风险,由投资人自行负担。

(5)本公司将对基金投资人的风险承受能力进行调查和评价,并根据基金投资人的风险承受能力推荐相应的基金品种,但我公司所做的推荐仅供投资人参考,投资人应根据自身风险承受能力选择基金产品并自行承担投资基金的风险。

四、服务内容和收费方式

我公司向基金投资人提供以下服务:

(1)对基金投资人的风险承受能力进行调查和评价。

(2)基金销售业务,包括基金账户开户、基金申(认)购、基金赎回、基金转换、修改基金分红方式等。我公司根据每只基金的发行公告及基金管理公司发布的其他相关公告收取相应的申(认)购、赎回费和转换费。

(3)基金网上交易服务。

(4)基金投资咨询服务。

(5)基金净值、分红提示、交易确认等短信服务。

(6)电话咨询、电话自助交易服务。

(7)基金知识普及和风险教育。

五、基金业务办理流程

(一)资金账户的开设

基金投资人需首先在营业部柜台开立资金账户,资金账户开设需具备以下开户资料:

1.个人投资者

需提供本人有效身份证件、深圳、上海 A 股账户卡或证券投资基金账户卡的原件,(如无上述账户卡,可凭本人有效身份证件在柜台开立),资金账户的开立须由投资者本人亲自办理,不得委托他人代办。

2.机构投资者

需提供企业法人营业执照或其他法人的注册登记证书原件(营业执照或注册登记证书必须在有效期内)、法人授权书、法定代表人证明书、法定代表人有效身份证明文件、代理人有效身份证件、深圳、上海 A 股账户或证券投资基金账户卡、机构预留印鉴、税务登记证、组织机构代码证。

基金投资人在办理资金账户开户手续的同时需在开户营业部办理基金投资人第三方存管签约手续,预指定一家银行作为证券结算资金存管银行,再到银行网点办理签约确认手续；若为自然人基金投资人，签约确认手续必须由本人到银行指定网点办理(部分银行支持在××证券营业部即可将第三方存管签约手续办理完毕，详情请咨询开户营业部)；若为机构基金投资人，签约确认手续必须到机构基金投资人的结算账户开户行办理。

(二)基金交易账户的开设

基金投资人资金账户开设完成后，可在营业部柜台或通过网上交易系统完成风险测评，开立对应基金公司的基金交易账户。

(三)开放式基金交易

基金投资人可通过柜台委托、网上交易、电话委托等方式，办理基金认购、申购、赎回等业务。

(四)交易确认

基金投资人于T日进行开放式基金交易(场外交易)，可于T+2日后通过网上交易系统、电话委托系统、营业部柜台等方式查询交易结果。

(五)业务问题咨询

基金投资人在办理业务过程中如有疑问，可咨询开户营业部柜台业务人员或拨打公司的基金投资人服务中心电话：4008-888-818。

六、投诉处理和联系方式

基金投资人可以通过拨打我公司基金投资人服务中心电话或以书信、传真、电子邮件等方式，对营业网点所提供的服务提出建议或投诉。对于工作日受理的投诉，原则上当日回复，不能当日回复的，在3个工作日内回复。对于非工作日受理的投诉，原则上在顺延的第一个工作日回复，不能及时回复的，在3个工作日内回复。

投资人也可通过书信、传真、电子邮件等方式，向当地证监会和证券业协会投诉。联系方式如下：

中国证监会××监管局：联系电话：×××-××××××××，传真：×××-×××××××，地址：××省××市××街××号，邮编：×××××××。

××证券期货业协会：联系电话：×××-××××××××，传真：×××-×××××××，地址：××省××市××街××号，邮编：×××××××。

投资者在投资基金前应认真阅读《基金合同》、《招募说明书》等基金法律文件，选择与自身风险承受能力相适应的基金。我公司和基金管理人承诺投资人利益优先，以诚实信用、勤勉尽责的态度为投资人提供服务，但不能保证基金一定盈利，也不能保证基金的最低收益。投资人可登录中国证监会网站(www.csrc.gov.cn)或中国证券业协会网站(www.sac.net.cn)查询基金销售机构名录，核实我公司基金销售资格。

销售人员姓名：(　　　)

销售人员从业证书编号：(　　　)

基金销售机构名称：××证券有限责任公司

网址：××××××

基金投资人服务中心电话：×××-×××-×××

基金投资人服务中心传真：×××-×××××××

地址：××省××市××街××号

邮编：××××××

附件二(表8-2)：

表 8-2

××证券有限责任公司
开放式基金账户开户申请表

_____证券营业部：

　　本人已仔细且详尽阅读拟投资基金的基金合同、招募说明书、公告及贵公司的投资者权益须知和其他基金信息，愿意接受相关条款的约束，履行基金投资者的各项义务，自行承担基金投资风险。（请在选项前的□中填写"是"或"否"。）

自然人	账户持有人姓名		联系电话	
	联系地址		邮政编码	
	有效身份证件类别	□身份证 □其他_____	证件号码	
机构	账户持有人名称			
	注册地址			
	法定代表人		联系电话		邮政编码	
	有效证明文件名称		有效证明文件号码	
	代理人 姓　名		联系电话	
	联系地址		邮政编码	
	有效身份证件号码		有效身份证件号码	
必须填写	注册登记机构	□中登公司 □基金公司	基础证券账户 基金公司名称	
	基金分红方式	□现金红利　　□红利转投		
	基金委托方式	□柜台　□热键　□刷卡　□电话　□互联网		
登记时填写	已开立的基金账号	□中登公司 □基金公司	基金账号 基金公司名称 基金账号	

注：请确保您填写的联系地址、邮编等资料正确、有效，以便基金公司寄送基金账户卡、账单及相关资料，如因填写错误导致的任何损失，本网点不予负责。

申请人（或授权代理人）签章：　　　　　　　　　营业部经办人签章：

　　　　　　　　　　　　　　　　　　　　　　　营业部复核人签章：

　　　　　　　　　　　　　　　　　　　　　　　营业部盖章：

　　年　　月　　日　　　　　　　　　　　　　　　　年　　月　　日

附件三（表8-3）：

表8-3

××证券有限责任公司

开放式基金账户销户申请表

（请在所选项前的□中填写"是"或"否"）

账户持有人姓名/机构全称			
资金账号			
有效身份证件名称		有效身份证件号码	
联系电话		联系地址	
基金公司名称		基金账号	
以下为机构代理人信息			
机构代理人姓名		授权委托书编号	
有效身份证件名称		有效身份证件号码	
联系电话		联系地址	
申请内容	□ 账户注销　　　　　　　□ 账户柜台销户		

注：1.以上各栏请完整书写，如因填写不清而造成差错，责任由申请人自负。

2.本申请最终需由基金注册登记机构确认，本网点不承担确保申请成功之责任。

申请人（或授权代理人）签章：　　　　　　　　　　营业部经办人签章：

营业部复核人签章：

营业部盖章：

年　　月　　日　　　　　　　　　　　　　　　　年　　月　　日

任务三　模拟保险业务操作

一、创业说明会业务操作模拟

1.创业说明会任务材料与要求

百年人寿中心支公司打算召开"财富论坛"创业说明会，地点在××大酒店，时间安排在2021年3月15日上午，时间拟控制在2个小时左右。

要求：进行创业说明会的策划，进行会前准备、会中操作与会后追踪工作。

2.创业说明会任务分析操作

(1)会前准备工作

成立由总经理领导的专门小组，下面分设项目组、行政组等功能性小组，提前两周对全体业务员进行创业说明会邀约培训，筛选准增员对象。行政组准备好礼品及相关物品，做好会场布置、演讲嘉宾准备好演讲材料，并适当排练。项目组工作人员的职责见表8-4。准增员对象入场前1个小时，所有小组成员到位，再次检查准备工作。

表8-4　　　　　　　　　　　　　工作人员职责表

项目组构成		职责	要求	人员数量
组长		创业说明会的组织及策划者、各项目小组的总指挥 协调并督导创业说明会的实施 会后及时追踪评估	策划、协调、督导	1～2名
音响设备小组		负责音响和教具设备的调试 保障创业说明会的顺利进行	创业说明会过程中各环节音乐的衔接	2名
签到小组		登记参会者详细资料 发放公司宣传资料	签到处应有明显标识，签到桌摆放在会场入口处	2名
礼仪小组		会场大门迎接参会者的到来 引位 会议开始后，按指定位置站位	着统一服装、有问候语并敬礼	2～4名
机动小组		负责物品准备工作 职场布置工作 会中巡场，处理突发事件	及时查漏补缺、随时补位	2～4名
教务小组	主持人	准备主持串词并熟练掌握	热情大方、掌控能力强 能将整个会议时间掌控在一个半小时之内	1名
	主讲人	充分准备，熟练掌握讲授内容并生动表达	团队最优秀的讲师，解决行业、公司和未来利益三大问题 掌控能力强、有感染力、态度诚恳、充满自信 内容结构合理 时间掌控在50分钟左右	1名
	分享人	熟练掌握分享内容	亲和力强 能建立同理心 时间掌控在20分钟以内	1名

(2)会中的操作流程

①会议入场时间大概半个小时(8:30～9:00)，礼仪组、业务员迎接准增员对象，引导其签到、领取资料、入场；

②播放公司简介(10分钟)；

③进入会议时间，会议开始由主持人介绍与会的大概情况，介绍主讲人入场(10分

钟,9:10～9:20);

④主讲人进行专题演讲(行业介绍及展望、保险功能与意义等),大概40分钟(9:20～10:00);

⑤主持人介绍分享者;

⑥分享者入场进行创业经验分享(15分钟,10:00～10:15);

⑦在10:15～10:30由主持人进行有奖问答,将会场气氛推向高潮,同时低声播放快乐指南乐曲来烘托会场气氛,礼仪小组负责奖品的展示和递送;

⑧感谢参会者,宣布会议结束;

⑨退场及面试指引。

(3)会后追踪

创业说明会会后面谈促成,业务员要与会前未填应聘登记表的增员对象进行沟通交流,回答其疑问,促成其参加面试。面试结果可选择当即向受试者公布、稍后向受试人公布或事后张榜公布等方式。

二、产品说明会业务操作模拟

1.产品说明会任务材料与要求

背景资料:信泰人寿某中心支公司打算召开"财富通"酒会式产品说明会,地点在××大酒店,酒会时间安排在10月5日下午,时间拟控制在3到4个小时。

2.产品说明会任务分析操作

(1)会前准备工作

成立由总经理领导的专门小组,下面分设筹划组、接待组、礼仪组、行政组、讲师组等功能性小组。提前两周对全体业务员进行产品说明会邀约培训,筛选出90名左右中高端客户。行政组准备好礼品及相关物品,做好会场布置。演讲嘉宾准备好演讲材料,并适当排练。客户入场前1个小时,所有小组成员到位,再次检查准备工作。

(2)会中的操作流程

①会议入场时间大概15分钟(16:30～16:45),礼仪组、业务员迎接客户,引导客户签到、入场;

②开场节目表演(15分钟);

③节目结束后进入会议时间,会议开始由主持人介绍与会的大概情况(10分钟,17:00～17:10);

④业务经理介绍公司整体背景,大概需要10分钟(17:10～17:20);

⑤高级讲师(曾被评为"五星级讲师"的荣誉称号)进行产品介绍(这个时间大概控制在40分钟),介绍产品时语言通俗易懂(17:20～18:00);

⑥在18:00～18:20由主持人进行有奖问答,将会场气氛推向高潮,同时低声播放十二乐坊乐曲来烘托会场气氛,礼仪小组负责奖品的展示和递送;

⑦由总经理致辞演讲(签单动员演讲),主持人进行签单礼品介绍(18:20～18:25);

⑧18:25～19:00,该阶段进行现场签单与交流,客户与业务员交流现场签单、颁奖与留影,此时可以通过背景音乐再次把会场气氛推向高潮,然后报单及播放签单情况投影;

⑨19:00～19:20,抽奖环节,又一次的互动环节,业务员可以陪客户一起上场抽奖并领取奖品,这个环节时间可自由掌控;

⑩19:20～19:30,业务员配合主持人请客户填写客户联谊函,同时若有提前离场客户,礼仪小组负责恭送提前离场客户,同时串场播放带有背景音乐的投影片;

⑪19:30,会议结束,此时晚宴开始。

(3)会后追踪

晚宴结束时要感谢客户并由礼仪组安排恭送离场客户。组训负责电脑及投影仪回收。组训、综合内勤、保安负责回收剩下的礼品、会场布置物品回收、运营负责签单及礼品发放统计汇总。

次日召开产品说明会跟踪主题早会,总结产品说明会的业绩和得失;培训业务员在一周内对签单客户、未签单客户、未到场客户进行回访与跟踪。

项目结论

本项目为金融实践性章节,银行、证券、保险为金融业"三大支柱"。商业银行公司贷款流程一般包括建立信贷关系、受理贷款申请、贷前调查、贷款审查、贷款签批、贷款发放、贷款检查、贷款回收或展期等重要步骤;证券公司开立基金代销业务,主要包括基金账号的开立、登记与销号等主要业务;保险公司创业说明会主要包括会前准备、会中操作、会后追踪等工作流程。本项目从三大类金融机构基本业务操作出发,以业务模拟的形式,引导学生进行三大金融机构实践操作,提高动手能力。

项目训练

1.请于网上选择一家证券公司登录其开户界面,了解开户流程。

2.请按照创业说明会业务操作策划,组织并举办一场创业说明会。

参考文献

[1] 周建松.金融基础.清华大学出版社,2021.

[2] 胡庆康等,现代货币银行学教程(第六版),复旦大学出版社,2021

[3] [美]赫伯特·B.梅奥.金融学基础:金融机构、投资和管理导论(第12版).清华金融学系列英文版教材.清华大学出版社,2019.

[4] [英]詹姆斯·蒙蒂尔. 行为金融学:洞察非理性投资心理和市场.中国青年出版社。2020.

[5] [美]弗雷德里克·S.米什金.货币金融学,北京:中国人民大学出版社,2019

[6] [英]约翰·梅纳德·凯恩斯.就业、利息和货币通论,北京:商务印书馆,2021

[7] 中国人民银行官网

[8] 国家外汇管理局官网

[9] 中国银行保险监督管理委员会官网

[10] 中国证券监督管理委员会官网